本书由复旦大学新闻学院高峰学科建设经费资助出版，并得到教育部重大专项课题"中国特色新闻传播学历史演进与学科史研究"（批准号2023JZDZ034）支持

介入日常
数字时代的新闻用户研究

Everyday Engagement:
News Users Studies in Digital Age

田浩 / 著

复旦大学出版社

序
有趣的灵魂研究新闻

　　田浩的第一本学术专著《介入日常：数字时代的新闻用户研究》即将付梓，我内心为之欣喜。本书的出版对田浩十分重要——这不仅是2017年以来他投身学术、潜心积累的个人代表性成果，也是2020年以来中国本土数字新闻学理论发展的一个关键的阶段性成果。

　　在数字时代，应如何理解新闻？又应如何研究新闻？这是新闻传播学在新的历史条件下不断自我追问的问题。近年来，在数字新闻学范式的理论体系下，一些优秀的青年学者从不同的角度展开了积极探索，提出了卓有见识的观点。田浩就是这个优秀的青年学术共同体中的一员。他对数字时代新闻学的重新理论化，以"受众"向"用户"的身份转型为观念线索，以数字媒体生态下形形色色的新闻行动为经验依据，最终凝练出以"介入性"为认识论核心的新闻理论框架。可以说，本书是数字时代中国本土新闻学理论"受众（用户）转向"的拓荒之作。

　　在研究和写作中，田浩重视主动受众、阐释社群等经典新闻学理论，并不断与情感公众、行动者网络等前沿媒介和传播理论展开对话，同时积极拓展思维的边界，广泛关注全球范围内的多元创新新闻样态及其与社会、历史联结的多样方式，开拓出一条以普通人的行动逻辑为观念起点的新闻解释路径。在他看来，新闻的意义由行动者的连接与联合生成，新闻与社会的关系建基于行动主义文化，新闻的历史价值包孕在用户的情感主动性之中。他所提出的观点、他所倡导的理论、他对数字新闻实践的现实观照，都是极为可贵、极富创见的探索，它们正在成为中国本土数字新闻学理论体系不可或缺的部分。

　　从2017年到2022年,我作为田浩的导师,在清华大学指导他完成硕士和博士阶段的学习,算是"看着他长大"。如果说田浩在学术上体现出的卓越天赋给我留下了初始印象,那么在我们后续七年的相处中,他的稳健、坚韧和执着则让我坚信他可以成为这个时代最好的学者。田浩以学术为志业,却从不让自己陷入理论迷宫,时刻保持着种种世俗的热爱,这让他自始至终都先是一个有趣的人。有趣的人做有趣的学问,其灵魂中源于"有趣"的那种精神力量最终会凝结成最富有人性光芒的理论。与此同时,田浩身上还有当下越来越稀缺的一种品质——亲和力。他善于同人相处、与人沟通,从来温文尔雅、不卑不亢,无论面对怎样的波折,都保持着一种天然的和煦。这样的品质,让田浩成为最好的工作伙伴和最可信赖的同人。作为最了解田浩学术生涯的人之一,我当然可以从很多方面评述他的学识和能力(这似乎也是作序该做的事),但我还是想把更多的笔墨放在他拥有一个有趣的灵魂这一品性上。这个时代太急促、太琐碎,我们的生活目标总是过于明确与功利。在这样的世界里,田浩的有趣与亲和、韧性与疏朗,实在是与他的成绩同等重要。

　　我一直觉得在教师生涯中遇到这样杰出的学生,有缘与其共同成长,很是幸运。在这七年里,我们既探讨学术,也探讨人性,共同理解世界的多样性。一个人的职业生涯,其实也就短短三十年的时间。我们能在三十年里遇到几个志同道合的伙伴呢?有趣的生活与有意义的历史,正存在于人与人之间纯粹的精神连接上啊!

　　学术本质上是一种对思想和人性纯粹性的探索。葛兰西说,知识分子因自己的智识而悲观,却因自己的意志而乐观。这正是过去七年来我对田浩所具有的品质的理解。在未来,他或许会开拓新的研究领域,或许会开启新的生活线程,但他作为一个充满趣味的人,作为一名拥有乐观意志的知识分子,将会持续不断地以一种更本质的方式为"人的历史"作出自己的贡献。有趣的灵魂研究新闻,终将使新闻本身也变得有趣起来。

此序是为推荐,我期望看到田浩在未来继续舒展他精彩的人生。

常 江

(教育部青年长江学者、深圳大学全球传播研究院执行院长)

目 录

绪 论 ··· 001

第一部分　理论探讨

第一章　数字时代的新闻用户研究 ·· 003

第一节　作为问题域的新闻用户研究 ································· 003

第二节　从主动受众到新闻用户 ······································· 008

第三节　从属性识别到实践分析 ······································· 017

第二章　数字新闻用户研究的理论视角 ·· 026

第一节　数字新闻生态理论 ·· 027

第二节　刺激-机体-反应理论 ··· 036

第三节　情感的文化理论 ··· 042

第三章　数字新闻用户研究的介入性目标 ·· 050

第一节　数字新闻学的介入性观念 ··································· 051

第二节　介入性观念的实践主体 ······································· 064

第三节　介入性观念的实践路径 ······································· 068

第四节　介入式新闻的诞生 ·· 070

第四章　数字新闻用户的代表性实践 084

第一节　用户个体的接受与回避 084
第二节　用户群体的团结与分裂 104

第五章　数字新闻用户实践的革新效应 118

第一节　以感官体验吸引新闻用户 118
第二节　以公共价值引领新闻公众 140

第二部分　经验分析

第六章　数字媒体生态下的用户新闻参与机制研究 157

第一节　研究问题 159
第二节　研究设计与过程 161
第三节　模型建构 170
第四节　模型阐释 180

第七章　"智识公众"与新闻卷入机制研究 187

第一节　新闻卷入的内涵与实践 189
第二节　资料收集 199
第三节　资料分析 200
第四节　进一步讨论 207

第八章　"感官新闻"与新闻体验机制研究 211

第一节　新闻体验的内涵与实践 213
第二节　资料收集 221
第三节　资料分析 221

第四节　进一步讨论 ... 230

第九章　"关系型新闻"与新闻社群机制研究 ... 234

第一节　新闻社群的内涵与实践 ... 237

第二节　资料收集 ... 246

第三节　资料分析 ... 248

第四节　进一步讨论 ... 255

第十章　重新定位数字新闻用户研究 ... 261

第一节　数字新闻用户的情感主动性 ... 263

第二节　介入性与数字新闻价值体系的重建 ... 266

参考文献 ... 270

后　记 ... 333

绪　论

　　随着各类数字媒体平台的飞速发展与频繁迭代，尤其是自社交媒体普及以来，用户在重新审视和重新评估新闻业的过程中发挥着越来越显著的作用。原因在于，用户不仅能够借助多种渠道获取新闻内容，还在一定程度上获得了设定新闻套餐（news diet）的自主权。越来越主动的用户作为一支重要的力量，从自身的情感需求出发，开始对上游——新闻生产环节——施加影响。基于此，全球范围内的新闻学研究都将用户的接受动机、心理状态和行动特征作为一个关键问题加以分析和理论化。可以说，数字技术的崛起是新闻业介入日常生活的关键因素。数字新闻业与新闻用户以激进的方式互相重塑着对方的面貌：新闻业的介入影响着大众的信息习惯，为用户的日常生活设置议程；用户则以自身的参与实践为新闻业提供源源不断的议题，并定义着社会生活的总体节奏。

　　近年来，关于数字新闻学作为新闻学研究"第五范式"的观点得到了很多研究者的支持，并在全球范围内的大量研究项目中持续得到经验材料的支持。数字新闻学的基本概念框架是一种立足于数字新闻实践的体系性知识结构，与经典新闻学的研究逻辑有较大不同。整体的数字化生态、网络化的主体关系和情感化的数字表达构成了数字新闻的核心特征。本书试图在数字新闻学框架下开展一项系统性研究，立足于数字媒体生态，将新闻用户的独特属性和行动逻辑纳入新闻理论，重新审视一系列在经典新闻学中"不言自明"的观点，为搭建数字新闻学理论体系作出贡献。

　　本书的核心问题在于数字时代的新闻用户如何理解新闻，并通过何种机制主动采取介入性行动。本书主张将新闻用户置于新闻研究的核心地带，破除将受众视作一盘散沙、乌合之众的固有观念，推动一种复杂的、以人为主体的用户理论体系建构工作。在数字时代，得益于获取新闻的成本日渐降低，新闻逐渐成为民众日常生活中的一般性信息经验。这进一步推动民众与新闻产生复杂的互构机制，参与新闻实践不再是专业生产者的专利，大众的声音在新闻业态中日益占据着重要的地位。民众的新闻接受正在从需要付出大量精力的深度理解行为转型成一种实时在线的价值批判、情感体验与集体参与行为。基于此，我们有必要准确地认识数字新闻用户的核心特征，厘清用户的新闻参与实践究竟如何成为大众数字信息生活的关键组成部分，以及新闻用户如何在数字媒体环境下定义新闻。

一、谁是数字新闻用户

按照丹尼斯·麦奎尔（Denis McQuail）（2006）在《受众分析》中的观点，受众研究在传播学之中形成了三种不同的研究传统：结构性受众研究、行为性受众研究与社会文化性受众研究。结构性受众研究将各类量化受众的数据反馈至信息产业，以便信息生产机构描摹受众规模与市场规模。这在当前无疑有益于市场主体基于行为数据来绘制用户画像，借道用户研究领域来加入数字经济建设。行为性受众研究关注微观的受众行为，以各种具体情境下的受众行为为主要关注点，探索受众信息选择、媒介使用、意见表达等行为的发生规律及社会影响。这类研究动态地采集用户的行为数据，并尝试预测规模化用户群体的行动趋势。当前的社会文化性受众研究延续了麦奎尔的宽泛分类，对用户的各类行为方式与文化现象进行了批判研究、文化研究、民族志研究等。这一研究进路抛弃了信息刺激与行为反应的观点，将用户作为文化的使用者，确认了数字时代用户的主动性，呼唤一种作为霸权积极抵抗者的用户身份，具有反支配的色彩。

在数字新闻研究中，上述三种研究传统的划分仍然具有相当的解释力。无论是从新闻生产机构的视角出发想象谁是受众,还是从新闻用户的视角出发理解何种参与实践更具影响力,抑或是从信息平台的视角出发预测民众参与实践的走向,都与上述不同的受众研究的理论和方法取向紧密相关。融合以上认识,本书认为,相较于传统的新闻用户,数字新闻用户至少应当在两个不同维度上体现出新特征:其一为被动或主动维度,其二为个体或群体维度。

第一,从被动受众到主动用户。在新闻传播学的发展历史中,各种随时间演替的受众观显示着研究者对于用户主动性的不同理解。传统意义上的受众是一个复数概念,其隐含的假设是受众的无个性化。在信息传播网络中,受众就是媒介设施无数个沉默的、同质化的端点,当新闻内容被这一端点阅读或观看时,新闻接受过程就完成了。尽管在主流传播学和媒介研究中存在"主动受众观",并据此产出了一系列探讨受众如何对新闻的编码意义进行抵抗与再生产的研究成果,但受众概念的复数假设其实并未被推翻——主动受众的行为既不能对新闻生产的机制产生有效回馈,也无法为其中的每一个个体赋予个性。尽管用户概念的勃兴也强调主动性,但用户的主动性和受众的主动性不可同日而语,前者不仅产生了新闻传播系统之外的社会影响,更重构了新闻传播过程本身。可以说,当研究者选择用"用户"而非"受众"来描述新闻的接受主体时,他们的理论关注点就不在于符号或意义层面的抵抗,而在于通过关注主动进行新闻选择、新闻评论、新闻转发与新闻生产的个体,来重新理解新闻生态。

第二,从个体到群体。数字新闻用户首先是个体的,然后才是群体的。用户的数字媒体使用首要是个人选择行为,导致用户作为一个总体性概念,在认知与审美维度上始终呈现为孤立的原子态。因此,用户的新闻接受行为是以个体经验而非社会规范为基本依据的。但由于数字媒体平台在理论上允许任何个体随时接入或离开在线讨论,对于用户个体而言,一个可以想象的、可与自己分享信息并实现对话并对成员没有强制力的群体始终在线。这意味着个体可以随时选择成为群体的一部分,而不必依照既定的惯例或规则放弃自己基于经验形成的情感偏向。用户不仅是拥有文化自觉的个体，也是具有灵活流动性的新闻阐释社群的成员。而主导用户的新闻选择、新闻回避乃至主动新闻生产行为的长期的、渗透性的、潜移默化的力量，则恰恰是我们应当关注的重点。

上述两个维度未能完全覆盖数字新闻用户的核心版图，用户如何基于特定的心理状态来获得行动驱动力也是其中一个重要问题。新闻用户如何在数字媒体平台上受到特定新闻报道的影响而在个体层面和群体层面采取不同的参与实践，是数字新闻学关注的关键问题。由于社交媒体平台允许用户主动表达自身的意见，这种表达实践不仅富含情感要素，也引发了诸种难以预测的社会影响，因此，我们需要借助社会心理学与认知科学的经验和理论来拓展数字新闻用户研究的视野。

基于以上梳理，研究者可以粗疏地归纳对数字新闻用户的认识。数字新闻用户是基于数字媒体平台而存在的、广泛联结的、以日常经验为行动依据的、拥有流动身份的用户群体。对于数字新闻用户群体的认识可以被归纳为新闻业的"数字用户观"。对数字用户观的考察又可以与新闻学研究中的两个问题呼应。其一，无论是"强效果论""有限效果论"，还是之后的"积极效果论"，都在一定程度上将新闻用户视作检验传播效果的"裁判"。用户天然应当是自主自发的信息实践者，其行动意愿与参与实践只是偶然地与新闻业产生交集。其二，在不同的社会发展形态下，用户或是新闻产品的消费者，或是新闻内容的见证者，或是新闻事件的参与者，甚至是新闻内容的生产者，其多元参与实践的情况需要被新闻研究者关注并加以重视。基于此，研究者需要意识到，倘若将新闻用户这一群体纳入新闻理论的解释范畴，就必须展开两方面的系统研究：第一，对新闻用户的日常生活经验进行细致的剖析，并在这种个体/集体经验与新闻实践和业态的演进规律之间建立关系；第二，将新闻用户的行为放在新闻生态（环境）的影响下进行深入的考察，描摹新闻用户介入新闻流通的具体策略，以用户行为为线索，串联起新的新闻传播机制。

二、数字时代新闻用户的参与实践研究

2016年,《牛津词典》将"后真相"(post truth)定为当年的年度词汇。"后真相"强调,相较于客观事实,新闻用户在接受新闻内容的过程中更乐于诉诸情感及个人既有的态度。这一术语的生成逻辑与适用性引起了学术界广泛的讨论,不可否认的是,"后真相"对于用户主动性的强调,以及对于用户的情感体验与参与行为在数字社会中重要地位的确认,反映了学界对于数字信息环境下新闻用户接受逻辑与实践逻辑的困惑。

相关困惑直接来源于新闻业所面临的剧烈的数字化转型。传统新闻业赖以生存和演进的基本逻辑被数字技术极大地破坏和重塑了,由数字性(digitality)衍生而来的一系列文化规律正在取代新闻生产社会学所归纳的那些组织与文化因素,成为支配新闻实践的新动力体系。数字媒体环境成为新闻业发展与转型的主要场域,不但在实践层面为新闻的生产、流通与接受提供了基本的物质和认知框架,也意味着传统的新闻价值体系需要重新被审视,并被赋予数字时代的基本特性。这要求研究者秉持着流动化、智能化和复杂化的视角来观察数字时代的新闻业态。

与之相关的是,新闻用户日渐成为数字新闻生态下的积极行动者。主动的用户不仅是新闻内容的接受者,更是新闻意义的生产者与传播者。这为数字时代的新闻实践设定了基本的关系情境。经典的传者与受众的二元关系被极大地消解,既体现在新闻从业者的职业边界与权威受到数字技术的挑战而不断模糊化,也源于用户固有的认知和情感结构在数字信息环境下被显著放大。数字新闻用户的接受行为不再是传统意义上的读报或看电视,其接受体验也不再是简单地通过新闻了解社会事实。个体情感在新闻接受环节的外显意味着新闻信息价值的相对降低和情绪价值的极大提升,为传统意义上的"理解新闻"增加了日常性。新闻机构出于竞争压力,日益重视用户的接受习惯,通过将个体情感纳入生产逻辑,数字新闻逐渐成为一种体验产品。这要求研究者重新审视过去基于理性假设所形成的各种新闻认识论。

由于用户正在成为最重要的新闻实践主体之一,数字新闻用户理论的创新与拓展就需要立足于对用户的情感结构、认知习惯和行为逻辑的准确解释。为了达成研究目标,研究者需要立足于由数字化与情感化催生的一系列新闻业态的变化,基于当下鲜活的用户参与实践,形成问题意识,并开展有意义的理论化工作。本书认为,当前针对数字新闻用户参与实践的研究应当遵循两条核心逻辑。

其一,用户的新闻参与行为是涵盖心理维度与行为维度的复杂现象。讨论这一现象必然要涉及对用户的心理状态和行为取向的深度描摹,尤其是对复杂的用户行为选择进行综合性的观察。由于用户的新闻参与是一种跨越了技术基础、心理状态、新闻规范与社会文化的复杂机制,因此,研究者难以通过单一的技术或行为视角捕捉和阐释新闻参与的全貌。倘若研究者未能充分考察这些因素,就会忽略或误解新闻用户不透明的参与所导致的严重的社会后果(Quandt, 2018)。因此,研究者有必要从社会建构理论的视角出发,对于涉及新闻用户参与行为的社会文化要素与个体特征进行充分的考察。

其二,新闻参与处于用户与新闻内容的交互过程,具有高度连带性和语境化特征。因此,对于新闻用户参与行为的探析,是以整个新闻业的数字化转型为背景的。研究者需要扎根数字时代新闻业的本质变化来理解新闻业之于社会大众的核心价值。用户新闻参与的勃兴暗示着新闻业的主流实践从对事实的表述转型为对用户行为的呼吁性行动。这呼唤着一种新的数字新闻实践价值。新闻业与新闻学研究都应当因应这种变化,更加认真地考察新闻用户所扮演的介入性角色,针对新闻用户的参与行为开展更有针对性的研究。事实上,新闻机构已经很大程度地"在路上"了,它们早就尝试通过分析用户的特征来提供更多符合用户需求的新闻内容(Moyo, Mare, & Matsilele, 2019)。这也进一步要求新闻学研究超越行为主义,扩大对用户参与行为的情感和文化维度的分析。

上述两条核心逻辑事实上为研究者提供了针对当前新闻用户研究的优化方案。总体来看,研究者可以从转换研究视角、提倡过程性研究和立足本土经验三个角度发展数字新闻用户理论。

首先,既有研究已经承认数字环境下的新闻用户通过参与行为积极地影响着新闻业态,因此,对新闻用户的主动性进行描摹与归纳存在必要性。但是,大量研究始终将用户视为新闻业的终端,对其参与行为和社会影响的经验分析不足,一些研究甚至脱离用户谈用户,描摹一种"想象的用户"观念,从而落入效果研究的窠臼。本书尝试转换研究的中心视角,从新闻用户的日常经验出发,深入用户的行为逻辑,将用户对新闻生态和文本内容的感知与体验作为核心研究对象,探析以新闻用户为中心的新闻参与机制和新闻接受规律。这一视角尝试摆脱效果视角的局限,更加准确地解释新闻用户的行动逻辑。

其次,用户的新闻参与行为无法摆脱数字媒体平台的约束,因而呈现出固定、具体、普遍等特征。这些具体的行动包括新闻搜索、新闻点击、新闻点赞、新闻转发、新闻评论、新闻生产等。这就天然地带来了在用户的参与行为与某种动机之间建立联系的研究倾向。研究者们总是倾向于量化用户行为,对用户行为进行去语境化的处理,继而开展多维度的分析和检验工作。这造成了用户行为研究领域内解释性视角的缺失。本书尝试对新闻用户的参与过程进行系统的理论与经验研究,说明用户在日常情境中的行动逻辑与参与特征,并以综合性、流动性的视角开展理论的建构工作。

最后,当前全球范围内的数字新闻学研究成果仍然以欧美国家为主,基于中国经验的原创理论较少。大多数通常被认为具有开创性的研究都是由欧美学者完成的,国际上的数字新闻学研究仍然倾向于从欧美主流分析框架中寻求问题意识和理论方向。这导致数字新闻学研究的多数概念与经验都明显地缺乏对中国现象与中国业态的解释力。中国社会的数字化进程正蓬勃发展,并在世界范围内具有鲜明的独特性。因此,立足本土经验,提出本土解释框架,建立不同研究语境下生成的理论话语的平等对话,也是本书的一个目标。研究者有必要立足于中国数字新闻业的发展前沿,对数字新闻用户的新闻参与机制进行经验研究,总结具有中国特色的数字新闻用户研究的主要经验，并进一步寻求建立与全球数字新闻理论前沿发展的对话机制。

三、以用户为原点重新理解新闻

数字技术的迅猛发展为新闻业带来了巨大的实践转型机遇，也为当前的新闻学研究带来了空前的不确定性。这种不确定性主要表现在两个方面。其一，虽然新闻传播学的兴起与发展始终与技术变革紧密相关，但新闻学研究始终存在着将技术变革简单化为单一的外部因素的倾向，进而忽略数字技术为新闻实践和信息生活带来的整体性变革的可能性，并引发新闻记者、新闻学者与新闻用户三方的知识体系的脱节与错位。其二，在数字技术的冲击下，新闻实践的主体日益突破拥有职业性身份的群体（如记者、编辑），海量的普通民众涌入其中。因此，对于新闻学研究来说，如何在理论传统的基础上观照由数字化过程提出的一系列新的认识论问题，尤其是将用户——普通民众——的新闻经验纳入新闻学理论体系，就成了一个紧迫的议题。

上述问题要求研究者立足于新的数字技术生态和用户网络，对新闻学研究赖以生存的诸种关键要素进行系统性的研究，以积极的态度面对新闻学研究中出现的"对象发生本质变化的危机"（Peters & Broersma, 2013）。这种要求首先源于数字新闻研究是一种始终面向未来的新闻业规律的知识体系，研究者必须时刻关注前沿技术可能为新闻生产、流通与接受带来的诸多转变的可能性，同时，在理论和实践层面有效地回应新闻学理论与数字信息实践之间的鸿沟。其次，数字新闻业是整体的数字社会转型过程的子系统，不同的社会背景与技术手段始终为实践与理论发展设定行动规范。研究者需要立足于现有的社会特征，考察新闻业核心价值与操作规范的适切性，以语境化的动态思维不断推进新闻学理论的革新（姜华、张涛甫，2021）。

因应相关变化，新闻学界开始重新审视传统理论体系在数字时代的适用性问题，反思经典新闻学文本中心与效果中心的研究传统。一个直接结果就是用户转向——针对新闻用户的经验研究和理论探讨逐渐体系化和主流化,成为数字新闻学研究的重要理论突破口。如今,学界普遍认为,只有立足于数字新闻生态的新特征,深入辨析数字新闻用户与(前数字时代)新闻受众的本质差异,才能准确地理论化数字新闻接受的实践逻辑。

我们可以从三个维度来理解这种主张的理论目标,以实现从用户研究向数字新闻研究的过渡。这三个维度是行动者与数字新闻生态、体验者与新闻情感网络、主导者与数字新闻流程。

第一,自主的行动者代表着数字新闻业的深度生态化。近十年间,新闻接受研究逐渐将"数字新闻生态"(digital news ecosystem)作为一个给定的前提条件,立足于其复杂性、混沌性与动态性,解释用户的新闻接受行为。新闻生态理论暗含如下假设:层出不穷的新样态与新渠道为新闻用户提供了一个高度混杂且十分细腻的媒介环境。这一环境不断与用户的行为展开互动,既为后者提供发生的基础,也通过一系列规则对后者作出限定。新闻用户的行为受制于新闻生态的特征和规律,尝试将个体行为从新闻生态中剥离出来的理解路径不再具有意义。需要强调的是,本书选择以生态的思路理解数字新闻实践并不意味着认可新闻用户是被动的。相反,由于个体置身的新闻生态拥有丰富的内容,因此,新闻用户实际上获得了在前数字时代难以想象的广阔选择空间。从很多方面来看,数字新闻生态中的新闻用户的接受行为既是高度自主的,也是高度个性化的。

第二,完整的体验感代表着数字新闻业的深度情感化。对于当下的新闻用户而言,互联网与移动终端已经成为日常生活的基本构成要素,与前数字时代作为专业范畴的新闻媒介不可同日而语。用户可以通过无处不在的数字信息网络来全面体验与全面表达自身的情感状态。此处所说的"新闻体验"是一个宽泛的概念,不仅指涉用户如何了解新近发生的事情,也关注用户如何感知新闻生产者的情感色彩与话语特征。因此,数字新闻体验是一种日常的体验,唯有深入用户的日常生活经验,才能准确地观察其新闻体验,并据此真正地理解数字新闻接受的逻辑。同时,由于数字时代的新闻传播远非简单的"对众言说",新闻内容对于用户情感的激发成为新闻流通的核心环节,对用户情感化行为的解读不能脱离具体的新闻文本。唯有紧密把握二者的关联,才能有效地理解数字新闻接受的基本规律。

第三,主导性角色代表着数字新闻业的深度日常化。数字时代用户崛起的根本原因是数字媒体平台上新闻经验的日常化。崛起的表现特征是数字新闻用户与传统新闻受众在文化构成、行为逻辑和身份认同等方面的巨大差异。这些差异导致数字新闻用户超越传播的末端,前所未有地参与了新闻生产、流通与接受等所有环节。具体来说,占据主导地位的新闻用户大致拥有如下三类日常影响。首先,用户生产内容(user generated content, UGC)与专业生产内容(professional generated content, PGC)分庭抗礼,成为数字新闻内容生态重要的组成部分;产自用户的新闻内容以情感色彩鲜明著称,冲击和解构着专业机构新闻内容冷峻客观的文本特征的权威性。其次,用户的互联网使用行为及其形成的网络,既为专业新闻机构与从业者提供了丰富的新闻素材,也通过创建对话或形成冲突等方式直接进入新闻舆论场,为流动的新闻生态注入了大量个人化和情感化元素。最后,数字媒体的赋权令用户的情绪和行为能够产生即刻的效果,其新闻接受行为在被平台转化为数据后,反过来影响和干预了由机构媒体主导的职业规范,在宏观上推动了整个新闻生态的琐碎化。

四、本书的框架与行文逻辑

基于上述认识,本书探讨数字新闻用户研究理论和实践的直接目标在于厘清谁是数字时代的新闻用户,继而回答何为数字新闻这一问题。本书尝试通过明确数字媒体生态下用户新闻参与的具体机制,说明数字时代的用户与新闻的核心关联,并进一步为建构数字新闻理论体系提供启发。本书主要分为理论探讨和经验分析两大部分。

理论探讨部分包括第一章到第五章。这一部分主要尝试回答五个相互关联、环环相扣的理论问题,包括谁是数字新闻用户,如何研究数字新闻用户,数字新闻用户研究的理论目标为何,代表性的数字新闻参与实践为何,新闻业顺应用户视角而采取的创新实践为何。

第一章主要介绍数字时代新闻用户研究的基本背景,从新闻业的数字化转型、新闻用户的数字化生存和新闻研究的情感转向三个维度出发,讨论了新闻受众如何逐步转换为新闻用户,并在个体与群体两条行为逻辑的作用下成为当前数字新闻研究最为瞩目的关键变量。本章的落脚点为由情感力引发的新闻参与实践及其在数字新闻研究中的应用潜能。

第二章主要介绍数字时代新闻用户研究的几种重要理论视角,如数字新闻生态理论、刺激-机体-反应理论,以及情感的文化理论之于新闻学研究、新闻用户研究和新闻参与实践研究的启示。本章的落脚点为生态系统层面、个体-环境层面,以及个体内部层面的用户主动性与新闻参与实践的逻辑关联。

第三章主要介绍数字时代新闻用户研究的理论目标。首先,对20世纪后半叶以来具有较大影响的另类新闻运动进行历时性梳理,从生产流程、实践主体和生产策略三个角度讨论新闻业中长期存在的介入性观念的主要表现;其次,立足于共时性分布规则,讨论了数字新闻业的介入性价值具有何种内涵,以及由谁实践、如何实践等问题。本章的落脚点为介入式新闻的核心内涵及对新闻用户亲密关系的重视与呼唤。

第四章主要介绍数字时代新闻用户的三类代表性参与实践。按照个体与群体、积极与消极两个维度,本章依次讨论了用户个体的情感接受实践、用户个体的新闻回避实践、用户群体的情感极化现象等代表性实践,继而归纳出个体层面的新闻接受文化与群体层面的极化治理路径。本章的落脚点为对新闻用户的代表性参与实践的类型化梳理与系统性逻辑考察。

第五章主要介绍数字时代新闻用户的参与实践所引发的新闻业变革,从数字新闻业的美学化趋势、情感化趋势、剧场化趋势出发,讨论了数字新闻业因应用户的感官体验需求、情感疗愈需求和公共故事需求而产生的内在革新动力。本章的落脚点为数字新闻业对用户需求和用户价值追求的吸纳和内化。

通过对这五个问题的探讨,本书尝试拓展数字新闻用户研究的认识论,将用户的介入性与情感维度纳入用户的新闻接受考察路径。一方面,新闻用户的接受实践具有高度的主动性。这种主动性既推动新闻用户积极地接受新闻,也推动新闻用户积极地参与新闻。本书对于新闻接受实践与新闻参与机制的考察,必须立足于对用户的主动性的内涵、表现和影响的解释。特定的新闻内容要素会引发用户的特定兴趣,并催生某些参与式或干预性的行动。在当下的在线参与活动中,大众力量的联结在很大程度上依赖社交平台的技术可供性和基于这些平台的共同新闻接受经验。这种由技术供给的经验将零散的用户整合为有机的整体,并使新闻实践产生与过去不同的社会效应,获得新的历史角色。另一方面,数字新闻研究的情感转向表明,研究者要从新闻传播的不同环节切入,探索情感要素在数字媒体生态下的具体作用机制,借此透视新闻的总体文化发展方向,并最终形成关于数字时代的人、新闻业和信息化社会之间关系的新认识。更进一步,对于新闻用户来说,情感既是个体性的,又是社会性的。这意味着情感本身由人整饰,又全面塑造着人,进而重构了人借由新闻接受实践形成的新的社会关系。

经验分析部分包括第六章到第十章。这一部分主要尝试说明数字媒体生态下用户参与新闻的具体机制。具体来说,第六章通过一项总体性的质性研究阐述新闻卷入、新闻体验与新闻社群三种核心参与机制。第七、八、九章分别依托具体的经验材料对这三种参与机制进行检视与分析。第十章通过对经验分析部分进行归纳,尝试以情感主动性为认识论起点,以介入性为价值内核,构建数字新闻用户理论,重新理解新闻实践在人类信息社会和数字化未来的构成中的角色与地位。

第六章立足于前述理论基础与研究框架,通过一项探索性的质性研究讨论了新闻用户缘何关注某类新闻内容,以及为何乐于参与新闻点赞、转发与评论实践。借助焦点小组访谈和扎根理论方法,本章归纳并理论化了有关新闻用户参与机制的基本概念,继而建立起"卷入-体验-社群"机制。本章的落脚点在于依托具体的经验材料,初步厘清了新闻用户参与实践的整体框架。

第七章主要围绕新闻卷入机制展开研究,具体为一项旨在讨论社区新闻用户参与驱动力的质性研究,借助半结构式访谈和主题分析方法厘清新闻用户在生活需求、情感卷入和情境性约束等维度上获得的参与动力。本章的落脚点在于识别并分析新闻用户秉持的"审慎的主动性"逻辑,并摹刻数字时代新闻用户作为"智识公众"的形象。

第八章主要围绕新闻体验机制展开研究,主要关注用户如何在社交媒体平台上获取特定的新闻意义,并借助半结构式访谈和主题分析方法准确地理解和归纳这一过程。从注意力捕捉、沉浸式氛围、仪式性参与和外部因素四个方面出发,本章最终总结出一种参与性的新闻意义生成模式。本章的落脚点在于以参与性新闻意义生成模式统摄感官介导下的新闻体验过程,继而提出数字时代的新闻体验较之新闻阅读的独特理论价值。

第九章主要围绕新闻社群机制展开研究,以即时通信群组内的新闻讨论为考察对象,借助会话分析与半结构式访谈方法来理解社群关系对新闻阐释过程的核心影响。通过对微信群组的内部交际关系、典型会话结构和响应失败原因进行分析,本章认为基于即时通信群组的新闻阐释活动是一种兼有专业性、日常性、情感亲密性的微观信息交往实践。本章的落脚点在于依托关系型新闻阐释来探明构建以关系为核心逻辑的数字新闻学理论的可能性。

第十章主要立足于第六至九章的经验材料和研究结论,讨论数字时代新闻用户参与机制的理论体系建构可能性及其更新数字新闻用户研究议程的潜力。本章从用户个体的情感主动性、数字新闻业的介入性价值两个角度出发,落脚点为新闻用户研究准确理解新闻实践在人类信息社会和数字化未来的构成中的角色与地位。

通过对经验研究的探讨,本书认为,数字新闻用户研究的起点是用户的情感主动性,最终结果是具体的新闻参与行为。基于日常生活经验的情感主动性是数字新闻用户参与新闻行为的主要驱动力。所谓人的情感主动性,是源于生活经验的、动态的认知与情感结构,是数字媒体生态下用户的新闻参与机制的逻辑内核。用户在自身情感主动性的驱动下,经由新闻卷入、新闻体验或新闻社群中的一种或多种路径,完成具体的新闻参与实践。这是一个完整的"感知-行动"过程,受到用户的社会文化属性特征,以及新闻内容的文本与叙事特征等要素的激发和制约。新闻用户通过主动的参与性实践,为数字新闻生态赋予了介入性的价值理念。介入性既主张用户对新闻实践的介入作用,也强调新闻实践之于社会进程的作用。这一价值体系反思传统新闻业的客观性,在观念上为新闻实践赋予了更鲜明的行动属性,具有重构主流新闻认识论的潜力。

综合来说,新闻用户借由共同的新闻接受经验所形成的参与行为最终有可能成为新的稳定社会结构的一部分。新闻活动(journalistic activity)的常态化和机制化不仅意味着新的信息文化和传播生态,更会影响甚至推动政治经济系统的变革。换言之,在未来的社会变革图景中,新闻不再仅仅是信息流通和反映现实的中介,更是一种不容忽视的、具有鲜明进步性意图的社会动力。本书对于上述数字新闻用户的理论和实践层面的考察,不仅服务于对新闻实践和新闻业态自身的解释,更旨在为总体性社会变迁的规律提供新的理论依据。

第一部分

理论探讨

第一章
数字时代的新闻用户研究

第一节 作为问题域的新闻用户研究

当下,学界对于新闻业态的剖析总是与数字新闻生态带来的"超越新闻"(beyond news/journalism)这一倾向保持着千丝万缕的联系。如果要准确理解新闻生态的变迁所引发的新闻实践的变化,诉诸用户将会是一个适切的维度。数字时代的用户凭借行动的高度可见性推动着新闻机构的生产和传播实践日趋复杂化,新闻行业与信息生态都沾染了极强的用户主动性色彩。正因为如此,在数字新闻学前沿探讨中,用户及其实践活动是一个日渐兴起的议题领域。本书认为,对于数字新闻用户的研究既要关注新闻业的数字化转型带来的实践动力,也要基于用户的数字化生存和情感表达开展具体的经验研究,以建立准确理解和解释新闻用户的概念框架。

一、新闻业的数字化转型

当代信息环境的持续数字化引领了新闻业态的创新发展,并推动着新闻学研究的范式转型。数字技术的普及不仅在实践维度重构新闻的生产、流通与接受环节,也在观念层面培育了与新闻性相互作用的数字性思维,为人们理解新闻并借由新闻经验理解社会开创了新的路径(常江,2020)。如何准确理解数字性与新闻性的关系,并以此为视角剖析数字媒体生态中的用户接受逻辑,搭建立足于当代新闻实践的用户理论体系,是摆在新闻研究者面前的重要问题。

其一,数字新闻作为各类数字新闻样态的元概念,以数字性与新闻性的有机融合为本质。近年来,探索"数字重构社会"的主要路径和核心指向成为新闻传播学界的一个热点议题(Mosco,2017)。学者们普遍认为,5G、人工智能、虚拟现实等前沿技术能够从本质上改变人的信息获取场景,为诸如算法新闻、沉浸式新闻等多种新新闻形式的勃兴提供了基本的前提。新的新闻形态的流行意味着用户在更大程度上将视觉体验与技术价值满足纳入新闻评价范畴,这将极大地延伸新闻学理论的触角。当前,人们对于网络抗争、在线标签运动等数字文化运动的溯源与解释,更多是从社会学、心理学与政治学领域寻求帮助,这在一定程度上表明新闻学尚缺乏对技术现象的充分解释力。在这样的背景下,发掘新闻用户的行动潜力,将新闻用户的参与机制作为一项核心的研究议题,以实现对新闻学的总体性理论价值的重新评估,具有直接的理论意义。

其二,数字媒体生态(digital media ecosystem)成为新闻业发展与转型的主要场景,这在实践层面为用户介入新闻的生产、流通与接受提供了基本的物质与认识论框架。例如,数字新闻生产的智能算法机制内嵌了特定的价值观,这种基于技术逻辑的价值观与传统的新闻价值观在伦理上可能存在的相悖关系对新闻业赖以生存的诸种文化传统有巨大的影响(陈昌凤、雅畅帕,2021)。因此,研究者需要在本质上把握数字新闻生态的组成要素与核心特征,洞悉这种新生态对新闻用户的直接影响。数字新闻生态也集中地催生出一批新的新闻形态,为用户带来了新的体验模式。用户能够借助智能算法与虚拟现实技术等手段形成新的认知结构与情感状态。例如,用户在社交媒体平台倾向于接触与自己价值观一致的新闻内容,这可能会引发特定情感与观点的"回音室效应"或"信息茧房"(Buder et al., 2021;汤景泰、陈秋怡,2020)。

其三,数字转型意味着传统的新闻业价值体系——并不是"新闻价值"(news values/worthiness)——需要重新被审视并赋予数字时代的新内涵。这要求研究者努力以内部视角看待数字转型。新闻业的价值体系是特定时期新闻实践的核心规范体系,其具体标准界定着特定时期新闻业的总体面貌(张涛甫、易若彤,2021;白红义,2021)。数字时代的新闻业价值体系植根于数字新闻实践逻辑的规范体系,是指导数字新闻实践的观念体系。经典新闻学对新闻业核心价值观的厘定,如真实性、客观性等,在数字情境下均面临着不同程度的失效问题。因此,研究者需要从用户的生活经验和情感需求出发,以一系列具体的经验研究来探讨数字新闻业的价值体系应当拥有的新内涵——这一价值体系显然比过去拥有更鲜明的介入性(interventional)和激进性(progressive)色彩。例如,在虚拟现实技术培育的沉浸式新闻形态中,用户对于新闻真实的理解显然与传统媒体时代有很大的不同。通过技术手段精准还原的新闻场景在受众心理和情感层面或许反而显得更加真实,经典新闻价值体系的概念正日益变得含混暧昧。当前,日渐成形的新闻价值标准的意涵正超越时间和空间维度,而更多地转向与社会、情感或虚拟关联的维度。

综合上述思路,本书尝试厘清数字新闻生态的变化如何回应用户的行动需求,并进一步结合数字性与新闻性的互动关系探析数字新闻用户的接受逻辑,探索将数字转向作为数字新闻学体系建设基础维度的可能性。

二、新闻用户的数字化生存

数字化为学界带来了革新新闻学理论的动力。近十年来,对新闻学研究体系进行重建(rebuilding)、重思(reconsidering)、再造(remaking)、反思(rethinking)、重造(reinventing)的主张不绝如缕(Boczkowski & Anderson, 2017)。这些期望重新认识新闻学的主张都立足于探明一个核心问题——在数字时代,到底什么是新闻?尽管学界普遍认同数字化对传统新闻认识论的重构效应,但学者们对这一问题的回答仍然具有鲜明的职业特性,即视新闻为一种专业行为而非日常生活行为。本书认为,上述观念未能摆脱新闻业发展的专业化窠臼,这必然使得各类理论创新是对既有理论的小修小补。实际上,数字时代新闻学理论的发展需要回答的是另一个核心问题——用户眼中的新闻到底是什么？在既有的理论话语中，与新闻用户相关的概念包括新闻接受、新闻消费、新闻使用、新闻体验等。这些概念均在不同维度揭示了新闻用户的实践内涵。那么，这些概念之间是否存在特定的框架或机制，可以令我们在总体上理解新闻用户并回答与他们有关的现实问题？例如，用户与新闻内容究竟如何建立连接？用户的新闻参与行为受到何种逻辑的规范？用户的参与行动究竟应当在新闻理论中拥有什么样的位置？概言之，如果我们将新闻接受视作有形的物质活动和无形的观念活动的结合，就要对用户及其赖以维系和拓展的、为其提供物质和观念框架的媒介生态进行深入的考察。

现有的研究已经表明，数字新闻用户的角色业已超越被动的接受者，而成为与专业新闻记者并驾齐驱的主导性"产消者"，这就模糊了传统新闻流程中各种角色的边界（杨保军，2018）。此外，新的新闻接受实践也呼唤着新闻业价值体系的自我更新与重塑。例如，以新闻行动介入社会变革的诉求拥有日益坚实的合法性，技术赋予用户的更强的行动力促使其在观念上逐渐认可新闻可以甚至理应具有进步色彩，而不仅仅是对客观事实的被动反映。因此，如何理解用户的主动性（initiatives）就成为新闻学研究的重要议题，情感（affect/emotion）则是前沿数字新闻学理论所选择的切入点。以情感为路径的分析既能清晰地涵盖数字新闻流通的完整过程，也能在总体上归纳以用户为中心的行动逻辑。

主动的用户不仅是新闻的接受者，更是新闻的生产者。这意味着新闻业不再必然是以机构为中心、以受众为末端的结构，独立于新闻机构的用户个体和小型社群构成了新闻生产的新中心（彭兰，2020）。因此，数字时代的新闻生产与传播破坏了传统新闻场景的稳定性，形成了一个以使用者为中心的亚结构，并不断挑战原有传播结构的权威性。这就要求学界重视用户对新闻内容及文化的介入，并探讨确立旨在促进用户生产行为的新闻目标（刘鹏，2019）。围绕着这种用户新闻的实践逻辑，数字新闻业已在实际上将用户的情感与价值偏好纳入自身的生产原则。因此，若想理解用户在数字新闻业态中的角色，研究者就要从个体的行为出发，探讨新闻用户的偏好对于其行为的影响。

三、新闻研究的情感转向

数字生态的演进显著提升了新闻用户行为的可见性(visibility),导致用户行动的复杂特征被暴露在新闻从业者面前。新闻业并非刚刚发现用户需求的丰富与多样,但固有的职业中心和精英观念传统使得主流新闻学理论长期忽视对用户的需求尤其是情感需求的考察。这一理论偏向也反过来影响着新闻实践,导致专业新闻生产面对日益积极的用户越来越缺乏底气,其行动和呼吁也趋于无力。近些年来,新闻学研究逐渐注意到,对用户行为逻辑的理解不能再基于单一的大众传播观念框架;充分认识数字新闻用户的情感异质性并对其作出历史和经验相统一的解释,是新闻学理论发展的一个重要方向。

在数字新闻学理论中,用户情感的重要性是不言自明的。情感作为一种基本的生命体验,不仅在日常生活中维系着个体间的社会交往,也在整体上规制着整个社会结构的再生产。对于新闻学来说,作为联系个体的有机元素,情感及其机制,以及建立在情感机制基础上的诸种行动,日益在新闻传播过程中扮演基础性的角色,这构成了学者们强调的"情感转向"(emotional/affective turn)的基本内涵(Wahl-Jorgensen, 2013;袁光锋,2017)。

事实上,自20世纪后半叶以来,"情感革命"席卷了众多学科,其经验基础则是情感的重要性在诸多社会实践领域内日益显著。在社会科学领域,基于情感分析的新理论有长足的发展,诸如家庭关系中的情感暴力、社会群体运动中的情感抗争、数字标签运动中的情感唤醒、文学机器人生产中的情感表达、人工智能生产的情感学习等(胡鹏辉、余富强,2019)。这些前沿讨论明确地告知大众:情感在日常生活、科学研究与文化实践中扮演的角色应当被严肃地对待。于是,生物学、神经科学、心理学对于情感现象的生理基础的分析开始广泛地影响社会科学的不同领域,为跨学科的情感研究奠定了共同的观念基础。学界也普遍认为,社会科学在经历了语言转向、文化转向、认知转向、空间转向等一系列范式转变后,开始将情感这一对象所引发的理论阐释与方法创新作为新的范式革命的立足点。新闻学的情感转向正是这一进程的组成部分(陈阳、郭玮琪、张弛,2020；Orgeret,2020)。

从逻辑上看,新闻学研究面向用户的重心转移,必然带来情感转向。从情感的维度出发,新闻内容正在由一种信息产品转变为一种体验产品。这固然源于新闻用户的接受需求,却也要求研究者从理论的角度对新闻的概念与新闻传播的规律进行再审视。一方面,迅猛发展的数字技术是推动新闻学情感转向的主要因素之一,数字媒体的技术可供性(technological affordances)重塑了学界理解新闻生产、新闻内容和新闻用户关系的维度,为情感效应的理论化拓展了话语空间。新兴的新闻传播技术本身就带有更为强烈的情感色彩,如基于虚拟/增强现实技术(VR/AR)架构的沉浸式新闻(immersive journalism),通过为用户提供身临其境之感而将新闻文本从叙述转化为"经历",并创造了更多激发共情的机会。另一方面,数字新闻机构对社交媒体平台、即时通信应用的深度使用进一步加剧了其情感化的倾向。平台的交互性特征赋予用户参与新闻生产过程的可能,在未经专业训练的用户生产内容和参与式新闻(participatory journalism)的个人化叙事中,情感成为主导性的表达方式。社交媒体平台的用户互动(如分享、评论、点赞等)天然就是情感的流露与表达,因为情绪化内容比严肃内容更容易获得"病毒式"传播。此外,情感化也是新闻媒体重塑媒体形象、重新与用户建立连接的手段。这些现象都受到了新闻学界的关注,并不断培育着新的新闻理论。

第二节 从主动受众到新闻用户

得益于数字媒体平台所创设的实践空间,传统意义上的受众得以跳出概念的桎梏,在主动受众的基础上更进一步,全面转型为以我为主、主动质疑专业权威的新闻用户。数字媒体平台上的用户具有高度的主动性，不仅尝试理解新闻，也创造性地将新闻内容作为激发自身情感体验与满足个体需求的素材。在这种接受模式中，情感联结了个体用户，塑造了新闻社群，并进一步驱动社群成员重新审视新闻报道、新闻机构和新闻业。因此，新闻接受并不完全是内省的、个人化的行为，而明显具有公共潜质。由此引发的理论反应是，新闻接受不再是附属于新闻生产的补充性环节，而成为数字新闻全流程的独立要素。

一、数字新闻用户的主动性

数字新闻用户研究在过去十多年间基本形成了一个共识，即对用户的新闻反应(news response)逻辑的解释应当成为一个主要的探索方向。这一共识的主要基础在于，用户已然是数字新闻生态下的主动行动者，其反应是一种富含意图(intention)的行为。因此，只有将主动性视作数字新闻用户的基础要素，并对由主动性激发的一系列行动作出准确把握，研究者才能明确数字新闻用户的基本接受框架。

新闻用户的主动性具有比过去更大的被看到的可能性，因此，用户的新闻体验可以被转化为有目标的参与行动。在数字媒体平台上，连接和组织用户的基础力量是共享的情感体验(shared emotional experience)，而这种体验具有极强的感染力和可传递性——这也是数字媒体环境下诉诸情感的新闻内容极易在短时间内形成舆论热潮的原因。与此同时，新闻用户的网络尽管有反层级的形式，但在日常运作中仍然是高度圈层化的，拥有不同社会及象征资本的亚群体(如银发族、青少年、中产阶层等)之间仅存在名义上的平等，其行为的可见性及具有的影响力也相差甚巨。这意味着研究者对于数字新闻用户的分析不能追求非语境化的一体化方案，而要充分考虑到网络群体和现实社会权力结构的映射关系。

综合来看，主动性是数字新闻用户的基本行为特征，数字新闻用户在概念上同时是单数的和复数的。以数字媒体平台为基础，新闻用户发展出复杂的新闻体验与新闻参与模式。这种参与模式同时拥有个体的

(individual)和群体的(collective)两个并行的行为逻辑,前者以原子化(atomic)的个体认知为主要特征,后者则以反思性的社群行动为主要特征。

二、原子化的数字新闻用户

受制于数字媒体平台的新闻生产与流通规则,用户对于新闻内容的选择、感知与理解等行为都是以个人的日常经验与情感结构为基础的。原子化即意指这一接受模式,其核心要义在于:新闻内容与新闻用户的接近性的重要程度超越了用户的理性认知,情感成为新闻体验的重要维度;上述新闻体验又进一步加强了用户固有的价值观念与情感结构,导致用户的新闻参与行为愈加复杂。

第一,在个体层面,数字新闻体验的形成极大地受制于智能算法。主流推荐算法不透明的规则决定了触达数字新闻用户的新闻内容是一个由包含个人、平台方和新闻机构等行动者的关系网络驱动的系统性结果。一方面,推荐算法可以提升个体感兴趣的内容的权重,在新闻流中提升某类新闻内容的能见度,导致用户被"投喂"的新闻几乎总是投其所好的同质性内容。另一方面,新闻用户的主动性决定了其并不仅仅被推荐算法驯化,还可依据个人兴趣与情感倾向主动选择新闻内容,形成具有个人化色彩的"新闻剧目"(news repertoires)。无论何种选择,用户的数字新闻接受均具有个性化和孤立的特征,因而是原子化的。

数字媒体平台为用户提供了广泛的选择权,因此,对于大多数用户来说,首要的问题是以何种方式选择自己感兴趣的新闻内容。换句话说,用户应该如何主动地将不同的新闻内容嵌入自身的日常生活体验。由于人们的兴趣、价值观念与生活经验不尽相同,由主动选择而形成的新闻剧目也就明显地因人而异了。例如,用户个体会因阅读习惯的差异而选择不同的平台:乐于阅读简短新闻摘要或硬新闻内容的用户倾向于选择综合性社交平台(如Facebook、微博等),乐于接受深度报道的用户则更青睐新闻客户端。此外,不同新闻机构的内容策略(如更新速度、是否有深度报道)也将影响用户对新闻内容的选择。但无论如何,原子化认知范式意味着新闻用户总是会依据自己的文化取向和生活经验,主动地选择并体验特定的新闻内容。数字新闻用户从不排斥个性化的,甚至是孤立的新闻体验(Thurman, Moeller, Helberger, et al., 2019)。只要用户确认自己接触的新闻内容与生活经验相关,就不会绝对地抵触碎片化、个性化内容乃至过滤泡效应。

第二,数字媒体平台对新闻用户的影响还体现在用户能以极低的成本转发、评论与生产新闻,这鼓励了用户更加积极地参与新闻实践。用户通过新闻体验获得特定的情感,并发展出特定的行动力。在此过程中,用户可以明确自身的行动属性,推动其进一步完善自我认知。

互联网与移动终端的发展令用户得以参与新闻的生产、流通与接受的全过程。研究者可以依据用户主动性的差异将其区分为两个维度:积极参与和消极参与。前者指用户可以主动进行新闻生产与评论发布,后者指用户对特定新闻的选择、点赞与转发。需要强调的是,这种区分只是一种策略性的选择,方便本书对具体的新闻参与行为进行分析。这两类行为毫无疑问都植根于同一逻辑,即用户始终是主动的,他们对参与新闻的生产、传播与讨论保持着热情。

用户对新闻的生产或评论可以被视作积极参与行为,这种行为对于研究者理解新闻记者与用户这两个角色的边界具有重要意义。积极参与令用户介入新闻生产的控制过程,用户的表达可以直接影响新闻的传播效果,甚至进一步成为新闻内容的素材。这不仅直接催生了围绕着介入性的一系列讨论,也凸显了公民见证(citizen witness)等新闻现象的重要性。以在线评论为例,研究表明,虽然数字媒体用户的评论具有匿名性、公开性、互动性等特征,但其本质始终是植根于个体的生活经验与价值观念(Engelke, 2020)。不过,用户的参与并不是均质的,而是因极强的个体性而迥然相异。情感要素可以有效地影响用户的新闻参与意愿。已有研究观察到,个体是否参与新闻讨论或选择参与何种新闻讨论,都受到用户本身的特征与偏好的影响。这一因素有时会增强用户的参与意愿,有时则会降低这种意愿(Wright et al., 2020; Karlsson et al., 2015)。

相比之下,用户的消极新闻参与更具确定性。若要考虑用户在社交媒体中因何参与,先需要理解新闻内容可以如何满足个人的生活需求。也就是说,个人的兴趣、个人对于新闻的感知倾向和个人的生活需求是新闻选择与新闻分享等活动的基本驱动力(Kalsnes & Larsson, 2018)。例如,许多用户乐于在数字媒体平台上选择关注另类媒体或边缘媒体来获取被主流新闻媒体忽略的信息(Figenschou & Ihlebaek, 2019)。甚至在一定程度上,用户在阅读新闻之后,会主动地忽略某些内容或某些倾向的评论。这种选择具有极强的个人化色彩,但在数字媒体平台上是一种普遍现象(Springer, 2015)。

三、社群化的数字新闻用户

尽管数字技术的赋权使得个体认知范式成为数字新闻接受的首要路径,但人类终究是社会性动物,而数字新闻生态令用户之间的相遇和连接变得比以往更加容易,这为群体的新闻接受行为创造了条件。不过,由于原子化范式是新闻接受的基础模式,因此,数字新闻的群体接受主要以小范围社群的形式存在。用户在这样的社群内部进行情感交流与公共表达。本书用"反思性社群"(reflective community)来命名这种社群。

数字媒体平台为用户提供了结识同侪与共享新闻内容的可能性。鉴于数字新闻用户是原子化的、缺少生物或文化纽带的孤立个体,因此,情感就具有成为用户社群和网络得以构建的基础要素的潜力(Zhang et al., 2018)。唯有在情感上彼此认同为伙伴,数字新闻用户才能顺畅地共享信息与互动。有研究指出,新闻用户共同的情感体验会影响他们分享新闻内容的方式与基调;不同强度的情感要素则会导致新闻用户选择与分享特定的新闻内容(Lecheler, 2020)。通常情况下,情感联系表现为在社交媒体上的互相关注、共同加入一个群组或在同一议题下互动等行为。情感社群与传统意义上由血缘或业缘组织起来的社群的最大的区别在于,用户互相确认身份的基础要素在于情感体验与价值结构的相似性。他们可能年龄不同、地域不同、性别不同，却对相似的新闻内容具有共通的感受。

在情感性的新闻接受社群中，用户接触的新闻内容在很大程度上并非来自主动搜寻，而有赖于其他用户的共享（Gil de Zúñiga，2017）。也就是说，情感社群带来的后果是，由于个体认知的局限性，群体内的选择性新闻接触变得更为普遍。如果以新闻内容为视点，研究者很容易发现，新闻曝光（news exposure）本身就是有选择性的，即个体的新闻偶遇（news encounter）在很多情况下并不是真的偶遇，而是社群化分享网络导致的结果（Fletcher & Nielsen，2018）。分享行为的理论意义在于，个体将自身的新闻选择权让渡给其他用户，以维系和巩固社群成员共享的情感。因此，个体接触的新闻内容是另一种"主动的被动"——他们主动选择了特定的社群，却严重地依赖网络中其他参与者的新闻偏好。这种新闻共享行为具有两个特征：其一，由于兴趣及价值方面的路径依赖，比起自己的判断，新闻用户可能更加信任好友分享的信息，以降低认知成本（Sterrett et al.，2019）；其二，情感社群成员倾向于采取多种叙事策略，定期构建特定的情感氛围，维系社群内部成员间的情感凝聚力（Zou，2020）。

情感社群不仅促使用户在新闻选择方面更具倾向性，也规范了用户在面对同一新闻内容时的认知结构，进而形成小社群内部较为一致的新闻接受。用户立足于社群内部的情感关系对自身的认知结构进行确认，进而体验或参与特定的新闻内容，这就是本书所称的情感社群的反思性（reflectiveness）。这种反思性表现在两个方面。一方面，用户的新闻选择往往植根于日常生活，共有的日常经验决定了用户总是以相似的认知结构体验新闻。例如，关于婚恋关系、衣食住行或生活习惯的社会新闻总会吸引用户的注意力，不同的情感社群也总是会围绕这些日常新闻进行观念的印证或批驳，形成社交网络上的大量讨论。在讨论中，新闻用户个体的情感反应始终受到情感社群共有认知结构的规范。另一方面，当用户接触诸如自然灾害或重大公共危机等突发性、反常性事件时，他们往往会产生更加激烈的情感反应。这些情感反应表现为激烈的评论与极端的言论,在一定程度上会影响情感社群内其他用户的认知结果,并引发群体层面的新闻参与行为。

因此,新闻报道并不必然是用户接受环节中最重要的内容。对于数字新闻用户来说,真正重要的是新闻内容所具有的潜能——为用户确立个体认知与情感联系提供话语资源。传统媒体时代对于新闻意义生成而言至关重要的"内容-受众"关系,在数字新闻生态中面对"用户-用户"情感联系的挑战,成为附属于后者的议题。也就是说,对身处于情感社群的用户而言,新闻是一种用来与其他用户建立联系的工具。这在年轻的新闻用户中表现得十分明显。新闻在他们的生活中扮演的往往是内容导航的角色,因为他们接受新闻的首要目标是社交,而非获取新闻资讯(Berthelsen & Hameleers, 2020)。

四、数字新闻用户的情感力

基于此,新闻用户在数字新闻生态中扮演着极为重要的角色。一方面,新闻用户将自身的主动性有机地融入新闻接受实践,发展出极具数字特征的新闻体验与新闻参与行为;另一方面,无论是在个体层面还是在群体路径上,数字新闻用户的接受行为都具有文化公共性潜能。情感力(affective force)则是构筑这种角色的基本要素。

首先,富含激情的新闻用户是新闻接受环节中的基本面貌。情感既可以激励新闻用户体验与参与新闻内容,也能够推动用户形成反思性社群。这说明情感对于新闻用户的接受行为具有明确的推动作用,是一种驱动力(force)。情感力的重要性启示研究者将复数的新闻用户视作一个有机体,它是作为一个总体发挥其社会与文化影响的。在解释数字时代用户的新闻选择、新闻接受乃至新闻生产行为时,研究者应立足于对用户(作为个体和社群的)情感体验与日常经验的考察。对于新闻接受来说,情感力是一种具有生产价值的创造性动力。这种力量虽无法被准确测量,却能用强度(density)加以描述。强烈的情感力在实践层面转化为用户具有主动性的新闻体验与新闻参与行动。

情感社会学告诉我们,情感力并非凭空产生的。一方面,情感源自有机体对生活环境的适应,人的身体会基于自身的生活经验获得某类情感结构,指导自身的生活实践。因此,新闻用户的情感力最先源自其个人的历史与日常生活经验。在新闻接受过程中,用户可以超越自身的认知与价值,将感觉纳入接受过程,形成基于身体和心灵的综合性新闻经验。另一方面,因为数字媒体环境总是倾向于塑造小型社群,所以情感力的作用也显著地受益于健康的用户关系——志同道合、氛围融洽的反思性社群总是有助于其成员的情感健康,并持续为成员的行动提供原动力。

本书强调这种情感力的原因在于,只有将受到情感驱动的用户及其构成的新闻接受网络视作新闻的意义得以生成和锚定的关键之处,形成一种以日常经验而非专业精神为认知基础的新闻研究思路,才有可能建构一整套立足于数字媒体生态的新闻接受理论。情感力推动着数字新闻用户的个体认知,也助力反思性社群的形成,它的勃兴源自数字媒体平台的普及化。虽然研究者不能简单地将这种现象归因于数字技术的发展,但不得不说,正是由于数字信息平台可以在最大限度上允许新闻用户便捷地接入新闻生态,新闻用户才能以强烈的主动性将新闻实践纳入日常生活的范畴。如果说各种新型数字新闻实践的可能性来源于数字技术的可供性,那么情感力正是其中最鲜活的一种具体表现形式——情感可供性(affective affordances)。研究者需要在实证层面对数字新闻用户具体的行动逻辑加以考察,更加清晰和完整地勾勒数字新闻接受的情感网络。

其次,用户的新闻接受行为及其实践属性必然是面向公共的,这意味着公共性是我们理解数字新闻用户的核心维度。由用户参与构建并维持运行的反思性社群鼓励新闻用户间的交往,并为其分享与评论社会性议题创造条件,因此,反思性社群成员共享的情感与价值结构具有指向文化公共性的基础。无论是个体性的还是群体性的新闻参与,都对公共领域的重塑与公共价值的重申具有重要意义。

反思性社群在数字媒体平台上的主要表征是情感公众(affective publics)。情感社群内的新闻用户作为松散团结的群体,既高度流动,又难以捉摸,但他们的行动受到情感的激发与规制,以激烈的情感表达为标志(Papacharissi, 2015)。可以认为,情感公众在一定程度上不具备宏观的稳定性,因为由同一议题聚合的用户群体往往缺乏内部的紧密关联;但情感公众总是由海量的小社群组成,任何一个公共议题都借由反思性社群传递至用户个体。情感公众的行动并非仅仅面向个体认知与社群内部,其行动本身就具有一定的公共性。这种公共性表现为,情感公众生产的文本能够提供可见的新闻舆论,不仅可以供专业的新闻记者采用,也将进一步影响其他用户的态度与情感(Anderson et al., 2015)。基于此,反思性社群可以为公共讨论奠定情感氛围,并进一步影响公共话语质量(Ziegele et al., 2020)。

由于新闻是面向社会大众的,反思性社群关注的新闻议题也具有明确的公共性。数字媒体平台允许用户以前所未有的方式参与新闻的生产和评论(Karlsson et al., 2018)。当诸如新冠疫情、地质灾害、台风等公共危机发生时,不同的反思性社群往往会迅速关注这些议题,个体用户或群体用户总能够迅速地参与新闻生产与评论。最新的证据是,在新冠疫情期间,用户在数字媒体平台上的新闻获取行为显著增加(Van Aelst et al., 2021)。在获知新闻内容后,用户对于反思性社群的认知与感受将决定他们是否参与在线的新闻实践(Meyer & Carey, 2014)。这种新闻参与天然地具有公共性——它们或积极地为社会问题提供解决方案,或尝试疏导大众情绪。这些新闻参与将迫使不同的社会机构进行回应,进而推动社会文化生态的建设性发展。新闻接受的群体性维度是立足于小群体的,分散的、多元化的、公共性的新闻内容则是数字新闻接受网络得以形成的基础。数字新闻接受网络植根于数字媒体平台,面向社会公众,并受到新闻用户的情感体验与日常经验的规制。基于反思性社群的新闻接受机制也进一步表明,用户对于新闻价值与新闻的公共性有着超越以往的期待。

第三节 从属性识别到实践分析

数字媒体平台是当下各种类型新闻经验和新闻实践的主要场景。从很多方面看，内容丰富、渠道融合、生态细腻的数字媒体平台有传统新闻渠道无法比拟的广度和深度。因此，数字性就是塑造用户新闻体验的基础要素，但对于如何准确地认识数字性与新闻性的关系，则存在争议。本书认为，从用户视角出发，这一问题可以被具象化为新闻内容如何影响用户的感知体验，从而激发用户的参与行动。这是一个有两个步骤的认识框架：第一步，理解何为数字环境下的新闻体验；第二步，理解何为数字环境下的新闻参与。这一框架的核心是将"新闻参与"（news engagement）作为理解新闻业的关键概念，推动数字新闻研究从识别用户的群体属性转向分析用户的实践特征。

一、数字时代的新闻参与实践

移动互联网平台的普及推动用户的新闻接受行为日益分散在不同的新闻终端上，使得用户新闻参与行为的不稳定性越来越高。由于新闻用户天然是社会性的，他们以多种方式嵌入社会和历史，而不仅通过媒体这一渠道来参与社会实践，因此，对用户的考察不能只是零星地分析那些脱离了具体情境的行动，而需要扎根在具体的生活环境之中去理解用户互动行为的意义（Livingstone, 2019）。

数字媒体平台是用户进行新闻参与的核心环境，不同程度上的新闻参与行为都有赖于社交媒体平台本身的架构和逻辑。这种生态基础为新闻用户的参与提供了基本的定义，即用户的行为是一种少量、固定、具体的参与式行动。这些行动包括新闻搜索、新闻点击、新闻点赞、新闻转发、新闻评论、新闻生产等。新闻用户在日常的信息获取过程中反复践行着这些具体的参与行为（Picone et al., 2019）。此处的新闻参与是一个内涵丰富的概念，既包括用户与新闻内容的互动，也包括用户与用户之间、用户与新闻生态之间的互动。用户的新闻参与行为因受到个体、文化和社会等维度的干预而极具复杂性。

如果说新闻体验仍然是新闻接受行为在数字时代的拓展，新闻参与则是新闻接受行为的全新的延长。这种延长主要表现在两个方面。一方面，社交媒体与移动终端的发展允许新闻用户便捷地接触新闻内容，并即时地点赞、转发与评论。这些行动能（以数据服务的形式）即时地反馈给专业新闻机构，推动专业化新闻生产策略的改变。另一方面，借助数字平台提供的技术便利，一些用户直接从事文字、视频与评论的生产与转发，他们运营自己的自媒体账号，争取平台的流量支持，并在很多情况下采取与机构媒体不同的策略来吸引关注。

虽然用户的这些参与行动本身受到数字媒体平台极大的限制，但它们的重要性并没有被削弱。这些行为能被每个新闻用户调用，并在用户个体的新闻生活中扮演重要角色。这样的关联主要包括三种情况：新闻选择（news selection）、新闻分享（news sharing）与新闻交互（news interaction）。

新闻选择行为允许用户以最低的参与成本介入新闻业。新闻选择行为包括两种情况。其一，用户的无意选择（exposure selection），即用户在新闻平台上随意浏览新闻的行为，极大地降低了用户的新闻搜寻成本，让用户的注意力被留存在社交网络中，并催生更多的新闻参与行动。其二，用户的主动选择（positive selection），即用户在对新闻有了初步的认识之后，点击新闻内容以阅读全文，并对新闻内容进行点赞。这种选择过程有赖于用户的新闻关注（news attention），并受到社交网络的制约。

新闻分享行为指新闻用户在社交媒体上通过分享和转发功能将新闻内容发布至他们的个人主页或好友群的行为。这种参与行为是心理层面和行为层面的综合体，用户只有强烈关注某些新闻内容时，才会主动转发与分享这些新闻内容（Chen & Pain, 2021）。用户具体的分享行为既受到新闻内容特征的影响，也受到用户社交网络的制约。

新闻交互行为是更进一步的交互式参与行为。用户通过评论新闻内容，以及围绕着新闻进行内容生产，既能够提升自身对于新闻内容的参与度，也能够促进更多的用户参与。尤其是，用户在这种参与行为中扮演着积极的角色，以主动的内容生产建立起与新闻业的紧密联系，这最终将提升新闻参与行为的公共潜力。

新闻参与本身既是用户与新闻之间的关系，也是用户与用户之间的关系。对于新闻参与实践的研究应当以构建一种特定的用户参与理论为最终的理论指向（Steensen, Ferrer-Conill, & Peters, 2020）。根据既有的研究，数字时代的新闻参与是一项系统性的实践选择，既受到用户本身的认知框架和情感状态的影响，也受到新闻规范的制约。同时，社会情境元素也发挥着重要作用。

首先，用户本身的日常生活需求构成催生新闻参与行为的主要动因。用户需求与新闻的关系是用户开展新闻参与实践的核心要素。这种关系既包括用户的生活需求，尤其是用户的知识获取与价值确认方面的需求，也包括用户的情感需求，即用户的精神健康需求。明确的生活需求会大大提升用户新闻参与的积极性和参与时长。用户会主动关注新闻内容，并以自身的生活经验为尺度来衡量新闻内容的质量。用户对于某些情感体验的追求或回避构成其决定是否参与新闻的动因（de los Santos & Nabi, 2019）。更进一步来说，新闻内容引发的情感反应并非单一的情感体验（如快乐或悲伤），而是复合的、流动的情感状态。因此，新闻参与研究必须超越简单的机械分割方法，以更加综合的视角理解新闻内容在情感维度上的表现（Gerbaudo, Marogna, & Alzetta, 2019）。例如，幽默的新闻表达可以显著地提升用户的参与意愿（Heiss, Schmuck, & Matthes, 2019）。再如，倦怠本身虽不是明确的情感反应，但对用户的新闻参与行为的影响却十分显著。

其次，数字媒体内容的特征演进也成为引发新闻参与的重要原因。在数字时代，用户倾向于在社交媒体上获取新闻内容，因此，社交媒体平台加诸新闻文本的一系列文本特征就成为引发用户感知活动的直接因素。一方面，有研究发现，新闻内容的政治倾向如果趋于保守，往往会在社交媒体上获得更大的影响力（Hiaeshutter-Rice & Weeks, 2021）；如果新闻表述趋于激进，用户则更倾向于参与阶层、种族、国家、性别等多种内容的传播与交互（Schwemmer, 2021）；如果新闻表述倾向于使用冲突式的表述框架，那么用户的参与倾向与参与行为将会受到极大的影响（Valenzuela, Piña, & Ramírez, 2017）。这种影响不只是暂时性的，还会在较长的时间维度中改变用户的价值偏向（Tenenboim & Cohen, 2015）。另一方面，新闻内容表达的情感化是另一个重要趋势。社交媒体上的硬新闻与用户自身对新闻内容的深度思考相关联，娱乐、社会和体验方面的主题则会增强用户参与新闻的意愿。因此，后者对用户参与行为的影响就会更明确。同时，用户生产内容一般被认为具有更强的情感色彩。如果用户生产内容被纳入新闻内容，其他用户就会具有更强的新闻参与意愿。总而言之，数字媒体平台的新闻文本形态得到了极大的拓展，这种拓展最终将作用于新闻内容本身的叙事元素和审美元素，影响用户的新闻体验，引发用户的新闻参与行为（Kukkakorpi & Pantti, 2021）。

最后，数字媒体平台的转变还在于，用户网络的社交属性为用户参与新闻提供了一个新的触发机制。社交媒体平台本身的设计就极为重视对用户参与行为的激发，因为用户的自我表达是社交媒体得以存续的基础（Larsson, 2017）。社交媒体平台不仅可以凭借本身的趣味吸引观众参与阅读，也可以引发用户之间的社交关联。一方面，社交媒体的勃兴使得获取新闻不再是一项专门的行为，而是在很多维度上与用户本身的生活紧密相关。这极大地提升了用户对新闻机构重要性的认可（Chen & Pain, 2021）。为了回应新闻用户的社交需求，新闻机构也在生产框架中内置引发用户分享的机制，以有效地增加用户的点击、阅读与跨网络的分享行为（Stroud & Muddiman, 2019）。这也进一步呼应了社交媒体网络的特征——用户选择阅读某些类型的新闻，在很大程度上是出于朋友的分享。在很多时候，社交关系甚至是影响用户选择新闻的基础性因素（DeVito, 2017）。另一方面，社交关系将会极大地影响用户对新闻内容的评价。好友的喜爱和评论会增加用户对于新闻内容的好感,进而提升新闻参与的可能性(Dvir-Gvirsman,2019)。正是出于上述原因,有研究者认为社交媒体是新闻发展的必需品,对于社交性的讨论成为用户参与研究的核心议题(Carlsson & Nilsson,2016)。

二、与新闻参与实践相关的重要概念

新闻学研究关注的很多问题都是与传播学研究、媒介研究乃至文化研究有交叠甚至重合的。例如,针对数字媒体用户的群体行动,无论是传播学还是社会学领域都已经有丰富的观察,但数字新闻学中也存在如"作为行动的新闻"(journalism as activism)和"行动新闻"(active journalism)等新概念。本书不得不考察与消化相关理论资源,以避免对概念的重复理论化。具体来说,本书涉及的核心概念包括六个,分别是数字新闻(digital journalism)、新闻用户(news user)、新闻参与(news engagement)、新闻卷入(news involvement)、新闻体验(news experience)与新闻社群(news community)。

第一,数字新闻。其字面意思为数字的新闻或数字时代的新闻,是具有特定技术与时代特征的对象。数字新闻的本质是具有高度概括性的新闻形态。研究者不能把数字新闻简化为某一种具有数字技术特征的具体新闻形态,而应当将其理解为"所有数字时代的新闻形态"的综合。因此,数字新闻是个抽象的集合,涵盖所有基于数字技术逻辑的新闻内容、实践、观念,是文化的、大写的、复数的新闻。至于诸如沉浸式新闻、数据新闻、算法新闻、短视频新闻等具体的数字新闻样式,只能是数字新闻在特定条件下的物质形式,其机制对于研究者理解数字新闻具有经验上的意义,但这种意义不能被孤立地上升为一般性的新闻理论。对于数字新闻的一般性理论化,要建立在对所有(当然这是理想状态)具体新闻样式的经验研究和理论抽象的基础之上。

需要强调的是,由于数字技术已经在事实上成为新闻生产、流通与接受的主导性框架,数字媒体也已经在事实上成为新闻实践与过程的主导性场景,因此,数字新闻实际上就是新闻本身。随着学界共识的达成,"数字"会成为不言自明的一般性语境而被隐去。

本书对数字新闻的这种抽象性、总体性的界定,意味着研究者在构建一般性新闻理论的时候,应更多地归纳不同具体样式的数字新闻的共同特征,并对其共同指向的数字新闻生态的发展方向作出判断。具体来说,本书在分析过程中必然要借助对在线新闻或算法新闻等具体的新闻形态的考察,同时,本书将对这些具体的新闻样式中呈现出的共性特征进行归纳与提炼。这有助于从较为宏阔的视角理解新闻生态与新闻用户之间的一般性关系,并由此锚定关于新闻用户研究的核心路径与适切方法。

第二,新闻用户的字面意义为新闻的使用者。在数字媒体生态中的新闻用户指在媒体平台上自主表达、自主行动的使用者。新闻用户具有明确的主动性,意味着用户能够在数字媒体平台上积极地获取信息、表达言论与形成社群。新闻用户能够根据新闻内容积极地进行内容生产、意义挪用与行动呈现,延长了传统新闻传播的线程。传统意义上作为新闻传播末端的新闻接受在很多时候反而成为新闻意义生产的起点,导致新闻用户既成为(原始)新闻(内容)的接受者,又成为意义的生产者(王辰瑶,2016)。这种"产消者"的身份是研究者理解数字时代新闻业的核心逻辑,也是本书研究数字新闻用户的出发点。

数字媒体平台上的新闻用户与前数字时代的新闻受众之间有较大的区别。两者主要的联系在于,新闻受众与新闻用户都是因新闻而生的,他们的关系网络也是以共同的新闻接受经验为基础的。如果没有新闻这一源动力,无论是受众还是用户都无法具备认识论上的意义。不过,在历史上,先有专业的新闻业,受众才被生产出来,因此,若新闻业消亡,新闻受众作为一个群体也将不复存在。但数字新闻用户并非如此——哪怕专业新闻机构彻底消失,新闻用户也会继续存在,因为数字时代的新闻生产早已不是专业新闻机构的禁脔,大量新闻内容由用户群体原生,在用户网络中流通,并被相同或不同的用户反复接受。在数字媒体生态下,用户已深刻地将新闻实践嵌入自己的日常生活,新闻实践具有了一种日常性。当然,这意味着边界分明的新闻业不复存在,数字媒体用户的日常生活在实质上被无远弗届的、液态的新闻生态深度裹挟。

本书使用新闻用户这一概念,主要意在强调新闻用户的主动性。他们既能够积极地选择新闻与理解新闻,也能够立足于既有的新闻内容自主地生产意义。这为他们主动地接受新闻与参与新闻提供了行动基础。

第三,新闻参与。新闻参与是用户在数字媒体生态下在线行动的统称。数字媒体平台(digital media platforms)已成为新闻参与的基础场景,意味着用户各种形式与程度的新闻参与行为的实现都需要依赖社交媒体平台本身的架构和逻辑(拉斯·韦纳等,2018)。虽然这些参与行为本身受到数字媒体平台的极大限制,但这种限制并没有降低参与行为的主动性。用户能够在技术手段允许的范围内通过自主的使用行为进行新闻参与,以一种"技术-行动"关联将自身的文化逻辑内置于行动倾向。

在数字时代,新闻参与是用户的新闻接受过程中最具可见性与主动性的组成部分,在一定程度上成为新闻接受的延长链。数字新闻用户对于新闻参与行为的选择是一个主动的、复杂的、情境化的过程,不同的行为之间的转化没有绝对的壁垒,也难以归纳出绝对的区隔。因此,本书将这些行为统称为新闻参与行为,并以综合性的眼光探究具体的新闻行动背后的参与机制。

第四,新闻卷入。新闻卷入指用户在认知和情感层面与新闻内容产生关联的程度。它既可以指称用户对某些知识的熟悉程度,又可用以说明用户在心理上对某些内容的感知度,也可以用来衡量用户对某些社会议题的参与程度。在现有的研究中,新闻卷入主要围绕不同的逻辑形成若干概念类型,如认知卷入、情感卷入、印象卷入、价值卷入、议题卷入或机构卷入等。尽管这些概念明确地关注用户与新闻的联系,但不同的研究维度强调了影响用户行为的不同联系类型。认知卷入与情感卷入分别强调用户对新闻内容在知识层面的熟悉度与情感上的共鸣感影响着用户的行动积极性;印象卷入与价值卷入分别强调用户的新闻行动主要是出于用户对群体认可与自身价值的确认的追求;议题卷入更强调具体的新闻事件与用户的关联度。正是因为新闻用户对社会始终存在着卷入的需求和倾向，所以用户在适宜的技术环境，即数字新闻生态之中，会萌发诸多新闻参与的驱动力，进而采取多种新闻参与行为。数字新闻环境下的新闻发布主体纷繁复杂，致使新闻真实、新闻客观性、新闻信任等诸多核心议题的内涵和外延发生了变化。用户与新闻业的关联也变得越来越明显。

本书对于新闻卷入的分析主要侧重于将其视作解释用户参与行为驱动力的中层概念，即诸多促进用户参与新闻行为的具体的驱动力的上位概念。新闻卷入联结了用户的主动性与参与行为，形成对数字新闻用户的参与行为的激发和约束。

第五，新闻体验。新闻体验主要指称用户在接受新闻内容的过程中形成的身心状态。数字新闻的接受过程超越了认知上的功能性满足，能为用户带来更多维度的体验。用户积极采纳数字技术的重要驱动力就在于获得更丰富的信息（生活）体验。这意味着人机交互与用户体验的质量之间存在着本质性的联系。这种联系超越了简单的工具性与易用性等工具属性，为用户理解新闻提供了更丰富的审美体验与情感反应。新闻体验就在这些维度的交互中形成，并最终影响用户的参与行动。数字新闻用户的体验更加复杂，其中，最有标志性的特征就是情感体验的日渐主流化。情感体验则更强调在新闻内容的（反复）刺激之下，新闻用户本身形成的自我激发状态。它是用户在数字媒体环境中的享受感，包括用户感受到的沉浸感与参与感。用户在这两类状态中不断体验着喜悦、悲伤、兴奋乃至愤怒等多种具体的情感，并进一步参与具体的新闻实践。它作为一种中介性状态，既是用户的实践产物，最终也将作用于用户实践。

本书将新闻体验界定为用户在接受新闻时产生的所有价值、认知、情感、偏好等生理和心理维度的感知结果与心理反应，它受到新闻用户主动性的激发与维系，在满足用户的知识需求与情感需求的基础上催生了用户的参与行为。

第六，新闻社群。在数字媒体平台上，由好友、关注对象、被关注对象组成的数字新闻用户群体,即本书所称的数字新闻社群(digital news community)。数字新闻社群允许社群成员自由地阅读、分享和评论内容。当前的大多数数字媒体平台都为用户界面内置了丰富的互动功能,用户可以便捷地分享自己感兴趣的新闻内容。此外,数字新闻社群具有公共性,社交媒体的一个重要属性是策展,即新闻内容本身的生产、选择和重新表述都是在社交媒体平台上完成的。数字社群并不是单一、排他的实践群体,用户可以随时选择加入或退出多个数字社群,并在新闻社群中选择性地获取、分享与评论新闻。

本书采用新闻社群来表述新闻参与行为的具体机制,主要原因在于新闻社群是一种半公开的新闻交流空间,面向某些新闻用户群体开放。他们的新闻讨论和新闻分享行动可能受到更多限制,但其讨论的内容随时可能"出圈",并成为公共议题。由于新闻本身的公共价值指涉,新闻社群虽然是私人的,但也随时有可能被公共化。在新闻社群中,用户不再是与自己对话,而是显而易见地与他人对话。新闻用户在与其他社群成员沟通的过程中获取了丰富的新闻经验,进而产生了与同伴的联结感。

综合来说,数字时代的新闻学研究的一个重要特征是,其核心概念与人们的日常信息生活密切相关。这些概念兼具学术性与日常性,为研究者进行学术探讨带来了挑战,因为学术意义上的界定和日常生活意义上的界定遵循不同的规则。研究者需要尽可能地在日常性中寻求学术性的平衡,形成对日常概念的理论化,还要做好将学术概念与日常生活的接合。诸如卷入、体验与社群等概念在日常生活中具有丰富的内涵,本书将它们置于"新闻"这一限定条件之下。这样做不是为了消弭它们的日常性,而是为了强调新闻业与用户的紧密关系,即新闻业已然深度介入用户的生活,这些概念在与新闻相遇之时具有强大的阐释潜力。

第二章

数字新闻用户研究的理论视角

用单一的主导范式来考察应时而变的数字新闻实践,往往会存在简化论的问题。长期以来,受传播学效果范式和媒介社会学的影响,新闻学研究形成了文本中心、效果中心和职业中心的传统。与此同时,受众研究却长期处于较为边缘的地位——受众或被忽略,或被作为同质化、缺少个性与能动性的群体。这种现象并不难理解:新闻业与新闻学这两个术语长期以来的核心指向都是专业的新闻行业,新闻记者须培养起职业敏感性与专业能力,以生产优质的新闻内容,新闻研究者也需要扎根新闻行业,探析新闻业的发展和变迁规律。这就导致新闻业始终是由新闻记者主导、以新闻内容为话语形式的专业知识体系。其核心评价标准由新闻业施行同行评议,新闻内容的专业与否始终由新闻记者界定。受众(用户)在这个过程中始终扮演着被动的角色。

数字媒体平台的飞速发展改变了这一点。数字媒体平台的逻辑允许新闻用户有效地介入新闻内容的评价标准。(几乎)所有新闻内容的质量总要受到阅读量、点赞量、转发量等量化指标的显影与衡量。这意味着关于新闻内容的优质与否,用户拥有了较大的评判权。用户如果对某些内容不感兴趣,则不会选择阅读这些内容,更遑论对这些内容的转发与点赞。由此,用户日渐成为数字媒体平台上的积极力量。倘若加入"海量的"这一前置条件,用户就毫无疑问地成为影响数字新闻业发展演进的最富变化色彩的新要素。研究者有必要对新闻用户在新闻的生产、流通与接受过程中扮演的日渐主动的角色进行梳理与考察。

现有的文献对新闻用户的研究主要立足于中观层面的关系分析与微

观层面的行为主义分析。中观层面的关系分析始终将新闻用户的行为界定为与其他角色互动的过程,其核心关注点在于新闻用户与新闻记者、新闻机构的关系。这方面的代表性理论是数字新闻生态理论(digital news ecosystem theory)。该理论主张将新闻用户视作混沌新闻生态中的行动者,并以此为核心构建不同行动者之间的关系网络,以准确地说明数字新闻业的整体运转面貌。微观层面的行为主义分析主张将新闻用户的行为视作由外在刺激引发的机体反应,因此,新闻用户的接受过程应该被置于具体的互动情境中加以准确衡量。这方面的代表性理论是"刺激-机体-反应"理论(stimulus-organism-response theory,SOR)。此外,新闻用户的情感研究主张突破理性与情感的二元对立关系,将新闻用户的认知结构和情感反应作为核心要素来解释新闻用户的接受与参与行为。这方面的代表性理论是情感的文化理论(cultural politics of affect/emotion)。

这三种分析视角从不同侧面说明了新闻用户在数字环境下理解新闻并参与行为的可能性与必然性,对本书厘清新闻用户在数字新闻业中的积极作用大有裨益。本章将对上述领域内的理论资源进行细致的梳理,说明这些理论资源对于数字媒体生态下用户新闻参与的解释力,为之后的论述提供理论支撑。

第一节　数字新闻生态理论

相比于传统新闻业,数字新闻业的新意体现在数字技术与新闻内容的互构机制上。数字媒体平台为新闻生产、流通与接受过程赋予了新的实践逻辑,为新闻用户的新闻参与行为提供了基于数字技术的认识论框架。因为用户被数字新闻这一形态界定与约束,所以研究者需要立足于对数字新闻生态的理解来探索数字新闻用户的行动逻辑。

一、数字新闻生态理论的兴起与发展

数字新闻生态是研究者理解新闻业的数字化转型的一个有效视角。数字新闻生态理论认为,数字环境中的新闻业及与新闻相关的一切要素共同构建了一个流动却相对稳固的生态系统。新闻记者、新闻机构、新闻用户乃至数字技术都是新闻生态系统中的行动者,新闻生产、流通与接受的全过程在新闻生态中循环往复。因此,一切行动者与新闻生态系统的关联都十分紧密且不可分割,任何一个要素的细微变化都将导致数字新闻生态的变化、转型乃至失衡。

这一视角要求我们更新针对数字新闻的认识框架。一方面,数字新闻生态理论主张立足于数字环境,对新闻全过程中的所有对象进行重新的概念化,并以此形成适用于解释数字新闻业态的理论体系。在这一视角下,被引入新闻学研究的最具吸引力的理论之一就是行动者网络理论(actor-network theory)。行动者网络理论将特定网络中的所有要素均重新概念化为"行动者"(actor)。行动者不仅包括参与所有环节的人类要素,如传统新闻研究中的新闻记者、新闻编辑、摄影记者或出版专员,也包括参与新闻流程的所有非人类要素。在数字时代,最具代表性的要素就是各类数字技术(白红义、曹诗语,2021;姜红、鲁曼,2017)。另一方面,占据基础地位的技术力量彰显着其无所不在的重构潜力。新闻业的发展有赖于技术不断进步,数字技术的普及则形成了一个完备的,容纳新闻生产者、传播者与消费者的新闻生态系统(黄文森、廖圣清,2021)。数字技术在过去数十年间的发展推动新闻的生产、流通与接受形成了与以往截然不同的面貌。因此,研究者有必要将数字性纳入新闻研究的范畴,厘清数字性与新闻性融合的潜力(常江、何仁亿,2021)。

以数字新闻生态理论为视角研究新闻用户,要求学者必须准确理解用户与数字新闻生态的关系。尤其重要的是,摒弃二元对立的观念,避免陷入结构主义窠臼。数字新闻生态理论尊重用户与新闻生态本质的复杂性,主张立足于行动者与新闻生态之间的动态关系考察用户的行动可能性。具有操作性的分析工具是可供性理论(affordance theory)。

可供性是学者詹姆斯·吉布森(James Gibson)于20世纪70年代提出的概念,强调"在特定的环境中的行动可能性"(Gibson, 1977)。吉布森对于探索"如何看待周围环境"这一问题很感兴趣。他认为,对于环境的考察不应以描述环境的特征为最终目标,而主要在于理解那些居于其中的动物的行动可能性。行动可能性蕴含在行动物与环境的关系中,可供性的焦点就是阐释行动物与环境的关系。这一概念虽然准确地描述了其关注的核心问题,却在外延上具有模糊性。这导致研究者们对于可供性的使用具有迥然相异的旨趣。诸如生态学、设计学或广泛的人文社会科学都对这一概念进行了阐述与发挥,形成了针对"动缘""示能"等多种概念的辨析与讨论。无论是哪一个领域,使用可供性概念的研究者都强调了两个方面。其一,环境对于行动者具有基础性的激发与制约作用。即行动者的一切行动需要服膺环境提供的可能性。研究者虽不可能(也无必要)从总体上归纳环境对于行动的所有可能性,但无可辩驳的是,数字环境对于其中的一切行动者均有约束力与激发力。其二,可供性强调环境的具体作用机制。在任何一种具体的环境中,行动者的行动可能性都是具体的、明确的,并以一种独特的方式与环境产生关联。任何对于行动者与环境的关系的考察,都需要深入讨论可供性的具体内涵与实现方式。

新闻学领域同样在"关系"的观念的基础上引入了可供性概念,将其应用在对新闻各个环节的探索中,为这一脉络下的研究提供了积极的启发。无论是数字技术的可供性,还是文化规范的社会可供性,都有效地指引学界理解新闻生态与用户的关系。

威廉·加弗(William Gaver)在1991年最先提出了技术可供性这一概念,用以描述人们在技术环境中的互动关系,进而探讨行为体与行动环境的连接关系。技术可供性并非技术决定论的变种,而是一种强调用户重要地位的技术分析工具。研究者们运用这一概念归纳诸种抽象与具体的技术为用户行动带来的可供性,以说明技术环境所激发的行动可能性,进而探明技术是如何与社会建构这一命题紧密连接的。例如,有研究者发现,技术基础设施能够发挥便携性、可用性、可定位性与跨媒介性等可供性(Schrock,2015)。进一步来说,社交平台上的分享按钮、转发机制与对话机制均发挥着不同的可供作用。

新闻生态中的用户行动也会受到社会文化结构的影响,研究者们将这种影响归纳为社会可供性(social affordances)。社会可供性鼓励研究者在具体的社会环境中探索文化规范对用户行动的影响,强调对于具体行动的探讨不能脱离特殊的社会文化语境(Postigo,2016)。例如,对社交媒体平台的可供性分析始终要探讨特殊的文化习惯对用户行动的影响,因为即使是社交媒体内置的可见性、持续性与可搜索性等可供性,仍然受到社会与文化的约束(Costa,2018)。

社交媒体的产生与普及建基于移动互联网技术的发展,深度地介入人们的日常生活,重塑着人们接受新闻与参与新闻的行动方式。沿着上述两条可供性脉络,研究者们集中探索了社交媒体对于新闻参与行为的激发与约束作用,从具体的个案出发,说明数字技术与社会议题的融合方式,为本书提供了积极的理论启发。

二、数字新闻生态视角下的新闻用户研究

数字新闻生态理论承认了新闻用户与数字新闻生态的复杂关系,并将其视作一种具体的、动态的相遇过程中产生的交互状态。这一研究视角将新闻用户与新闻生态的关系视作核心问题,尝试从数字技术与社会文化等路径出发对上述议题作出解释,为本书提供了理解新闻用户参与机制的较为丰富的理论资源。

第一,技术可供性。技术可供性研究主张应当将媒介作为新闻生产、流通与接受的基础设施加以考察,即把数字平台本身具有的属性、特征及新闻用户使用数字平台时发生的具体反应作为考察的重点,探明数字技术为用户的新闻参与行为带来的可能性。因此,数字新闻用户研究的焦点议题应当是厘清数字性的基本内涵与外延,说明诸如社交网络、算法推送及移动设备等具体技术形态带给用户的行动可能性。

数字媒体平台的兴起推动着数字新闻生态转向"混合的媒介系统"。"混合"意味着传统的新闻媒体成为数字媒体平台上诸多信息渠道中的一种(Chadwick, 2017)。当前,这类平台已经成为记者和民众主要的容身之所,提供了丰富多元的获取和共享信息的方式,并进一步引发了学界对平台社会(platform society)的兴趣(白红义、张恬,2021;van Dijck, Poell, & de Waal, 2018)。一方面,在数字新闻生态中,大型平台公司和基础设施提供商(如微博、微信、抖音等)都可以充当新闻把关人。它们将主动地允许某些内容传播、阻止某些内容的呈现和监管某些新闻内容的发布规则。在一定程度上,它们也规范了人们的互联网使用行为,用户只能按照规定做出点赞、转发、评论等新闻参与行为(Hintz, 2016)。另一方面,平台的权力极大地改变了数字新闻生态的格局。数字媒体平台对数字新闻用户的日常行为无度地发掘与数字化,表现为每时每刻的数据挖掘。这些数据能帮助使用者获知详细的用户兴趣与偏好,将互联网的行为数据纳入自身的增殖过程,有学者称其为"平台资本主义"(platform capitalism)(Srnicek, 2017)。这种行为推动企业承担社会公共部门的责任,不仅会导致公共部门的责任被分割,也会导致数字新闻用户群体产生寒蝉效应,影响用户积极参与公共讨论的主动性。

上述新闻生态层面的改变由数字技术催生,并深度影响用户的新闻参与行为。这为学界针对新闻用户的参与行为开展技术可供性分析提供了基础。一方面,研究者需要细致地考察用户在数字平台上的新闻参与行为,通过分析数字基础设施的"血肉"(blood and flesh)来对这一过程进行充分的理论化(Ytre-Arne, 2011);另一方面,数字媒体平台成了一种特殊的物质对象,其特殊性在于不同性质的平台给用户的新闻体验带来的具体影响。换言之,新闻渠道对于用户的感受体验和审美结果有根本的影响。一个有代表性的案例是,报纸总是被视作一种已完成的报道体裁;社交媒体上的在线新闻则是一种持续进行中的报道体裁。究其原因,社交媒体上的新闻报道总是可以补充、说明或勘误,便捷的操作允许新闻机构随时随地地删除既有新闻或发布新的新闻。数字社交媒体同时造成了另一种后果,即阅读报纸与阅读在线新闻成了两种截然不同的体验——前者的体验更为完整,后者的体验更为碎片化。用户的接受体验不仅在于对新闻内容的理解与共鸣,也在于他们对平台环境的体验。这种体验包括媒介物质的独特形状、温度、触感等物质属性。有研究者认为,这表明报纸比在线新闻具有更强的感官吸引力,即与在线新闻相比,报纸能够给用户带来更强的愉悦感(Fortunati, Taipale, & Farinosi, 2015)。

上述理论文献表明,由于新闻形态的更新迭代总是伴随着相应的技术变化,因此,新闻研究天然地亲近技术可供性这一分析视角。这为研究者剖析新闻用户的参与机制提供了合适的工具。因为数字新闻生态的核心基础在于数字技术为新闻实践带来的整体性转变,所以针对新闻生态与其中的行动者的关系的探析必然要以数字性为核心概念。本书将针对数字新闻用户的新闻参与行为展开具体的经验研究,尝试在实践语境中讨论技术可供性的作用方式。

第二,群体可供性。新闻用户在数字媒体平台上获得了更主动的地位,主要表现为用户从被动的新闻评价体系中解放出来,并对新闻内容提出了更高的要求——新闻不仅要准确地报道新近发生的事实,而且相关报道必须表现出足够的吸引力。因此,新闻用户的群体可供性主张应当以新闻用户的关系为视角,阐释用户的生产性和解释性行动。

一方面,新闻机构长期作为新闻业的核心,既在行业内部组织生产新闻内容,也在社会层面推动着新闻的顺畅流通。数字时代的新闻用户同时扮演着新闻的受众、消费者与阐释者的角色,也进一步以群体生产的姿态介入了新闻的生产与传播过程。他们不仅在消费新闻,更以新闻的生产者角色独立或协作式地参与新闻机构的日常工作。参与式新闻就是一种具有代表性的新闻形态。新闻用户研究主张关注数字时代的专业新闻记者如何将民众的力量纳入新闻生产环节,并提升他们对作为信源的民众的信任。在这种情况下,新闻记者与新闻用户形成了更加亲密的动态关联,海量的用户就能为新闻机构提供长期的、可持续的新闻来源。

另一方面,以移动智能手机为代表的数字工具成为用户的日常必需品,用户能够以较低廉的成本接入社交媒体网络,数字新闻用户参与新闻的生产与流通过程也变得轻而易举。这推动了用户新闻生产行为的诞生(刘鹏,2020)。数字新闻用户在第一现场拍摄音视频素材,并将他们的体验通过新闻报道表达出来。新闻生产不再是"单枪匹马"式的新闻采写,而变成一种"众声喧哗"。在这种情况下,数字新闻用户群体成为社会新闻的生产者(或促生者),新闻记者的主要任务变成在社交媒体上搜寻新闻议题,并对其进行专业化表达。

这种群体式的参与行动既能为用户提供特定的文化身份,也能促进群体内部的社区建设。一方面,通过主动地生产新闻内容,用户能够建立特定的文化身份。这种身份特征为用户的新闻参与行为提供了建设性指南。有研究者发现,社区中的数字新闻用户能够发挥与专业新闻记者类似的积极作用。他们不仅能帮助居民社区建立自身的文化身份标签,还扮演着新闻的亲历者与新闻的积极参与者的双重角色(Costera Meijer,2013)。另一方面,通过多种类型的数字媒体实践,海量新闻用户参与社会生活的意愿与能力得到提升,进一步催生了良性运转的用户社群。如果研究者以乐观的态度看待这一现象的话,就不难得出一个乌托邦式的结论——社交媒体的勃兴必然促进社会向善发展。如果数字媒体平台催生的是一个人人都能发表见解的新闻公共领域,用户的关系网络就会成为解释这一领域内诸多问题的必然选择(潘忠党、陆晔,2017)。

上述理论文献表明,数字新闻用户之间的关联已经成为贯通新闻的生产、流通与接受全过程的核心要素。群体可供性主张立足于这一点,准确地描摹新闻用户之间的集体行动与社区建设现状,以说明数字新闻用户之于数字新闻业的变革性潜力。因此,本书将从群体可供性概念出发,结合数字新闻用户的关系网络,探索数字媒体生态下用户的新闻参与机制中的群体维度。

三、新闻生态与用户参与实践

数字新闻实践的变化呼唤新闻学理论的转向。有不少学者呼唤过对数字新闻用户与新闻生态的关联进行理论化。但是，数字新闻学的发展不是一蹴而就的，研究者需要在新的新闻现象与经典新闻理论间寻求一种平衡，最终推导出具有阐释力的新闻理论。克里斯·安德森（Chris Anderson）（2015）就主张将新兴的数字新闻现象与经典新闻传播理论结合，明确诸如专业新闻文化、新闻编辑室控制、框架、议程设置等经典研究概念与议题如何在数字新闻生态中被检视与重新概念化。

数字技术的发展深刻地改变了新闻业赖以生存的基础，对传统新闻业的文化造成了一种创造性的破坏（creative destruction）（Schlesinger & Doyle，2015），其核心表现为以往较为稳固的新闻业的社会价值在很大程度上受到经济、技术与社会层面的诸多力量的影响。相应地，其运作规律与媒体常规发生了巨大的变化。这种变化在不同的社会中有不同的表现。对于一些西方国家的新闻业来说，数字媒体平台的崛起改变了新闻业赖以生存的经济关系。用户虽然仍然认为新闻业是重要的，却"没有那么多人愿意为此付费"了（Peters，2019）。中国新闻业的生产与传播模式也发生了巨大的转变，专业的新闻机构要与诸多自媒体机构同台竞技，以获得用户的青睐。同时，立足于数字媒体平台的分发和传播成为数字新闻业的核心特征。

针对新闻用户参与机制的研究要求研究者对技术生态与用户的关联进行充分的考察。考察的重点不在于技术生态如何具有价值，尤其是因为何种属性而具有何种可能性，而在于技术生态的转变如何与人们的行动"相遇"。如果要以新闻生态的视角研究用户的新闻参与行为的话，我们至少需要对用户参与行为进行三个维度的剖析。

首先，数字新闻生态视角下的用户始终是在语境中行动的，意味着研究者需要采用语境主义（contextualism）的认识论体系对其加以考察。语境主义的基本要求是：人的行为和语言及由其构成的社会与文化机制，都是由特定的语境培育和维系的；只有准确把握用户的行为、语言、机制与语境的关系，才能准确地理解其意义（Preyer & Peter，2005）。在社会科学的研究实践中，语境主义通常被细化为一系列研究的准则。例如，对行为、语言和制度的意义的归纳工作必须建立在解读它们与相关社会因素的关系的基础上。在既往的新闻研究效果路径中，用户的新闻参与行为通常只简单地被划分为积极与消极两种维度，但其实用户本身的行为与语言表现得极为复杂，它们与新闻生态的关系也具有高度的情境化特征。本书否认对于用户新闻参与行为的二元对立设定，主张在语境中将数字新闻生态视角应用至对用户新闻参与行为的研究中，并对行动与技术语境和社会语境的关系进行说明与剖析。

其次，数字新闻生态中的用户参与行为始终是主动的，研究者必须将用户作为研究的节点而非终端加以考察。数字新闻用户的参与行为对新闻文化造成了实质性影响，不仅在数字环境中积极地传播、接受新闻，也以更加积极的姿态参与新闻的生产工作。数字时代的新闻机构面临着一个新的核心问题，即如何将用户生产的内容整合进新闻生产过程。具体来说，就是新闻用户如何影响新闻内容、新闻来源、新闻媒体的组织文化、新闻编辑室的规范和更为具体的新闻常规。虽然新闻用户生产的内容具有价值与潜在的吸引力（主要是这些内容能提升阅读量和补充新闻信源），但用户的实践挑战了新闻规范与核心价值观，这有可能导致传统的优质新闻判定标准发生变化。为了阐明用户参与行为的具体机制，本书主张借助数字新闻生态视角，阐明新闻用户如何与广泛的社会文化结构相关联，以此说明用户介入新闻的行为如何受制于新闻文化的变迁，同时又作用于新闻文化的变化过程。

最后，数字新闻生态中的用户并非简单的个体，而是具有网络化关系的大规模群体；用户网络既能够对用户的新闻参与行为造成直接的影响，也能够进一步催生针对新闻生态的规模化作用。一方面，用户网络能够表达一些具体的新闻体验，形成网络内共享的微观影响力，这对数字新闻生态复杂的多维度转向有直接影响。例如，在阅读报纸时，用户需要花费大量时间专门联系编辑部，而阅读在线新闻只需要他们简单地点击点赞或转发图标。不同的行动成本导致用户的接受体验天差地别。另一方面，用户网络的集体偏好能够推动新闻业重新识别与定位自身的工作规范与工作价值。这种偏好并非明确的个体偏好,而是一种总体的、综合的行动主张。这一过程融合了认知与情感等多种要素,为行动者提供了独特的情感体验,并能引发新的行动可能性。

综上所述,数字新闻生态理论为我们带来两个方面的启发。其一,用户作为新闻生态网络中的节点,始终与社会网络及新闻业中的各个要素有紧密的联系。其二,用户不是一个均质的、固定的群体集合,而是在具体的新闻语境中呈现出动态特征。用户始终是主动的群体,他们与新闻业保持着双向的观看与被观看、批评与被批评的关系。

第二节 刺激-机体-反应理论

一、刺激-机体-反应理论的内涵与应用

环境心理学在20世纪初就注意到了个体对外在环境刺激的生理性和心理性反应,并以经典的"刺激-反应"理论(stimulus-response theory, SR)回应了这种现象。"刺激-反应"理论主张外在环境会对个体的行为选择产生影响。环境提供的刺激无所不包,个体对于外在刺激的反应是一种"应激",因此,外在刺激与个体反应之间存在固定的对应关系,个人的反应机制表现为"黑箱"。

这种黑箱式的描述在心理学领域广遭批评,并引发了学界旷日持久的反思与叩问。自20世纪20年代以来,心理学界持续地尝试将个体的行动逻辑纳入"刺激-反应"理论,以说明个体稳定的行动规则和行为规律。自那时起,心理学家就尝试对机体本身作出界定,以突破"刺激-反应"理论的局限。

这一理论努力最终在20世纪70年代成熟,形成了在心理学领域内被广泛使用的"刺激-机体-反应"理论。这一理论立足于行为主义思想基础,对"刺激-反应"理论进行了深入改造,重新构造了"机体"这一概

念,用于解释个体在外部环境刺激影响下的内在反应。这一理论的主要支持者是艾伯特·梅拉比安(Albert Mehrabian)和詹姆斯·罗素(James Russell),奠基之作是两位学者于1974年出版的著作《环境心理学引论》(*An Approach to Environmental Psychology*)。书中提出,某些环境因素会引发个体的认知行为与情绪反应,外部刺激会诱导个体采取某些行为趋近环境或回避环境,但机体的行为选择与外部刺激之间并非固定的对应关系(Mehrabian & Russell, 1974)。对于机体来说,用户本身的内部过程是介导外在环境和用户行为的主要介质。这种介导的过程包括人类的认知、情感与价值等多种维度,最终会引发个体的积极或消极行为(Luqman et al., 2017),整个过程将"刺激-机体-反应"连接起来。此后,不断有学者沿着这一理论脉络拓展其中不同组成部分的具体内涵,尝试建立各种外部环境因素与个体认知或情绪反应之间的关联,并通过各种行为数据证明这种关联。

整体而言,SOR理论关注的主要问题是外在环境刺激的类型及个体对外在环境刺激的反应后果,其焦点问题在于个体的反应机制。该理论认为,外在刺激能够影响人们的心理状态。这一状态包括认知反应和情感反应,并最终引发了人们积极或消极的行动。这一模型将刺激、机体和反应进行了有机的关联,旨在"通过整合个体反应的全部过程,以说明个体针对外在刺激的感知与情绪的反映,以及随之产生的积极行动和消极行动"(Chen & Yao, 2018)。

在经典的SOR理论框架中,刺激指社会环境中的一系列感知变量及其之间的时空关系。从情境因素到个体反应,再到个体行为,是一整套单向的影响和诱发过程。外在的环境因素先触发个人的内部反应,进而影响个人的行为实践。外部刺激是激发与制约个体行动的要素。针对外在环境的考察就成为理论解释的首要目标。相同的目标在不同的学科中表现各异:在经济学研究中,表现为商品的特征与用户的购买需求;在旅游学研究中,表现为旅游地的吸引因素或用户的体验目的。对于新闻接受来说,用户本身所处的新闻生态时刻为用户提供着丰富的外在刺激。新闻用户面临的外在刺激既包括他们感知到的新闻内容特征、对新闻机构的信任度、对新闻生态本身的认识等,也包括他们接受新闻的直接动机,包括寻求娱乐、获取知识、建立人际关系、获得鼓励等。这些外在刺激影响着用户选择新闻和参与新闻互动的意愿,在数字媒体环境中更是如此。

在经典的 SOR 理论框架中,机体指个体内部对环境刺激的认知和情感反应,尤其是情感反应。这种反应是一种心灵状态,涵盖环境刺激对用户的行为反应的所有过程。认知反应指用户在脑海中获取、理解、处理、记忆外在环境刺激的过程。在认知维度上,用户会将信息处理为各种意义,并以此为依据进行决策。机体的主要认知状态是确定感,表现为对外在刺激的支配或顺从取向。在情感维度上,机体状态包括享受和警觉两种维度,前者被细分为快乐与非快乐两个状态,后者则表现为唤醒与非唤醒两种状态(Benlian, 2015)。机体的认知与情感反应关系非常复杂,但往往趋于一致。不过,在具体的情境中,有时情感要素显而易见,有时认知要素彰明较著(Wang et al., 2019)。在多数应用 SOR 理论的研究中,学者们都选择将机体视作能动主体来探讨其如何受到诸多外在刺激的影响。这主要是因为机体始终容身于特定环境,与外部刺激的作用是相互的。

用户的机体状态直接引发了反应,包括意愿和实践两种维度,涉及接近或回避两种取向。决定用户反应的直接条件是机体状态,即用户在认知和情感方面的状态最终会导致意愿和实践上的特定行动方向。结合前述机体状态与外在刺激的关系,我们可以推导出用户行动是受到外在环境刺激而产生的行为反应(Kim & Johnson, 2016)。在具体的研究中,用户的行动意愿可能表现为用户的忠诚度,是一种心理维度的行动倾向;具体的行动实践则表现为在线参与行动或用户主动回避新闻的行动(Hajli et al., 2017)。

通过在外在刺激、机体和反应之间建立起强联系,SOR 理论成为研究者理解用户行动意愿和行动实践的一个有效的认识论工具。正是由于 SOR 理论对个体行动的阐释效用,它被广泛地借鉴到行为经济学、市场营销学、教育学、旅游学中,产生了诸多新的变化与发展。在互联网兴起之后,信息科学与媒介研究也积极地借鉴该理论,为本书提供了较好的理论基础。近些年,这些领域对于 SOR 理论的应用都呈现出明显的数字转向,研究者们倾向于立足数字环境,探索理论的更新与迭代。这种倾向在信息科学领域尤为显著。接下来,研究者将归纳和梳理数字新闻生态中 SOR 理论的适用性,并说明该理论如何为本书的后续论述提供理论支撑。

二、刺激-机体-反应视角下的新闻用户研究

SOR 理论已经被广泛应用至诸多研究领域。在人类社会转向数字化的当下,数字媒体平台上的用户研究,特别是用户的行为意愿与行为实践研究,尤其适用于这一理论。学者们运用 SOR 理论针对不同情境下的用户行为展开分析,并以此为基础探索用户与新闻生态的关联机制。

SOR 理论能够适用于数字新闻用户研究,主要出于两个原因。其一,既有研究表明,数字技术环境对用户的行为有显著的影响。数字新闻用户容身于新闻生态,他们持续与外部的环境刺激进行互动。个体化的刺激作用过程与 SOR 理论的理论框架较为契合。其二,数字新闻用户的参与行为受到自身状态的中介与调节,用户状态会在受到外在刺激的作用时产生复杂的认知与情感变化。SOR 理论关于机体的描述能够较好地解释这一过程。基于此,本书对信息科学领域的 SOR 理论应用情况进行梳理,以说明 SOR 理论对新闻参与行为研究的理论启发。

首先,SOR 理论有助于研究者理解用户如何在互联网环境中获得正面或负面的内在状态,即在认知环节与情感反应中获得对外在刺激的稳定反应。在 SOR 理论框架中,刺激是用户心理变化与行为反应的起点。数字技术的发展推动便捷的移动终端为人们的信息获取行为创造了不同的环境,这一环境中的内容要素和渠道要素也为用户带来了新的外在刺激。当用户通过数字终端阅读新闻时,他们会因移动设备的便利性、灵活性、可访问性和即时连接性而产生心理反应。用户的诸种行动允许他们获得新的日常生活经验。例如,便利性意味着用户在使用过程中可以花

费更少的时间和精力,获得更大的效用,用户对于便利性刺激的认识会形成特定的认识结构。当用户的手机没有网络时,或手机软件使用流程烦琐而冗杂时,用户就会趋于生气或烦躁。

在已有的数字媒介研究中,对信息过载(information overload)的研究主要应用 SOR 理论。信息过载指由外部刺激(如来自社交媒体)引起的超出个人处理能力的状态(Cao & Sun, 2018)。虽然过载是一种因人而异的状态,但如果用户接触的信息超出自己的处理能力,他们就会出现疲劳状态。有研究表明,用户在数字媒体平台上总会遇到太多不相关的信息,或在搜索信息时很容易被引导到不相关的网站上,因而很难在社交媒体上访问他们真正需要的信息。这就会导致信息过载(Luqman et al., 2017)。使用数字媒体可以为用户的生活带来便利,但数字媒体造成的信息过载会导致用户感到疲惫或产生压力,进而影响他们的在线参与意愿。上述疲劳状态主要是由于用户对数字技术的适应困难,与用户的心理感知过程息息相关,因而被学者称作技术疲劳(technostress)。

其次,许多学者借助 SOR 理论对用户群体的新闻接受实践进行了考察。SOR 理论的突破性贡献在于其对机体的情感状态的探索。既有研究认为,机体的内在状态是一种介乎外在环境刺激与反应的状态。这一过程既具有认知特征,也具有明确的情感色彩。沿着这条脉络,学者对用户的新闻使用过程中的情感状态进行了考察,认为数字新闻生态能够激发用户的情感反应。情感反应既是用户针对外在刺激的受动反应,也激发了用户的积极意愿。

常见的情感反应包括用户的快乐与焦虑状态。如果某些新闻内容能够引发用户特殊的情感反应(如愉悦感或幸福感),那么用户将倾向于从这些内容中获取快乐的体验感(Ali-Hassan, Nevo, & Wade, 2015)。从实践层面来说,一方面,如果用户能够从某种类型的新闻中获得积极的情感体验,他们就会反复地搜寻和点击相似的新闻内容。另一方面,如果某些新闻内容会引发用户的焦虑情绪,他们则倾向于回避这些新闻。例如,在新冠疫情期间,当接触海量的疫情信息后,用户的阅读习惯与心理状态都会发生改变,进而引发用户的积极参与或回避等多种行为选择。

最后,SOR 理论认为积极的心理状态变化将导致用户积极的参与意愿,消极的心理状态变化则会引发用户的回避行为。一般来说,联结用户与新闻参与行为的机制是共情,促使用户回避新闻的原因则是疲劳。如前文所述,如果用户从新闻内容中获得了积极的情感体验,那么他们将会持续地获取相似的新闻内容。这是由于新闻使用行为与用户的满足感及归属感密切相关(Guo, Liu, & Liu, 2016)。新闻用户的认知与情感状态也会促使他们在线参与针对虚假信息的反驳行动。当用户与新闻事件当事人产生较为明确的共情时,用户更可能积极地参与新闻行动;用户如果无法获得积极的情感反应,就倾向于采取回避举措,即有意地回避新闻,包括减少接触、戒除接触、暂停接触和替换接触等多种行为。

三、刺激-机体-反应视角与用户参与实践

SOR 理论为研究者提供了分析新闻参与行为的一个基本框架,即在用户接受新闻的过程中,包含外部环境刺激、机体状态和行为反应三种不同要素,而不同要素的联系就是用户的新闻参与机制。

根据上述理论,机体与外在环境刺激的交往会造成机体内在状态的变化,继而造成行为倾向的改变。立足于这一点,本书认为,数字新闻用户在接受新闻内容的过程中也具有相似的感知过程与行动意愿的生成过程。前者与新闻环境的外在刺激息息相关,后者与数字新闻用户的内在状态紧密相连。

首先,在用户接受新闻的过程中,外在的环境刺激对数字新闻用户的认知过程和情感反应有直接的影响,其主要发生在用户内部。在社交媒体平台上,用户始终会受到新闻内容本身的特征、新闻机构的特征乃至与其他用户的社交互动的影响,用户对于接触的所有因素都具有独特的感知结构。例如,内嵌于数字媒体的聊天功能允许用户互动与交流,为用户分享兴趣提供了机会,进而推动用户获得积极的享受体验。其次,用户对外在刺激的感知是多维的,既包括对外在环境要素的认知,也包括对自身

需求的理解,甚至对享乐目标的认识。这表明新闻用户的内在状态也是多维的。在认知层面,包含丰富知识的新闻内容能够吸引用户的注意力,并引发他们对新闻内容的正面偏好与态度。在情感层面,多样的情感要素能极大地提升用户的满足感与幸福感,改善用户的心理状态。最后,SOR 理论表明,环境刺激经由机体状态变化的中介作用,最终将推动用户的行为变化。在新闻接受过程中也同样如此,即用户在受到反复的认知与情感刺激时,总会采用多种不同的方式参与或回避新闻,以维持较好的心理状态。

第三节　情感的文化理论

数字技术的发展持续推动着人们日常生活的媒介化,传统意义上隐秘的情感要素以更加直白和外显的方式贯通于新闻的生产、流通和接受等各个环节。因应这一变化,近些年的新闻学研究出现了明显的情感转向。情感转向并不尝试打破传统的新闻研究的研究范式,而是主张将情感作为一种理解用户的新闻理解过程与参与实践的新视角。本书尝试对数字新闻学研究中的情感理论进行细致的梳理。在此基础上,明确新闻用户的行动逻辑。具体来说,本书首先梳理情感的文化理论的核心内涵,然后尝试辨析数字媒体环境中的数字性与情感性的互动关系,最后试着将情感理论应用于具体的研究,说明情感理论之于用户的新闻参与机制的解释力。

一、情感的文化理论的内涵

对于情感的文化理论视角的梳理与归纳,先要从情感的定义开始。在关于情感理论的讨论中,学者们对于情感概念的使用大多内涵不一,催生了一批专门界定情感概念的学术文章。当前的新闻研究领域对于情感的使用包括两类:一是来自社会科学的情感(emotion),二是源自文化研究领域的情感(affect)。两者的内涵没有绝对的区别,无论是在日常生活中,还是在学术研究中,它们常常都可以互相替换。两者的核心区别在于,不同学术领域围绕着不同概念,形成了不尽相同的研究进路。具体来说,包括社会心理学与社会学在内的社会科学领域将情感作为社会要素进行概念化。其主要逻辑是,情感作为一种与其他要素广泛联结的社会要素,是可以被测量的。研究者既可以将情感假设为引发其他社会问题的特殊变量,也可以将其视作其他变量的直接结果。基于此,研究者倾向于将情感进行分类,如快乐、悲哀、愤怒、恐惧四种基本情绪类型,并按照不同的等级测量这些情感的程度,说明每个人的情感强度,如三度、五度或七度分割的方法。文化研究领域内的情感通常被理解为一种流动于身体之间的感觉,可以被理解为一种流动的特殊能量(Massumi, 2002)。情感是居间的,可以被感知,但不能被语言完全精确地表达出来;是一种具身的体验,却始终与语言之间存在张力(Johanssen, 2018;田林楠, 2021)。正如有研究者所说:"这种事物是瞬间的,是极具冲击力的,是异常激烈的。它发生于身体与身体的相遇过程之中,诞生于人与人之间的互动,是附着于人与物、人与人的交往的,是产生于身体与环境、身体与身体的共振的。如果要命名这种东西,我们不得不将这种与意识相伴而生,但不同于意识的内在事物命名为情感。这种情感在很多层面与力量(force)同义。"(Seigworth & Gregg, 2010)

上述两类情感研究的差异引发了不少学者的争辩,尤其是在国内学界,翻译过程的介入使得这两个概念的关系变得异常复杂。但是,围绕这两个概念的诸多研究都承认,情感作为与人类心灵状态密切相关的要素,既受到某些文化惯习的激发,也受到个体生理结构的约束。立足于这一点,本书主要采用情感的文化理论视角综合梳理这一领域的研究成果,以准确的应用为目标,说明这一理论在阐释用户新闻参与行为上的潜力。

情感本身是复杂的,因为个体的情感活动总是表现为某种动态变化。这种不可捉摸的特征导致任何单一的进路都无法对其进行清晰的界定,学者只能暂时达成某些约定,对具体情境中的情感加以讨论。例如,我们难以通过语言精确地定义与表达什么是"痛苦",因此,人们往往借助移情或比喻等修辞手法来说明自身的痛苦体验。在这种意义上,情感就不是一种可度量的对象,而是一种修辞。本书尝试针对日常生活中的新闻参与行为进行情感维度的讨论,就需要在具体的情境中进一步澄清应当如何界定情感(Hanitzsch & Vos, 2018)。新闻学研究中的情感始终没有脱离社会文化研究的范畴,主要原因在于自然科学和"准自然科学"(如心理学)对情感的研究成果在社会科学中的应用较为困难,但这归根结底还是由于新闻用户的情感的激发与体验无法脱离复杂的社会环境而存在。研究者必须将情感视作一种既是个体生物/心理的,又在很大程度上是由文化决定、定义和塑造的感觉和思维实践。也就是说,情感始终居于人类的政治、生物和社会文化的交汇处(Scheer, 2012;蒋俏蕾、陈宗海、陈欣杰,2021)。

情感的文化理论主要源于文化研究中的情感研究。情感的文化理论将具体的社会文化施加给用户情感维度的影响作为基本逻辑,进一步说明个体情感状态是内置于心理的社会文化规则。用户的情感将被这种规则激发和规训,其情感表达也与这一规则紧密相关。整体而言,情感的文化理论能为本书提供的核心启示有三个方面。其一,对于个体的情感唤醒实际上是激发人对社会文化规则的认识。因此,如果要考察情感唤醒,就可以以社会失范现象为基础,将情感与文化同一化处理,进而联结个体与社会事件。其二,情感本身与不同的社会文化现象的具体发生过程深度结合,事件的发生往往与用户的情感反应存在密切的关联,引致了用户情感反应的复杂性。其三,情感的文化理论借鉴了心理学的研究成果,主张情感不是理性的敌人,而是理性的重要组成部分。人类了解世界的方式是复杂的认知和情感进路,两者无论从哪种角度都无法被截然分割。这意味着我们在探讨理性行动时,必须将情感作为一个有机的组成部分(田浩,2021;袁光锋,2016)。

二、情感视角下的新闻用户研究

受到上述理论的启发,本书在对用户的新闻参与机制的考察过程中内置情感这一要素,从情感的文化特征出发,实现对新闻参与机制的理论化。具体而言,在情感唤醒环节,新闻用户需要评估新闻内容与自身的情感距离,并基于数字平台产生特定类型的情感状态。在情感表达环节,新闻用户需要积极确认在线环境的特征,并在合适的环境下以适切的方式表达情感。新闻用户不断观照、回顾当下社会文化中既有的情感规范,持续审视和反思自己的情感表达行为可能带来的结果,这正是数字新闻业呈现出的新特征。

情感的文化理论回答了情感缘何而起,又如何发挥作用的问题。这两个问题都与新闻学研究的情感转向密切相关。由于情绪化的新闻表达能推动用户主动参与新闻分享,用户还能在新闻分享过程中发表积极的评论,因此,用户就成为促进数字新闻生态的情感转向的一个核心要素,针对数字新闻用户的研究需要采纳情感视角。

数字时代新闻实践情感化的首要表现是,数字技术极大地增强了情感要素的可见性,使得新闻生态在整体层面呈现出由情感驱动和支配的外在面貌。数字新闻平台的拓展放大了情感在新闻业态中的重要性,提升了情感在新闻理论中的地位(Clough, 2008)。因此,与其说研究者"意识到了"新闻业态中的情感因素,毋宁说数字媒体生态赋予了研究者"重新发现"情感的机会。全球新闻和媒介系统的数字化加速了新闻行业的媒介化,因此,传统意义上的行业关系要面对数字逻辑的改造(张志安、彭璐,2019)。有研究表明,如果新闻记者足够重视技术可供性,对不同的社交平台采用差异化实践策略,就可以取得较好的新闻传播效果(dos Santos Jr. Lycarião & de Aquino, 2019)。在这种宏观背景下,数字技术影响下的文本叙事结构所发生的变化最终将导致用户之间产生情感关联(Papacharissi, 2016)。上述情感元素也将取得更积极的传播效用(陈功,2021)。对于情感的理论化工作必然要作出相应的改变。如何以用户与新闻内容的互动关系为立足点来驯服情感性,成为一项重要的研究任务。情感的文化理论能够在两个方面为我们探索这一议题提供启发。

一方面,数字新闻生态的演进推动了新闻文本的情感化。新闻文本(部分地)放弃了严肃新闻的表达形式,在自身的文本中增加了以往被拒斥的情感话语。社交媒体为新闻业带来的改变是新闻情感化的内涵更加丰富,即新闻自主地吸纳了更多的情感形式,并将其作为自身的核心组成部分。这推动了数字时代的新闻整体面貌的转型与革新。这种情感化的主要表现是,严肃的、客观的、报道纯事实的新闻在数字时代已经不再是去情感化的(unemotional),软新闻也不再是非理性化的(irrational)(Peters, 2011)。情感色彩在很大程度上主导了新闻风格。新闻的内容与情感风格在很大程度上是同一的,如灾难新闻始终与悲伤和痛苦相关,爱国新闻始终与祝福和自豪相关。需要强调的是,虽然学者们承认新闻业一直在经历情感转向,但他们也普遍认为,情感转向尚未表现出明确的方向(Wahl-Jorgensen, 2020; Papacharissi, 2015)。因为新闻业在生产环节无法彻底地倒向用户,其自身也不是一种具有吸引力的服务型行业,所以新闻文本的情感转向目前仍表现为一种有限的实践尝试。

另一方面,情感化的新闻内容能够有效地唤醒用户的情感状态。数字技术的迅速发展为新闻的传播创造了新的语境,新闻机构能在数字空间内以文字、声音、画面乃至虚拟影像的形式唤醒与影响用户。倘若新闻内容能以引人入胜的方式满足用户的新闻需求,新闻用户就会被极大地激发积极情绪(Hanitzsch & Vos, 2018)。唤醒情感的过程是一个用户发挥主动性的过程,生活中的际遇对于新闻用户十分重要,新闻内容必须满足用户的某些需求才能唤醒其情感状态。此外,用户群体内部生产的内容同样能唤醒用户的情感状态。数字时代的用户关系以一种在线的、流动的、网状的状态存在,并且成为学者们理解人类社会的基础性命题。作为数字生活的必要组成部分,情感发挥着维系人际关系的重要作用,成为用户转型为公民的不可或缺的要素。

如上所述,用户的情感状态受到新闻文本与用户关系的激发与制约,成为数字新闻生态中的特殊对象。情感状态在新闻实践中进一步转变为用户的个人行动与集体行动。新闻学研究主要关注用户的个体情感极化与集体情感行动两个议题。

个体情感极化是一种受到广泛关注的情感现象。用户可以在数字新闻平台点击他们喜爱的新闻内容，智能算法也会学习用户的阅读偏好。这推动了信息世界日渐个性化，个体始终被包裹在原子化的"过滤泡"中，进而在情感维度上趋于同质化（申金霞、万旭婷，2021）。倾向于情感极化的新闻用户不再是传统新闻业倡导的理性、冷静的公民。例如，虽然社交媒体本身与极化现象没有本质的联系，但传统新闻机构的权威在社交媒体时代受到了前所未有的挑战，对专业新闻机构不满的用户会反复接受负面信息，导致他们对新闻机构的负面情绪越来越强烈。不过，极化现象同时也受到日渐智能的算法的规制，因而不太可能造成公共领域的分裂和两极分化（Fletcher & Nielsen, 2017）。

容身于同一群体的新闻用户可以获得情感维度的归属感。用户群体对某一新闻的分享、点赞或评论等行为可以被视作用户身份的自我彰显，用户将通过这些方式获得群体归属感。归属感致使用户乐于参与以相似的兴趣、爱好为基础建立的群体或只是集聚对某件事持相似观点的人的临时群体，并积极地参与群体内部的互动与新闻行动。这致使用户群体的情感表达具备极强的公共性。这种能动员民众的驱动性力量可以被称作数字生态的"情感架构"（emotional architecture）。

基于此，新闻用户或选择面对情感冲击，产生认同，并采取积极的新闻行动；或产生愤世嫉俗感，对社会新闻表现出强烈的冷漠。本书有必要进一步借助情感的文化理论对这一过程进行具体说明。

三、情感分析与用户参与实践

情感的文化理论能为用户参与实践研究提供支撑，主要出于三个原因：其一，情感逻辑是用户日常生活的基本组成部分，用户的新闻接受行为必然是为了满足某些情感需求；其二，用户的情感状态受到社会文化因素的影响和制约,用户的情感与其本身的生活经验与价值倾向密不可分;其三,用户的情感状态将直接影响其行为意愿与行为选择。

首先,将新闻用户的情感逻辑视作生活经验的有机组成部分,从这一角度切入新闻用户的参与机制,是当前数字新闻用户研究的一条重要逻辑。文明始终建基于人们的日常生活。数字时代的新闻消费活动已经成为当前用户的日常信息行为,不可避免地与人们生活的方方面面产生联系。用户是数字时代的新闻研究不容忽视的重要群体,其重要性不仅体现在用户凭借介入性角色深入新闻的生产与传播环节,也集中体现在新闻的接受环节愈发围绕用户展开。数字时代的用户群体具有明确的情感化特征:一方面,用户的日常新闻接受与表达行为始终与情感这一因素有千丝万缕的联系,用户是生活在日常情感关系中的行动者;另一方面,用户对新闻事实的判断与评论始终依赖其朴素的情感观。不同的社会结构中存在不同的用户群体,即使面对相似的新闻事实,不同的社会群体也会产生不同的情感体验。本书对于数字新闻的分析也将与用户的日常生活接合,进而展开对整个社会的情感体系的观察与分析。

其次,受制于理性与情感机制的复杂关系,对两者的关系不应该作出决然的分割。"理性化"(rationalization)是一个经常被使用的概念,用于说明个体行动的理性要素与情感要素的融合关联。基于理性化过程,情感是新闻业与用户日常生活建立联系的重要路径,因为新闻内容可以帮助个人调节情绪,刺激积极的认知体验,从而以复杂的、可持续的方式促进用户的精神健康。无论是个人的行动还是群体的交往,认知、情感与行动都不能被截然分割,行动者的心理活动与行动过程始终是一体的。在社交媒体平台上,群体的社会交往与行动理性也受到情感的制约,但它不是一种直接的作用因素,只是以隐含的、潜移默化的方式发挥影响。新闻用户的行动始终是由情感和理性要素共同决定的,研究者需要对这一决定过程进行细致的描摹,超越情感与理论的二元对立结构,以用户的主体性整合所有的行动逻辑(成伯清,2017)。在研究中,对于特定行动的剖析无法决然将情感的因素排除在外,因此,研究者必须将情感视作在一个连续的"意识-行动"过程中持续产生作用的因素。立足于这一研究路径,本书尝试聚焦日常生活中的微观行动规律,在日常互动中解释用户的行动逻辑。

最后,用户的情感状态是用户行动意愿的直接诱发因素,情感要素的文化特征将引发用户的行动反应。有研究表明,引起负面情绪的新闻叙事会降低用户采取积极行动的意愿,唤起积极情绪的新闻叙事会促成更积极的影响(Baden, Mcintyre, & Homberg, 2019)。一方面,情感要素在数字时代形成了与以往不同的呈现形式与连接模式,促成了用户不同的行动意愿和行动实践。用户在社交媒体上具有更为外显的新闻解码方式。这种解码方式以用户的生活经验为核心,形成了对于主导型编码的对抗效果。用户的情感倾向与行动逻辑就成为新闻业中的一个积极的参与性要素。另一方面,情感的连接在网络时代表现为一种特定的网络状态,用户倾向于在数字技术的赋权作用下寻求更为舒适的交往关系。这表明社交关系对用户的参与行动的影响极为明显。例如,社交平台上对新闻报道的负面评论会降低用户对事件的重视程度,并且负面评论的表达越生动、真实性越强,其对报道产生的影响就越大(Waddell, 2020)。不可否认的是,用户应当在数字时代具备公共性,但我们更应强调情感如何成为规范性的新闻要素,以协助培育民众朴素的情感观。

第三章
数字新闻用户研究的介入性目标

基于前文的讨论,当前的数字新闻研究者不仅将数字新闻生态视作新闻学研究的新前置条件,还把数字平台上的新闻生产、流通与接受行为理解为一种与传统行为不同的情感模式,并对其进行积极的理论化,因此,新闻的全过程被拓展为一整套复杂的、兼容生产与接受的理论体系。限于当前数字新闻实践体系的庞大与驳杂,我们无法完整地呈现新闻接受实践的转向及未来,但仍然可以从一些有代表性的现象与主张出发,大致勾勒出某些新闻价值要素的变迁过程及主流观点。

本书认为,"介入性"(intervention)是数字新闻业价值体系的关键概念。介入性的意涵较为丰富,既可以指称不同力量对新闻生产过程的介入与影响,又可以指称新闻用户在新闻接受过程中进行的介入性实践,两者在很多场景中是同时发生的。虽然主流新闻理念在历史发展中鲜明地拒斥介入性,但众多另类的(alternative)新闻潮流却积极地吸纳介入性的变革潜力,并在数字时代获得流行潜力。它们为本书理解介入性的历史脉络提供了丰富的论述素材。一方面,另类新闻形态始终对专业新闻的生产规范与核心价值持怀疑态度,并试图以替代性的方式完善或变革新闻业发展的价值目标,具体表现为对新闻职业规范的质疑、对新闻业精英主义倾向的批判、对重构新闻与社会连接方式的呼吁。另一方面,另类新闻形态的视野在很多时候摆脱了新闻生产的局限,着眼于新闻接受过程中的各种行动主体,尝试通过影响新闻流通与新闻接受等环节,追求新闻业总体机制的创新。对另类新闻形态发展过程的梳理能让研究者在较长的历史跨度中观察传统新闻业价值体系变革演进的过程,继而探索数字新闻业可能的新价值目标。

在数字时代,呼唤介入性价值的代表性新闻形态是"介入式新闻"(engaged journalism)。介入式新闻主张以亲密关系来抵抗用户的疏离,以联结来反拨简单嫁接用户生产话语的倾向,最终指向亲密的新闻协作关系。这一主张与现代新闻业的"情感/行动"脉络紧密相关,不仅要求新闻深度参与包括思想启蒙在内的社会进步事业,也充分彰显着新闻在特定社会制度下作为宣传工具的角色定位。考察新闻的情感因素与新闻用户参与实践的首要任务,就是在新闻业的历史中重新发掘介入性这一脉络,对包括参与式新闻、解困新闻与建设性新闻在内的诸多另类新闻形态进行细致的分析,以确定由情感引致的另类新闻行动所具有的理论启发价值。因此,本书对诸多另类新闻形态进行历时性梳理,以时间顺序组织起不同另类新闻形态在新闻研究中的独特价值,并以特定的共时性概念(诸如新闻观念、内容生产与新闻扩散等)对其进行结构化,形成对新闻的介入性价值体系的基本认识。

第一节　数字新闻学的介入性观念

借鉴诸多学者的观点,本书尝试以20世纪后半叶以来产生较大影响的几种另类新闻形态为基本材料,包括和平新闻、发展新闻、参与式新闻、解困新闻与建设性新闻,爬梳核心文献并进行剖析,以理解跨越多种另类新闻形态的介入性。具体包括三条不同的脉络:基于目标的介入性生产流程再造、基于用户的介入性实践主体拓展和基于情感的介入性生产策略更新。

一、基于目标的介入性生产流程再造

在历史发展进程中,新闻业对于用户的重视,特别表现在新闻记者将用户作为核心的影响对象上。新闻记者试图将影响用户的态度与行为作

为新闻的主要效用,并将其融入新闻生产的流程。和平新闻与发展新闻是其中的代表性形态。和平新闻与发展新闻均强调,新闻生产必须重视新闻观念层面的最终效用,并以此为核心逻辑组织新闻报道的框架与新闻故事的叙事结构。为了达成目标,专业的新闻记者必须对和平与发展观念产生深度认同,并在新闻的生产维度内置上述观念,以实现最终促进和平与发展的新闻效果。

(一)和平新闻

20世纪后半叶,尤其是90年代以来,和平新闻日渐成为和平与冲突研究的重要对象。和平新闻形态不仅强调批判战争与冲突的报道框架,还主张新闻记者应当在报道实践中吸纳和平观念,继而发展出具体的和平式报道框架。21世纪初,新闻记者就开始呼吁用户以更具介入性的方式报道战争新闻,尤其是在战火纷飞的国家和地区。

和平新闻并不仅仅意味着报道和平。虽然对于战争与和平问题的报道并不是什么新鲜的议题,但和平新闻主张新闻记者应当批判现有的战争报道,并为这种结构设定一整套实用的新闻采写和编辑规范。在新闻学研究领域,和平新闻学也在近些年再度成为一个受到关注的领域。大多数研究者沿着约翰·加尔通(Johan Galtung)在20世纪90年代的定义对和平新闻进行探索。这一领域的主要观点是,新闻记者不仅要报道和平,还要将对和平的理解及对冲突如何转变为和平的潜在方案应用至新闻报道,使和平新闻成为关于和平问题的总体阐述和表达。

和平新闻主张新闻记者先应确立坚定的和平观念,并在此基础上开展新闻的编辑与发布工作。这些观念包括以下四点。(1)暴力冲突并非由某些个体独立造成的,暴力事件的发生必然包括一定的结构、文化元素和背景。因此,如果新闻报道中缺失了这些部分,对于暴力事件的解释就是不完整的。(2)应对暴力冲突的方式不是单一的,即使是和平的应对方式也可以有很多种。在不同的社会中,个体和机构采取的和平措施都是不尽相同的。(3)要尽可能呈现事件的多个方面。任何暴力冲突总包含多个当事方，对于一个当事方的报道必然涉及对另一个当事方的忽略。新闻记者需要厘清当事方的利益关系，并将其呈现在报道中。（4）对当事方的陈述需要重视其本身的利害关系，包括显见的和隐藏的利害关系，并呈现在新闻报道中。

和平新闻的具体生产规范以和平为最终目标。具体来说，和平新闻生产的具体操作包括三个维度的策略。第一，在报道实践中，和平新闻记者需要将其自身对和平与冲突的理解，即对冲突、和平的现状与演变趋势的观察与预测，应用于日常的新闻报道与编辑工作。诸多和平新闻的倡导者都主张采用类似政治宣传的话语策略，以具体的修辞手法实现新闻报道的启发性效果。这种话语策略允许新闻记者采取高度灵活的行动框架，为特定的政治活动与事件报道提供目的性推力。第二，和平新闻的报道要避免污名化表述，坚持党派中立，提供多边视角。这实际上是对传统战争框架的回应，因为传统战争框架往往强调战争之中正义一方的正确性及邪恶一方的错误和荒谬。和平新闻认为，类似的偏向与意识形态问题往往关系密切，新闻应该将目光置于多方互动，而非执着于对好和坏的二元划分。第三，传统新闻生产领域内的"5W"原则及"5W+H"原则在和平新闻记者的实践行动中持续发挥着指导作用。和平新闻记者必须为用户提供关于战争冲突的基本信息，并在此基础上对新闻事实进行丰富的分析与对策说明。也就是说，关于战争冲突的"谁、是什么、在哪里、何时、为什么及如何"的表述必须在和平新闻中有完整的呈现。基于此，新闻记者才能发展出对于战争冲突与和平理念的完整表达（Lee & Maslog, 2005）。

在和平新闻中，记者是新闻报道的绝对主体。新闻记者要在新闻叙事中探索修辞方式和叙事结构，成为他们主动介入社会生活、推动新闻业建设社会文化的主要方式。新闻记者能够采用某些新闻叙事框架或话语结构，主导新闻事实的表达规则，定义新闻用户的接受方式。新闻记者及其定义的社会文化现象是最为主动性的力量。他们能够以自身的专业素养提升新闻业的能动性与影响力，推动社会层面对于和平观念的设置。

新闻记者践行和平理念的主要方式是新闻报道实践。这种日常的报道经验能为新闻记者设置基本的创作空间，允许他们依靠自身的逻辑进行取舍和编辑，最终形成较为有效的新闻表达策略。类似的策略在和平新闻报道中与客观性、真实性等价值观念相互补充，成为和平新闻的核心呼吁。和平新闻并不仅仅呼吁记者报道某类特定的对象，它重视的是针对一种复合对象的新闻主张，即和平问题应该是跨行业的，能够通过将和平理念融入对其他对象的报道而发挥效力。与其将和平新闻作为特殊的新闻报道对象，不如将其视作与新闻事件和新闻体验相关的观念运动进行探讨。这种探讨的最终目标是为整个社会提供面对战争与冲突的认识框架，并最终指向全球范围内对和平观念的重视。

研究者对和平新闻的主要诟病是和平新闻对于客观报道的认识，即和平新闻的报道框架是否会（不同程度地）组合、呈现甚至创造事实，也就是和平新闻中的介入性与客观性之争。有学者曾批评，和平新闻可能会损害新闻记者的声誉，混淆他们作为客观传播者的角色，因为和平新闻并非一种新闻样态，而是一种不折不扣的"公关行为"（Fawcett, 2002）。当时的新闻介入性被反对者攻击为新闻记者的"操纵"或"阴谋"，因为新闻文本本身反映出的态度与现实之间的鸿沟始终由新闻记者把握，新闻用户只能被动地接受新闻文本的内容。

不得不承认，自和平新闻诞生以来，战争的媒介化就开始了。传统意义上的和平新闻的报道规范面临着一个现实困境，即大多数关于战争的新闻都仅着眼于冲突各方的行动动机，而对这些动机的发生与发展过程都只有粗略的假设。这一报道倾向的直接动因为新闻版面是有限的，而有限的新闻报道必须将最为核心的新闻要素呈现给读者。这个现实困境在数字时代已经或多或少地被解决了：同一新闻实践往往会带来较长时间的新闻讨论，新闻机构会针对这一事件进行多角度的讨论与说明，充分梳理和说明新闻相关方的行动逻辑。在当前的数字媒体生态中，媒介化的战争日趋重要。数字技术使得关于和平的定义权日益掌握在拥有表达权利的机构与个体手中。他们的新闻媒体能够以各种数字形式（如移动短视频、社交机器人等)超越国界,可以在全世界任何他们试图进行意识形态宣传的地方播放相关内容。这或许在呼唤研究者立足于当前的数字技术发展,对和平新闻进行全面的反思,并获得更新的行动指南。

(二) 发展新闻

发展新闻是20世纪60年代在东南亚兴起的一种新闻形态,之后在亚洲、非洲与拉丁美洲的发展中国家中产生了较大的反响。当时,广大亚非拉国家面临着急迫的社会发展问题,民众普遍期望新闻业在促进国家发展方面发挥重要作用,因此,需要将新闻业的力量整合入国家建设。作为实践型的新闻概念,发展新闻在新独立的民族国家中受到了欢迎。20世纪80年代,发展新闻逐渐与世界信息传播新秩序运动融合。到世纪之交,发展新闻逐渐偃旗息鼓。

与和平新闻相似,发展新闻的核心逻辑在于如何借助新闻报道的力量实现善治。发展始终是人类社会的核心话题,但不同的社会与国家都面临着完全不同的发展危机。发展问题与经济领域、政治领域、社会文化领域都息息相关。虽然促进发展是人类社会共同认可的理念,但发展的过程并不能自主发生。随着全球各国之间的依存度日益提升,国家与国家、地区与地区的关系逐渐密切,人类社会内置的独特发展需求、需要成为社会发展的核心驱动力,并希望在实现社会发展的过程中达成更多的社会目标,如推动个人生活幸福,促进经济发展与文化转型等。发展新闻主张新闻业应当为社会发展贡献力量,新闻报道应该内置推动发展的核心生产理念。

发展新闻业所扮演的角色不是社会发展的旁观者和客观报道者,而是自下而上的信息传递者与发展的倡导者。在具体的报道中,新闻记者必须时刻考虑报道内容是否充分涉及相关方的利益与需求,将社会发展视作核心的组织逻辑。这主要表现在五个方面:(1)新闻报道需要说明发展目标与现实之间的差异,以及发展带来的主要影响;(2)不关注日常新闻,而关注长期的发展过程;(3)新闻业需要独立于政府,并对政府行为提出建设性批评;(4)需要关注经济与社会发展领域的新闻,在国家建设中与政府进行建设性合作;(5)鼓励普通民众主动改善其生活现状与社区现状(Xiaoge,2009)。

发展新闻不将自己视作一种新新闻形态,而阐明自己代表的是对待发展及相关问题的新态度。发展新闻主张为普通民众服务,不遵循精英逻辑;新闻媒体参与社会问题的报道,自下而上地传递民众的声音,推动社会问题的解决;新闻媒体应该有益于个体与社区的交流权益,为不同声音的传播提供便利。发展新闻促进社会发展的主要方式,还在于新闻业能向民众传达丰富的政府信息,促进公民之间的积极对话,发挥良好的社会治理功能。这种功能实现的前提是,民众必须拥有积极参与政治的机会,发挥民众对政府的问责与监督功能。对于新闻用户来说,发展新闻代表的是一种参与式的社会治理模式。发展新闻强调新闻媒体的公共属性,其效用应当是提升公众参与的积极性,进而推动社会变革、制度更替与政治透明。发展新闻认为,新闻业与社会系统的其他部门之间是互相关联和互相依赖的关系,不同的社会经济文化面貌将导致不同发展中国家的新闻业千差万别。不同的社会发展目标会导致社会资源被广泛地分配到不同部门,这都会对新闻业产生巨大的影响。

但是,发展新闻却在长期的实践中沦为意识形态斗争,对新闻业与社会发展的贡献不够充分。同时,发展新闻始终存在着行动模糊的问题。虽然它主张新闻业应当促进社会发展,也从新闻记者和新闻用户两方面提出了促进发展的举措,但是这些举措在很大程度上都是口号式的,既无法在新闻业中获得认可,也无法在用户的生活中占有一席之地。更进一步说,发展新闻在理念上主张促进社会发展,却未能提供发展的道路,最终陷入了现代化理论和依附理论的泥潭。与此同时,由于新闻媒体的实践作用总会受到社会、经济、文化和政治条件的制约,民众对于发展新闻的期待也越来越低。

发展新闻为我们留下的学术遗产,是它在实践中证明了不同社会中的新闻实践远非同质的,而是各自呈现出截然不同的特征。新闻业的发展要避免不同意识形态碰撞之下的互相攻讦,而是要秉持介入性观念,融合为强有力的主流意识,为社会发展贡献行业力量。

二、基于用户的介入性实践主体拓展

针对"谁能参与生产新闻"这个问题,新闻业界与学界进行了长期的讨论。新闻从业者发现,不仅新闻的生产过程会受到用户偏好的影响,用户力量也逐渐介入生产主体。用户不甘于间接地调节新闻生产的过程,开始以一种激进的姿态要求全面参与新闻的生产过程。"谁能参与生产新闻"这个问题也被进一步模糊,数字时代新闻用户与新闻记者的身份界限也成为一个新的问题。

20世纪末以降,用户生产内容受到了新闻记者的关注。这种关注不仅表现为用户生产内容在信息流通场域受到其他用户的欢迎,用户生产的新闻内容同样对专业新闻生产造成了巨大的影响,其中的代表性形态是参与式新闻。参与式新闻代表着与用户相关的公民新闻、协作新闻、草根新闻、业余新闻、网络新闻等一系列概念群。这些概念侧重点稍有不同,但它们共同关注的是未经专业新闻培训的公民如何进行新闻生产与发布的问题(Fröhlich, Quiring, & Engesser, 2012)。

概念上的宽泛性使得参与式新闻在近二十年的新闻研究中颇为流行,无论是强调新闻公共性的公民新闻、社区新闻,还是强调技术属性的互联网新闻、网络新闻,乃至强调新闻制作的专业性的开源新闻、业余新闻等诸多形态,都与参与式新闻概念有所重叠。考虑到这些概念本身的复杂性和在新闻业态与新闻学研究中的重要性,有研究者专门对这些概念进行了区分,并基于相似性实现了群组划分。一些研究者认为,协作新闻、开源新闻、点对点新闻在新闻业态与研究中可以大致被归为一类,他们强调用户生产行为的积极作用。"类新闻""业余新闻""外行新闻"等术语在很多时候被视作同义词,强调用户生产的内容与专业新闻内容的区别,尤其是指用户生产规范与专业新闻生产规范的区别。草根新闻、公民新闻、参与式新闻等术语强调新闻业对于民主功能的重要意义,公民生产的新闻内容在很多时候被视作能与专业新闻分庭抗礼的新形态。虽然公共新闻与网络新闻常常与参与式新闻相提并论,但其本身指的是专业新闻在数字时代的新变化,并非强调用户在其中发挥的重要作用。无论是公共新闻还是网络新闻,它们都在新闻生产过程中内置了专业的新闻记者将新闻受众视作影响与激发的对象的核心逻辑(Fröhlich, Quiring, & Engesser, 2012)。总体来说,前三组概念强调了新闻业在当前的社会环境下出现的新现象,关注这种新现象的不同侧面,尤其是新现象的生产方式、内容质量与民主功能。它们的共同点在于,新闻业提供的大量新闻内容都不是由专业的新闻记者提供的,这就是研究者所说的"用户生产内容"。最后一组概念描述了传统的专业新闻生产体系在数字时代的新变化。新闻业态本身的复杂性导致了这些概念在实践层面总是呈现出互相交叠的状态。我们需要以一种融合的整体观去辨析概念背后共同呈现出的核心逻辑——用户已经以积极的姿态融入新闻业,不仅成为新闻生产的积极力量,也为新闻质量提出了来自专业标准之外的要求。海量的新闻用户能融入新闻制度得益于社交媒体的蓬勃发展与新的通信技术的赋权,个体能够成为积极的网络节点而发挥重要的作用。新闻用户在生产过程中并不完全遵循专业新闻生产的规范,而是始终与主流新闻生产规范进行互动,并在一定程度上偏离传统的新闻规范和新闻价值(Borger, van Hoof, & Sanders, 2016)。

用户生产内容并非数字媒体时代的新现象,用户力量对新闻生产的介入性影响已经在和平新闻、发展新闻的发展之中初见端倪。参与式新闻最鼓舞人心的地方,在于其为新闻生产领域带来的思维转变,即新闻业可以由一种自上而下的讲述转变为一种公开、平等的对话。参与式新闻毫无疑问基于用户生产内容。在一定程度上,如果新闻中包含较多的用户生产内容,这种新闻就能被称作参与式新闻。甚至,倘若用户在收集信源、撰写报道和传播新闻的过程中发挥了积极的作用,这种新闻也可以被称作参与式新闻。社交媒体平台的用户是无处不在的,他们对于新闻素材的触及与抓取在数字时代往往是先于专业的新闻记者的。近二十年间,大量用以描述参与式新闻的术语和概念纷纷涌现。这些术语和概念背后的想法大致相同,即指向未经专业新闻培训的用户使用数字工具在互联网平台上实时发布消息。他们以所谓的用户生产内容威胁传统媒体的垄断地位,并正在挑战由来已久的新闻接受模式(Fröhlich, Quiring, & Engesser, 2012)。参与式新闻要求专业新闻机构将新闻的生产权力让渡给用户群体,用户可以编写和发布多种类型的新闻内容。与斯图亚特·霍尔(Stuart Hall)的说法类似,即与职业记者相比,公民记者可以扮演社区问题、事件和公共事务的主要定义者(primary definer),而不是次要定义者(secondary definer)。参与式新闻生产主体的泛化在一定程度上推翻了先前的新闻业惯例,形成了围绕着用户的新闻生产研究。

与参与式新闻紧密相关的公民新闻也同样主张关注用户对新闻生产环节的介入。在传统新闻业态中,用户只是被动的受众,很少成为新闻的主动生产与传播者。新兴的数字媒体平台为公民与专业记者的深度互动铺平了道路,用户成为更活跃的使用者和参与者。公民新闻是参与式新闻的代名词,可以推动新闻用户进一步加强参与式传播,使用户成为有关社区事务、问题和事件的知情者与讨论者。公民新闻可以作为参与式民主的一个基本单元,为公民社区作出应有的贡献,为构建公共的新闻生态提供巨大的动力。总的来说,公民新闻与新闻的公共性密不可分。当我们在数字时代讨论新闻的民主功能和公民的新闻参与时,必须将公民新闻视作一种基本的形式。

乐观地来看,参与式新闻代表着专业生产内容和用户生产内容有机融合的关系。新闻记者能在新闻生产环节有效地调用用户生产内容,这为他们提供了海量的原生信息和可供使用的信源。用户的生产行为也借鉴记者的新闻生产规则,将他们的生活经验重新框架化为有效的新闻文本。专业生产内容和用户生产内容是相互融合的关系,它们的理想状态是互相尊重,并互相借鉴,最终形成深度融合的新闻生产业态。

然而,这种融合的潜力受到了业界和学界的质疑。正如其他新闻价值在新闻实践中难以得到有效贯彻一样,用户本身的新闻参与意识与他们的公共性之间的关系是不对称的。因此，参与式新闻的发展依赖专业新闻记者的态度，倘若他们能够突破新闻编辑室的规则而将新闻用户的内容作为新闻的核心来源之一，参与式新闻的发展将会更加明朗。但现实表明，专业记者虽然确实认识到新闻制作中用户生产内容和专业生产内容的互补潜力，也同意在日常实践中大量地使用互联网技术，却对新闻用户生产的内容较为谨慎，因为这两种形式的新闻生产本质上是相互补充、相互交叉、相互竞争的。从协作到参与的概念转变并不能一蹴而就。

虽然用户积极地介入了新闻生产的过程，但在当前的新闻实践中，用户表现出的新闻参与意识与他们本身的新闻素养仍然存在着不可弥合的鸿沟。新闻用户这个身份并不要求用户具有某些特别的素质，甚至对于新闻用户本身的归属感都是可有可无的。对用户生产内容的管理和审核似乎与新闻编辑室内的工作分工、日常工作和职业价值观没有共同规则。研究者如果试图从当前的新闻用户群体中归纳出具有公共性的核心特征，可能是比较困难的事情。事实上，当前的参与式新闻的主要形式仍然是对专业新闻机构生产的内容的挪用和改编。这是对已有的新闻内容的整合，而非用户自主自发地进行新闻生产。但毫无疑问，用户新闻参与行为极大地重塑了新闻业的面貌，在专业记者与普通新闻用户之间建立了具有影响力的传播层级。这让研究者对未来的新闻传媒业态的考察有了一些方向，即参与式新闻致使新闻记者与新闻用户的界限越来越模糊。即使新闻业仍然遵循着传统的新闻生产逻辑，用户的主动性是在缓慢发展而远非完成的状态，但这种趋势仍然是鲜明的。

用户的参与实践推动了参与式新闻的勃兴，继而引发了诸多针对新闻理念的探讨。虽然学者们对于一种平等、协作、互惠的新闻社区存在幻想，但参与式新闻本身无法实现这种乌托邦式的想象。当前，专业的新闻生产机构与新闻生产惯例仍然稳固。受新闻生产的编辑室结构、工作惯例和专业精神所限，专业的新闻生产机构几乎不会让用户直接参与新闻生产环节，而是在新闻发布之后侧重于关注他们的反响。新闻用户仍然是一种被观察与被引导的对象，这不啻为一种参与式幻灭（participatory disillusionment)。

三、基于情感的介入性生产策略更新

无论是目标导向对新闻生产流程的影响,还是用户生产内容对专业新闻生产的影响,都是难以决然分开的。如果研究者仅从其中一个方面探索新闻本体的转型,都会陷入自我约束的牢笼。这一倾向在解困新闻(solution journalism)与建设性新闻(constructive journalism)之中表现得更为明显。这两个方兴未艾的新闻形态既要求新闻生产必须以促进社会事件的发展为目标,又要求新闻生产必须时刻关注用户的情感反应,并以积极的情感促进用户的新闻参与。无论是"解困"还是"建设",都与新闻用户这一积极角色密不可分。

(一)解困新闻

解困新闻从20世纪末开始受到新闻业界与学界的共同关注,并在近些年逐渐流行起来。用户对新闻内容的情感疲劳(compassion fatigue)或民众对悲情新闻的冷漠,症结可能在于新闻机构仅提供新闻事实,而并未针对新闻问题提供解决方案(McIntyre, 2019)。解困新闻的核心主张就尝试回应这一具体问题。有研究者将解困新闻定义为一种"专注于报道基于解决方案的故事,鼓励读者和观众参与并做出积极改变"的新闻形态(Loizzo, Watson, & Watson, 2018)。梯尔(Thier)强调解困新闻形态是"对解决方案的全面探索",并认为解困新闻可以重构报道社会新闻的方法,因为它能够改变公共话语的风格(Thier, 2016)。

解困新闻的理论基础在于新闻业对社会公共责任的承诺,更具体地说,是新闻业对社会监督、社会公共性及促进人类生活福祉等问题的承诺(McIntyre & Lough, 2021)。解困新闻是新闻业实现其公共性目标的直接措施,强调新闻生产的具体规则,主张新闻记者报道社会问题的应对方案。其核心环节在于报道个体与社会组织寻求解决方案的具体案例,不仅关注潜在的解决方案是什么,也要解释这些解决方案为何有效,以及某些方案为何无效(McIntyre, Dahmen, & Abdenour, 2018)。解困新闻从一开始就与其他新闻形态不同,它始终将"结果",即社会效应,置于新闻的生产规范。新闻生产的目标是提供解困的方案,以具体的实践行动推动新闻目标的实现,而非通过新闻理念引导社会观念的转型。解困新闻的生产策略是复杂但严谨的,新闻内容必须基于信息、数据和案例来解释社会问题。这产生的直接影响就是,解困新闻能有效提升用户对新闻内容的信任度,加强用户与新闻机构的亲密联系,并最终鼓励用户积极参与社会事件。

解困新闻的实践主体不仅包括专业的新闻记者,还包括积极的社会公众。类似于和平新闻,解困新闻也主张将有益于人类社会和平的解决方案视作核心的生产理念,在专业新闻生产环节中彰显出一种积极的介入姿态。同时,解困新闻还主张促进公民对新闻生产过程的参与。这也是解困新闻与公民新闻的相似之处,即它们都对未经专业训练的新闻用户抱有充分的信心。对新闻用户的重视本身就意味着与传统新闻记者的不同。新闻记者需要更加主动地干预新闻报道的发展方向,并为新闻用户的行动提供积极的氛围和场景。这个过程不能缺少对新闻用户的情感激励。解困新闻被视作建设性新闻的一种子类型的核心原因正在于此,其生产过程也主张将积极心理学应用于新闻报道的过程(McIntyre & Gyldensted, 2018)。

(二) 建设性新闻

许多学者将解困新闻视作建设性新闻的组成部分,与服务新闻、生活新闻等新闻形态共同被建设性新闻这一综合性概念统摄。这一论断具有合理性,因为解困新闻与建设性新闻都强调将积极的行动要素纳入传统的新闻报道,在传统的新闻生产原则中设置更具吸引力的报道手段。诚然,建设性新闻的核心就在于在保证真实、准确的新闻报道的基础之上,将积极因素纳入传统报道,可以增强新闻报道对用户的吸引力(徐敬宏等,2019)。

建设性新闻是一个意涵丰富的概念。建设性新闻被称作伞式术语，因为诸多研究者认定它是诸多具体的新闻实践的综合（McIntyre & Sobel, 2018）。建设性新闻不仅要求新闻记者按照某种策略进行新闻生产，也主张将建设性融入新闻生产过程，使它在很大程度上与和平新闻、发展新闻、解困新闻、慢新闻等具体的新闻形态存在重叠。在很多国家的新闻业实践中，建设性新闻也都被冠以解困新闻、情境新闻（contextual journalism）、前瞻性新闻（prospective journalism）或恢复性叙事（restorative narrative）等诸多不同的名字。它们都将自身作为主流新闻业的新形态，即使它们将关注的焦点从报道社会问题转移到提供社会问题的解决方案上。

建设性新闻是一种新闻样态，而非一种宣传或倡导性力量（Aitamurto & Varma, 2018），因为建设性新闻通过强调社会问题的紧迫性来证明解决问题的重要性，也主张新闻记者需要与社会问题保持距离。建设性新闻的诞生植根于用户与新闻业之关系的关键历史阶段，即用户拥有评判何为优质新闻的权力（Mast, Coesemans, & Temmerman, 2019）。新闻业需要突破关注社会问题和社会冲突的既有框架，通过与社区建立更牢固的联系和对话来加强媒体与公民之间的信任（Beckett & Deuze, 2016）。

积极心理要素对建设性新闻生产设置了具体的规则，其实践策略的核心逻辑是新闻记者应该在经典的新闻生产过程中增加方案。建设性新闻生产的核心部分包括：（1）解决方案，即在报道问题时添加以解决方案为导向的新闻框架；（2）未来导向，即在传统新闻问题的基础上增加一个"现在做什么"的问题；（3）包容性和多样性，即在新闻中包含更多样的声音和观点；（4）赋予参与者表达权力，即提出其他问题，并赋予受害者和行业专家表达权力；（5）解释新闻并提供社会背景，使用数据创建清晰的信息图表来解释新闻；（6）共同创造，即让公众共同参与创造新闻内容（McIntyre & Gyldensted, 2018）。

从上述建设性新闻的实践逻辑可以看出，对情感的强调是建设性新闻的一个重要标志。在传统观点看来,由于新闻扮演着社会危机瞭望者的角色,因此,新闻报道通常富含负面情绪和冲突议题(Harcup & O'Neill, 2017)。但建设性新闻拒绝这种既有观念,主张通过探索社会问题的解决方案,将注意力转移到(可实现的)社会变革的前景上。为了实现这一目标,建设性新闻将积极心理学的技术作为新闻生产的核心手段,以引人入胜的新闻叙事方式凸显专业职能的重要性;在新闻内容之中植入积极策略,使其能够更加有效地提升新闻的建设性色彩,为用户带来更加强烈的幸福感。它选择这一策略的原因在于,积极的情绪能够有效地促进个体的精神稳定与社会的团结氛围。在这一点上,建设性新闻以独特的方式突破了硬新闻的核心特征(From & Nørgaard Kristensen, 2018)。

综上所述,虽然这些新闻潮流在很大程度上被视作"一家之言"抑或边缘运动,但我们仍可以从已有的理论与实践研究中观察到这些新闻形态所蕴含的理论潜能——将介入性作为核心的生产目标,致力于将其转化为一整套生产规范,推动专业新闻记者与新闻业生产行为的全面转型。

第二节　介入性观念的实践主体

既然介入性观念具备成为新闻生产价值的核心特征,研究者就有必要梳理与归纳这些另类新闻形态的介入性观念,厘清其实践主体与实践方式。总体来说,介入性观念的实践主体都是专业的新闻记者,新闻用户正在崛起为新闻业中极具潜力的主体性角色。

首先,介入性观念的实践主体应当是专业新闻记者,因为只有专业的新闻记者才能顺畅地融会新闻实践中的诸种要素,将新闻事件、新闻机构与社会大众紧密地联系在一起,推动社会实践向善发展。专业新闻记者应当针对具体的新闻事件展开积极的考察与分析,以充分的调查为手段,展现新闻事件的发生缘由及可能的后果。新闻专业素养具有重要性,新闻记者必须在充分理解与内化新闻价值的基础上,才能平衡新闻的公共性与客观性价值。新闻记者对于介入性观念的运用,在诸多另类新闻形态中或隐或显,尤其是在 20 世纪 80 年代后期兴起的诸多新闻形态中,新闻记者的介入性都与公民社会的发展密切相关。这一趋向的核心目标在于要求自下而上地传递民众的声音,更关注民众的需求,推动民众对社会行动的参与。换句话说,新闻的公共性要求专业新闻加强与公民的联系,并强化公民与公共社区的联系(蔡雯,2019)。例如,发展新闻为了达成其核心目标,要求新闻记者在报道过程中增加专业的科学研究内容,并以专业的知识资源指明潜在的发展方向。这对新闻记者本身的素养提出了要求:既要求新闻记者必须具有理解和分析社会问题的洞察力及促进发展的意识;也要求新闻记者具备准确报道的能力,要熟谙新闻生产、传播与接受等各个环节的相关要素。

新闻的社会责任理念要求,新闻记者须肩负对社会发展的责任与义务。以和平新闻为例,其主要实践者是专业新闻记者,核心主张是鼓励新闻记者采纳非暴力的新闻报道意识,并在新闻报道中设定针对和平理念的报道框架,为整个社会创造寻求和平发展的机会。和平新闻记者需要在新闻生产中内置一种创造性变革的潜力,即置和平的希望于新闻报道,为用户提供面向和平的行动可能性。和平新闻从未将直接扭转用户态度作为主要目标。虽然对于和平新闻记者而言,战争或其他冲突事件往往猝然发生,又逐渐销声匿迹。但是,借由长期的和平新闻报道改变用户对战争的理解方式,才是和平新闻的核心诉求。这为和平新闻记者带来两方面的实践要求。一方面,新闻记者的新闻生产实践为用户提供了建构社会意义的认知路径,用户可以基于此去理解多种公共话语的意义所指。实践的主要作用方式是和平新闻在冲突报道中呈现更多关于事件背景和框架的内容,并指明冲突酝酿及爆发的核心原因。另一方面,和平新闻记者往往会在生产过程中咨询相关领域的专家的意见,同时倡导新闻用户将新闻报道与专家提供的知识体系进行比较评估,最终得出审慎的结论。需要注意的是,主张在严谨的对比中进行观念探讨的行为本身并无不妥。

不过,它对新闻用户提出了更高的接受要求,即新闻用户必须在接受不同的新闻报道和专家意见后才能得出最终结论。这在多数民众浅表化、碎片化的阅读中是难以实现的。

在当前的数字新闻业态中,解困新闻是新闻记者应用介入性观念的重要选择。新闻记者在日常工作中为新闻用户提供可供选择的解决方案,或为用户提出解决方案,营造较为宽松的社会环境。这些行动最终指向一个向善的社会氛围。在大多数解困新闻的生产过程中,新闻记者不会主动探索解决方案或亲自改变新闻故事的发展方向,其核心目标在于发动更多公众共同探索新闻事件的解决方案,并将解决方案的探索过程纳入新闻内容。可以看出,新闻记者在生产解困新闻的过程中需要积极地开展信息收集与报道工作,帮助社会成员针对特定的问题采取系统性行动,而非简单地告知社会事件信息(Loizzo, Watson, & Watson, 2018)。解困新闻记者实际上是更为积极的社会实践者与社会介入者(McIntyre, 2019)。他们不仅生产新闻内容,也关注新闻报道的社会影响力。他们关注的要点不仅包括新闻的生产过程,还包括新闻的传播过程。

其次,自现代新闻业诞生以来,业界与学界就对于新闻业如何促进社会公共性表示关切,用户群体是自然而然的落脚点。在数字时代,新闻用户群体本身对于维护社会公共性的潜力逐渐得到关注和认可。以公民新闻为例,公民新闻的生产过程通常包括三个不同维度。在个人层面,用户可以借由新闻阅读与接受过程逐渐熟悉何为"负责任的公民",公民新闻应当被视作公民参与日常文化政治的一种途径。在社区层面,用户的偏好越来越发挥指导新闻生产、评价新闻质量的作用,因此,公民新闻实践实际上围绕着用户形成了新的常规、观念和实践体系。在行业层面,公民参与的新闻内容分享环节为新闻业带来了新的流通和影响机制,有助于更多的公民积极参与公共沟通和共同决策,发挥"振兴公共领域"的效用(Nah & Yamamoto, 2019)。

虽然不同的新闻潮流强调用户出于对公共性的追求会采取不同的参与实践,但它们对于"由新闻记者唤醒用户的公共性"的呼唤是共通的。

例如,和平新闻的核心主张是鼓励新闻记者采取非暴力的报道意识,促进用户接受与和平相关的社会观念;解困新闻与和平新闻都主张突破冲突式的新闻报道常规(Wenzel et al., 2018)。

以发展新闻为例,它更加激进地将用户生产内容视作新闻业的有机组成部分,以推动社会层面对于发展议题的重视。发展新闻主张借助专业报道提升用户参与政治对话与决策治理的积极性,新闻记者的实践目标应当是让用户意识到发展问题的严重性,鼓励他们寻求解决方案。在发展新闻的理念中,用户始终被界定为"积极的公民",即他们始终是社会事件的积极参与者,不仅要主动搜寻社会问题的解决方案,也要积极地推广解决方案。为了使相关主张具备落地性,新闻记者必须承担起主导性角色,充分关注公民的声音。与其让连篇累牍的官方消息占据新闻版面,新闻媒体应当考虑让普通新闻民众积极地表达他们对社会问题的关切与思考。围绕着这些主张与呼吁,发展新闻主要发展出两种核心实践要求:其一,将普通民众的生活议题作为新闻版面上的主要问题,以提升用户的生活质量和发展潜力;其二,促进公民与相关政府部门直接对话,提升公民对社会公共事务的参与感。为了促成这两种实践要求的落地,新闻记者不仅要成为公民声音的坚定倾听者,也要成为社会问题解决方案的积极探寻者。新闻记者有责任让用户意识到发展问题的重要性,并最终推动社会问题的顺利解决。

上述新新闻形态对于用户参与行为的重视,主要原因还在于数字时代的用户既是数字新闻的接受者,也是新闻的传播者与重新表述者。他们在一定程度上颠覆了以机构为中心、以受众为末端的传统新闻业结构,形成了以用户参与行为为关键节点的网络化新闻生产与传播模式。数字新闻用户进一步地破坏了传统新闻场景的稳定性,形成了一个以使用者为中心的"亚结构"。这要求我们更加积极地看待用户的介入性,并探讨旨在促进用户参与行为的新闻理论目标。

需要进一步讨论的是,将用户的新闻参与行为与新闻业的公共性联结起来,或许能启示研究者立足于数字时代理解何为新闻的公共价值,并进一步探讨用户的新闻参与行为如何助益新闻社区的发展和良性社会的构建。以方兴未艾的建设性新闻主张为例，建设性新闻重视用户的参与行动，主张专业新闻记者应该将积极心理学的前沿成果应用至新闻生产过程，以用户积极的社会参与和社会问题的解决为最终指向。公共性主张表现在建设性新闻的各个层面：在微观层面，建设性新闻主张消弭用户对世界的消极看法，使用户认识到解决方案能带来希望，进而增强用户探索解决方案的意愿；在中观层面，建设性新闻主张增强用户对新闻内容的亲密感，提升用户对新闻媒体的信任度；在宏观层面，建设性新闻主张鼓励用户规模化的参与行为，最终协同推动社会问题的解决与社会建设的进步（Meier, 2018）。

第三节　介入性观念的实践路径

在众多新新闻形态中，介入性观念的实践主体是新闻记者，诸多实践路径同样由新闻记者作为主要的实施者。在既有的新闻生产规范中，介入性观念要求新闻记者在新闻报道中融入积极的情感要素，并在充分关切用户需求的基础上生产具有吸引力的新闻报道。具体而言，新闻记者不仅要在报道实践之中内置一种积极的用户观念，还要采用积极的情感策略提升新闻内容的吸引力，继而推动新闻用户的介入性实践。这些实践路径的最终指向相当明确，即新闻业必须将唤醒用户的公共性作为核心使命。

第一，在新闻记者本身的报道实践中，新闻记者必须将激发用户的参与行为视作新闻生产的直接目标。无法获得用户积极评价的新闻自然就不能被称作"好新闻"。因此，不同的新新闻形态都尝试异彩纷呈的新闻报道取向来满足用户的新闻需求。例如，参与式新闻认为，用户参与不应当被赋予过度的信任，因为参与不意味着互动，也不意味着平等（Lawrence, Radcliffe, & Schmidt, 2018）。专业新闻记者应当考虑如何在生产过程中吸纳用户生产内容,因为这些内容能够更好地唤醒其他用户的共鸣。建设性新闻记者也在选择新闻议题、新闻来源和叙述角度的过程中始终观照用户需求,以此为基础赋予新闻事件以特殊意义。伴随着相关的实践主张,用户有可能采取更加积极的新闻参与行为。

以和平新闻的生产过程为例,和平新闻实际上为新闻记者提供了较为完整的介入性观念,即新闻记者必须对战争或冲突事件有较为充分的认识,才能完整地、恰当地将这些事件传递给用户。因此,在和平新闻的生产过程中,新闻记者占据着最为关键的位置,要在日常的编辑和报道工作中发挥创造力,凭借自己的写作能力将战争或冲突事件框架化为更具感染力的和平新闻。从这个角度来说,和平新闻是新闻记者作出的某种介入式选择,即他们选择用和平理念指导自身报道和如何报道、报道什么故事,以及最终如何引导民众开展参与行为。这实际上关涉和平新闻对新闻业本质问题的思考,即新闻业究竟可以为社会带来何种变化。

第二,专业的新闻记者需要以生产有吸引力的新闻内容为具体规范。有吸引力的新闻叙事框架始终关切用户的需求,并在生产实践中运用积极的情感元素,将引人入胜的新闻风格作为基本的叙事策略。在数字时代,严肃、客观的新闻不再拒斥情感要素,软新闻也不再被贴上"非理性"的标签。无论是严肃新闻还是软新闻,都能以更平易近人的方式呈现在数字媒体平台上。无论是参与式新闻、解困新闻还是建设性新闻,其具体的生产规范都能给数字新闻内容生产带来诸多启发。以建设性新闻为例,建设性新闻主张以积极心理策略推动用户共同参与新闻事件的解决(徐敬宏、张如坤、张世文,2020)。建设性新闻记者认识到,用户不仅通过新闻参与来表达自己的政治倾向,也借助日常的文化行动表达着自己的生活态度。因此,新闻记者必须洞察人们的新闻接受习惯,并从中发掘更多影响用户日常生活的线索,在满足新闻用户的新闻需求和提升生活福祉方面发挥更重要的作用。倘若新闻内容能够以引人入胜的方式满足用户需求,新闻用户就会积极地参与新闻内容的点赞、转发与评论。这或许表明,介入式新闻并不必然被视作一种新新闻形态而与主流新闻报道截然分开；相反，其蕴含的新闻生产规范可以被主流新闻吸纳。这或许正是新兴的数字新闻机构应当共同探寻的创新方向（王辰瑶、范英杰，2016）。

第三，新闻业需要满足用户的需求，绝不意味着新闻业将成为一种服务式领域。新闻业应当更加紧密地拥抱用户，在实践中培育和激发用户的公共性。大多数新新闻形态都不主张新闻记者在报道实践中直接解决社会问题，转而强调新闻业应当动员用户积极参与。这被称作新闻的参与范式（participatory paradigm）。例如，发展新闻认为新闻业介入社会的基本方式是塑造公共氛围，将受众定义为公民而非消费者，并鼓励用户在参与解决社会问题的过程中发挥积极的作用。因为不同社会的发展问题迥然相异，所以需要的发展对策也截然不同。发展新闻倡导的发展模式正是一种包含多元主体的发展模式。从成效上来说，发展新闻可以成为一种引人入胜的内容形式，可以将新闻内容蕴含的公共价值更好地传递给用户群体。相似的逻辑也出现在建设性新闻中。建设性新闻的生产过程力求避免新闻报道中的极化色彩，主张提供新闻报道的背景知识，并寻求与公众共同创造建设性行动（Hermans & Gyldensted, 2019）。这为数字新闻业鼓励用户从新闻内容中获得积极的解决方案提供了积极的启发。

需要强调的是，诸种新闻形态对于介入性观念的强调，仍然局限于专业的新闻生产环节。新闻记者始终是在专业生产环节中内置激发用户参与的导向，以期形成社会影响力。在数字媒体生态中，介入性观念植根于专业的新闻生产环节，却也超越了新闻生产环节。用户的介入性实践获得了可能性，即用户得以将自身的偏好与行动潜力传递给新闻记者，并与新闻记者协同创造出新的新闻文化。类似的新闻形态就可以被称作介入式新闻。

第四节　介入式新闻的诞生

介入性观念不仅显现在历史上的各种新闻形态中，也在近些年集中表现在介入式新闻的主张中。介入式新闻尝试以激发受众参与为切入点,探索新闻业如何构建纳入受众视角的理论框架与实践方案体系。本书将这一实践趋势称作"介入式新闻"而非"参与式新闻"。这样做的原因有两个:一是因为参与式新闻概念指称的是由用户参与的新闻生产创新行动;二是试图强调介入式新闻对受众参与的多元理解,即介入式新闻不仅主张在生产环节纳入受众态度,也力图在接受环节团结受众。在这一维度上,介入式新闻实际上与"团结式新闻"(solidarity journalism)同义。

介入式新闻具体的实践主张主要包括以社区为单元鼓励受众分享新闻故事,以主观化表达鼓励受众参与社会行动,以公开的对话弥合不同群体在政治、经济、文化等方面的分歧等(Nelson, 2021)。这些主张共同遵循的观念前提是,如果新闻记者更加积极地与社会公众保持互动,新闻受众就更有可能信任并参与新闻业组织的各类活动(Belair-Gagnon et al., 2019)。基于此,介入式新闻实际上尝试从意愿与行为两个层面提升受众对新闻业的信任度,即在心理层面认可新闻业的重要性,在行为层面积极地与新闻业互动。

一、介入式新闻的内涵

明确何为数字时代的受众参与及何为介入式新闻是一项重要却尚未达成共识的工作。一般情况下,受众参与指的是受众在心理层面对新闻业的积极评价,如认可、信赖等,其形式表现为阅读、点赞、分享、评论等各类具体的、可被量化的行为。第一,与新闻触及(news exposure)等被动状态不同,受众参与强调的是受众在接受新闻过程中的主动意识。因此,受众参与实际上是由积极的心理体验引发的新闻搜寻意愿、接受倾向或品牌忠诚度等。受众参与共享了新闻卷入的部分内涵,即受众在心理上会产生对新闻内容的情感参与(emotional engagement)、认知参与(cognitive engagement)等的信赖与联系。第二,上述心理层面的倾向在行动层面呈现为一系列介入式的新闻实践(engaged journalism practices)(Chen & Pain, 2021)。这些新闻实践包括受众对新闻内容的浏览量,受众阅读新闻的时长,受众的点赞数、转发数与评论数等。倘若新闻受众乐于参与新闻转发、点赞或评论,其花费在新闻阅读上的时间则更长,打开新闻客户端(或访问新闻机构账号)的次数更多,代表新闻受众拥有更高的参与度(杨洸、佘佳玲,2023)。

基于此,研究者尝试将受众参与作为构建新闻理论的新切入点。当前,虽然学术界对于介入式新闻的定义侧重点不一,但其概念内涵有一个基本明确的方向,即承认在心理上信赖新闻业的受众会更频繁地做出参与行为。这些参与行为承担着意义创造、价值表达及公共话语生产等社会功能。因此,介入式新闻的核心主张就是通过各类新闻创新实践来激发受众的参与行为,以此提升受众对于新闻业的信任,增加受众的积极评价(Schmidt et al.,2022)。其重点在于关切受众的信息需求,以一种包容的姿态在新闻生产、流通与接受的全过程为受众提供协作空间,最终建立新闻业与受众之间的信任关系。其实践方案主张提升用户在接受环节的参与度,如鼓励记者融入社区,生产富有感染力的新闻内容,呼吁新闻内容提出积极的解决方案等(刘天宇、罗昊,2021);或者主张提升用户在生产环节的参与度,如吸纳新闻受众参与生产环节,组织新闻受众线下分享故事等(徐笛、许芯蕾、陈铭,2022)。全球范围内的新闻机构都尝试应用这些主张,采用各类用户分析手段来推动生产策略转型,诸多以"用户转向"为关键词的行业实践就属于此类(何天平、付晓雅,2022)。本书认为,这些实践方案最终的目标仍是加强受众与新闻业的亲密关系,因此,对其进行综合考量更能呈现介入式新闻的价值指向。

介入式新闻的概念边界在于受众参与行为必须聚焦于具有公共影响力的社会事件,并对新闻业或社会价值产生影响。也就是说,介入式新闻关注的受众参与并非私人的阅读体验,而是公共的、具有生产性的新闻参与行为(杨奇光、王诗涵,2022)。对此,可以从两个方面加以理解:其一,介入式新闻关注的受众参与行为如何彰显其公共性意涵;其二,介入式新闻这一生产趋势如何从理论上吸纳受众参与行为。

在公共性维度上,介入式新闻对受众参与的关注始终受到公共新闻

(public journalism)的影响,导致介入式新闻在美国新闻业研究中被研究者视作"公共新闻2.0"或"公共新闻的复归"(public journalism returns)(Ferrucci et al.,2020)。出现这种现象的原因是,新闻业借由对公共性的呼唤来鼓励用户积极参与社会行动的主张在数字时代具有更强的合法性。随着受众群体日渐拥有更主动的话语权力,将新闻受众的态度、观点、经验纳入新闻内容,以更为激进的姿态挑战固有的信息传播秩序,成为新闻业的一项直接举措。全球新闻学界针对公民见证、建设性新闻、解困新闻、剧场新闻等新闻形态的讨论已然说明,新闻业正尝试通过多种方式突破新闻工作的边界,构筑新闻记者与新闻受众积极参与的在线公共社区。但不容忽视的是,对公共性的呼吁在数字时代面临着新的困境,即情感极化、新闻不信任等新的社会问题愈演愈烈,已然成为新闻业在数字时代的新的行业危机。从源头上探析如何激发民众的公共性,并以此为基础争取新闻受众信任新闻业,则是数字新闻业面临的深层问题。

在实践维度上,介入式新闻与参与式新闻的操作方案有较多重叠。参与式新闻怀抱着颠覆业已固化的新闻生产、传播与接受模式的理想,主张通过吸纳受众参与新闻生产环节来吸引受众理解与信赖新闻业。相似的生产倾向也出现在介入式新闻中。数字时代生产与上传场景的极大便利使受众可以在线对新闻内容进行阅读、点赞、转发、评论等,为新闻业提供了吸纳受众参与内容生产的机会。但是,由于参与式新闻理念与专业新闻生产的冲突,以及受众生产内容质量的参差不齐,参与式新闻的实践效果受到极大限制。此外,在介入式新闻中,专业新闻机构基于针对受众指标(audience metrics)开展的参与行为分析来设置更多的内容呈现框架与受众吸引策略方面反而拥有了更广阔的应用潜力,成为研究者关注的主要方向,其实践方案包括推动新闻的情感转向、探索面对面交流方式、关注基于新闻群组的公共对话等。

综合以上分析可以发现,与用户参与研究不同,介入式新闻的关注点不在于各种用户参与行为的互相影响规律,而在于受众参与行为如何与新闻价值、公共生活产生直接的联结。因此,受众参与行为的丰富性与复杂性就成为介入式新闻的首要考量因素。学者加哈多（Gajardo）等人针对这一议题的研究十分具有启发性。他们认为，受众参与在规范（normative）、习惯（habitual）、时空属性（spatio-temporal）和具身特征（embodied）四个维度上具有独特性，研究者应当基于受众参与的复杂性说明新闻业如何促进社会的良性运转（Gajardo & Costera Meijer, 2022）。相似的理论思考也见于思廷森（Steensen）等人的研究（Steensen et al., 2020）。基于此，介入式新闻的各类实践方案也尝试吸引受众参与情境化的新闻公共实践。

二、介入式新闻的实践方案

基于对现有的学术研究与行业实践的把握，本书尝试通过归纳与分析介入式新闻三类主要的实践方案，阐述介入式新闻的主要实践特征。第一，借助卷入度设置受众的参与动机，将个体的日常经验作为专业新闻生产的有机要素；第二，通过积极的情感仪式构筑新闻体验，在良性的接受环境中提升受众的参与意愿；第三，依托问题导向提升社群行动力，为受众的参与行为创设平台。

（一）借助卷入度设置参与动机

卷入感是受众个体对于新闻内容与自身生活接近度的主观感受，是推动个体乐于生产与接受新闻内容的基本动机。介入式新闻尝试通过丰富多元的文本创新来提升受众主观上对于新闻内容的卷入度，进而催生受众参与新闻业的意愿。

一方面，由于只有回应受众关切、让受众感到熟悉的新闻内容才让他们感兴趣，因此，将在社交媒体平台上被广泛讨论的公共议题纳入新闻生产的关注范畴，可以提升受众的卷入度。这在当前中国的新闻生产环节中有众多实践。例如近些年受到广泛关注的"浙江宣传"，对网络流行语、疫情防控、国漫出圈等议题的讨论精准地抓住了特定受众群体的兴趣点，以优质内容提升了用户的卷入度，继而有效提升了受众参与的各类指标，成功实现了内容的"破圈"。一般来说,为了实现"破圈"效果,新闻记者会通过主动构建多元、稳固的个人关系网络,以保持对特定领域的新闻议题的熟悉程度,从而开展有的放矢的新闻内容生产。在很多时候,新闻记者也将受众纳入新闻业的亲密圈层,构建具有生产创新力的新闻共同体,推动用户的日常经验成为新闻生产素材。在这种情况下,受众不仅是新闻的接受者,也是新闻的议题设置者与信息来源(Nettlefold & Pecl, 2022)。

另一方面,在新闻报道中设置更多元的代表性主体也可以提升新闻受众的卷入感。受众的接受体验并非悬置的思辨行为,而是由一系列共同价值、共同归属激发的群体感,即使受众并不在主观上强调自身的归属,其兴趣爱好、语言风格与价值观念都受到身份类属的制约。一旦新闻机构尝试为受众提供回应群体问题的新闻报道,尤其是尝试为某一群体的共同问题寻求解决方案时,新闻内容就具备了明显的公共性特征,进而激发受众的接受兴趣。以河南广播电视台知名民生帮扶类节目《小莉帮忙》为例,该节目曾因报道一起犬只伤人事件而在 2021 年登上新浪微博热搜榜,原因在于新闻事件中涉及的"犬只伤人"与"投诉无门"等要素极大地唤醒了受众的代入感,当事人也就成为普通民众的"代表"。这说明介入式新闻的实践策略是将宏大的社会目标分解为普通个体的日常生活需求,通过日常交流和看似与公共生活无关的讨论和叙事来凝聚群体共识。这种琐碎的、故事型的新闻生产方式恰好与数字媒体平台的私人化、体验化转向互相呼应,借助对受众日常生活的全面浸润实现了对社会公共性的呼唤(常江、王雅韵,2023)。

在实践中,较高的卷入度不仅能引发受众对于新闻内容的兴趣,也能推动受众积极参与各类线上线下的新闻活动。代表性的实践策略是专业新闻机构借助新闻来源和公众的面对面互动来加强新闻业对于受众的吸引力。这种实践方式并非将广泛的新闻流通作为主要目标,而是指向受众与社会公共事务的情感联结。因此,这种基于个体和社区的新闻项目发挥着以日常新闻来联结受众的价值。实践这一新闻创新趋势的前提是新闻记者能与基层社区保持亲密关系，以贴近用户生活的经验发掘并生产内容。在这种实践方案中，介入式新闻不是一个单纯的信息传播部门，而是具有公共教育意义的文化部门。当下，中国不少地方由新闻机构组织的"个人新闻发布会"等创新形式都具有这种色彩。

（二）通过新闻体验提升参与意愿

由于受众在接受新闻时直接接触的内容是新闻文本，因此，通过在其中设置积极的情感仪式与基于新闻生态的真实互动成为介入式新闻的一项重要实践方案。

第一，介入式新闻主张以积极的情感仪式来唤醒受众的良好接受体验，进而提升受众的参与意愿。数字时代的受众期待新闻记者以内容文本为中介去扮演公共生活向导或心理疗愈师等多重角色。因此，新闻记者可以通过吸纳情感词汇、设置流行语、"玩梗"、设置视觉生产逻辑等多种内容生产策略为受众设置情感体验，帮助他们在生活中获得心理安慰。这些生产策略渐渐成为基于社交媒体平台的、以良好体验为导向的专业实践与受众实践的连续统一体（王晓培，2022）。这一策略在中国"人民日报""央视新闻"等主流媒体的新媒体账号上得到了较为充分的应用。此外，介入式新闻也主张为新闻报道增加解决方案，因为在面对解决方案时，受众的积极情绪会显著提升，他们与新闻机构的关系更趋于良性（Lough & McIntyre, 2021）。这一实践方案在美国芝加哥的新闻生产服务企业"市政厅"（City Bureau）的成立理念中十分明显。该机构以"共创新闻"（making news together）为核心宗旨，尝试通过公民报道、社会记录、公共编辑室等有代表性的项目来凝聚公众力量，提供解决方案，推动有影响力的、关切公众需求的社会新闻的发展，受到了学界的关注。

第二，受众良好的新闻体验不仅源于积极的情感要素，也源自在接受环境中的互动体验。介入式新闻认为，过于广泛的受众边界会导致新闻报道缺乏代表性，进而使受众的参与感降低。在微型生态中产生良好的新闻传播效果才是介入式新闻发挥作用的主要机制。其实践方式是秉持客观中立的观点，推动社会公众关注特定的、有代表性的群体，使特定议题、特定群体在信息平台上不同权力关系与注意力竞争关系中获得可见性（Niessen，2019）。以政务媒体深圳卫健委在2022年广受关注的"电话发我"事件为例，受众获得了直接与机构媒体互动的体验预期，感受到媒体的温度，进而产生全网感动的效果。此外，即使是冲突性的互动也可以让受众获得真实的体验。在微生态中"遭遇"特定对象并与其产生对话或冲突，有助于激发新闻受众的公共性。在新闻报道中关注不同群体的话语和微观的议题领域，就是介入式新闻深入社会群体、与社会公众建立联系的具体方式。

为受众提供良好新闻体验的追求，要求新闻从业者革新内容生产方式。只有新闻记者积极地参与良性新闻微生态的构筑，新闻受众才能在真实、鲜活的生态中获得明确的参与意愿。因此，介入式新闻实践实际上是将故事生产转换为一种灵活的、突破边界的受众参与激发的过程（Camaj，2023）。

（三）依托问题导向提升社群行动力

既然介入式新闻主张以社区为主要作用单元，而情感是新闻业联结受众的核心策略，那么提升介入式新闻与受众之间良好关系的路径，就是推动具有紧密情感关系的在线社群对新闻业的信赖与认可。介入式新闻能在两个方面提升在线社群对新闻业的信赖，即新闻业提供的专业表达规范和新闻业提供的良好表达机会。

专业的新闻记者可以为小社群提供自我表达与自我陈述的规范，这需要新闻受众与新闻业开展互动，提升新闻业对受众生活的介入程度。新闻机构与受众的在线表述就是鼓励公众更多地参与收集、处理和解释信息的过程，即赋予受众提供信源或共同创造新闻的权利（Schmidt & Lawrence，2020）。中国社交媒体平台上通过"@"新闻机构来获得关注的诸多行动就体现了这一点。同时，介入式新闻实践表明，以受众的表达需求为驱动力,以专业新闻生产经验为受众发声更能吸引受众的注意力。促成这一结果的逻辑是,倘若专业的新闻记者能够实践一种助益型的工作角色,将自身作为催生用户生产新闻的协作者,那么受众对新闻业的态度将有极大的改观(Masullo et al.,2022)。成立于2015年、专注于为媒体机构提供联结受众方案的倾听者公司(Hearken)就尝试在这方面为新闻记者提供帮助。该公司通过一套成熟的提问框架与平台来吸引受众的兴趣,受众可以直接向新闻机构发问,最终协助新闻记者更好地将受众态度纳入新闻生产,其生产工具已经被150多个新闻机构、政府部门与社会机构使用。这个公司也因此被新闻业与新闻学关注。

新闻业同样可以为受众表述自我生活提供鼓励式的平台。为了解决受众发声无人注意的问题,新闻机构可以借助自身的影响力为受众提供表述自我的可能性。在公开的社交媒体平台上,新闻记者可以通过积极的介入式行为来提升受众的情感与认知体验。例如,代表性的行为是新闻记者在一些争议性新闻下的评论回复或公众号管理者设置的"精选留言",以及新闻记者对于用户催更的回应(蔡雯、伊俊铭,2023)。此外,在较为私密的社群内,新闻记者参与对亲密关系的构筑有益于调节新闻受众的不信任感,为受众提供更多表达自我与声援他人的意愿空间。这种基于"圈子"的日常媒介习惯实际上具备了影响人们生活境况与发声意愿的可能性(夏倩芳、仲野,2021)。这些意愿借由新闻业而转化成受众参与行为。因此,新闻机构主动开展对受众的多维度回应是能够提升受众参与积极度的。这种行动可能性实际上反映了数字时代新闻业与其受众的关系,即为用户发声提供机会的平台实际上能获得更多的理性发言与高质量的用户生产内容。

上述介入式新闻的三类实践方案表明,新闻业重获受众信任的努力方向应当是,主动与受众的日常生活产生紧密的关联。虽然在数字时代,这种关联的形式繁多,但其核心指向是稳固的,即以符合用户生活经验的方式为受众提供便利的工具,助益良性表达氛围的形成。

三、介入式新闻的创新价值及其限度

面对数字媒体平台的普及,全球新闻业开展的诸种介入式实践创新为我们理解介入式新闻的创新价值提供了基础。准确地理解与厘定相关实践经验的创新价值,是本书开展理论归纳的前提。整体而言,介入式新闻代表了一种新闻的生产创新趋势。这种趋势在微观上指向新闻业内各类新闻行动者的协作体系,在中观层面指明了新闻业与新闻受众的助益型关系,最终呼吁在宏观层面构建一种由新闻业主动参与的亲密社会。

(一)走向多行动者参与

介入式新闻的一系列实践方案表明,要实现新闻业与受众的良好关系,就必须针对某一具体群体(如受众或专业新闻记者)来设计实践方案,即训练对新闻业保持旺盛热情的专业记者群体,同时培育对新闻业抱有信心的受众群体。这些群体的参与行为在数字媒体平台彼此交织、互相关联,最终形成数字新闻业的多行动者参与体系。

对此,我们可以作两方面理解。一方面,介入式新闻生产趋势的理想目标是摆脱传统新闻业的窠臼,另辟一条开放的、探索式的公共性新闻业生产规范。若要引领并推动社会问题的解决,以新闻为渠道重申社会主流价值、提升社会弱势群体的可见性就成为介入式新闻记者的行动理念(Min, 2021)。在这种理念下,新闻记者并非社会事实的旁观者,而是社区生活的积极参与者,以有态度、有观点、有立场的新闻报道来引领受众的信息生活。这就构成以积极的新闻记者参与为核心的行动者体系。另一方面,随着受众的社会参与能力越来越强,他们在数字媒体时代获得了各类与上网这一习惯相关的新闻分享、新闻创作等行动可能性。这些行动本身指涉的行为及其潜力十分复杂,其结构也难以捉摸。因此,将这种行动可能性引介至新闻生产、传播与接受的全过程也就成为数字新闻业面临的一个理论议题。

这两个群体的协同行动并非一种二元对立的关系,研究者需要获得一种对介入式新闻行动者的全新理解。基于数字媒体平台的参与体系极为开放,因此,"泛新闻行动者"要持续在新闻生态中调适自身的定位与实践策略(王辰瑶,2021)。与其划分专业新闻记者与新闻受众等群体的不同身份边界,不如界定积极的新闻行动者与消极的新闻行动者,并探索如何提升不同类型的行动者之间的体验性、互动性、情感性关联。以这种关系为核心的数字新闻理论不将吸纳受众参与新闻生产作为唯一的实践方案,而以提升受众的新闻体验为目标来间接地改造新闻的生产流程具有较强的操作性意义。这种改造囊括受众参与新闻生产和为受众提供参与契机两重意涵,其最终效果是受众积极的参与意愿与参与行为。正因如此,发掘与分析受众行为数据成为新闻业发展的关键手段。

(二) 走向助益型参与

介入式新闻这一生产趋势试图实现的目标是,从不同的行动者联结中重新发现新闻业的社会角色,最终厘定新闻业在数字社会中的独特社会功能——由新闻业主导的助益型社会参与机制。

介入式新闻尝试将受众的行为数据与受众的日常经验纳入新闻业的生产,其主要实践方式包括两个方面。第一,通过分析新闻业中的受众行为数据,如借助他们在使用社交媒体时的新闻阅读时间,新闻转发、分享与评论的频率,为新闻内容付费的意愿等,来衡量新闻受众与新闻业之间的紧密关联。总结而言,就是通过行为推导新闻受众对新闻业的态度与接受意愿。第二,介入式新闻沿袭的参与式生产逻辑将受众视作新闻生产的写作者,试图通过引入公民记者来提升新闻内容的吸引力。但是,将受众行为数据化、指标化的做法不可避免地使各类新闻接受实践成为新闻生产效果的显影剂。这在一定程度上简单化了新闻参与行为的细腻程度与情感复杂性,具有数据主义倾向(彭兰,2021)。

上述实践方式暗含的理论潜力在于,受众参与受制于受众群体的主动性而高度语境化,数字新闻业应当关注的是主动的受众如何发挥其公共性并推动社会实践的健康发展。为了助益新闻参与行为和重申主流价值观念,新闻业必须在生产环节呼吁受众共同参与,最终提升新闻内容的社会引领作用。因此,新闻业的公共性就成为其与受众良性关系演变过程中的关键理念。为了助益受众而开展高质量的公共对话,立足于数字技术的可供性来为受众提供合适的、成本低廉的、符合主流价值观的参与工具与平台,成为值得新闻业深入探索的一个领域。

(三) 走向亲密社会

经由对受众参与行为的关切及对自身助益型社会角色的张扬,新闻业能够发挥其对数字社会的终极作用,即拒绝冷漠,借助协作式互惠关系来建设具有介入性意义的亲密社会。

前述诸种介入式行为的最终目标是一种互惠的效果,即新闻业有益于受众的生活福祉,受众的参与行为也有益于新闻业的良性运转。一方面,这种效果的实现既要求新闻记者发挥"参与式专家"(engagement specialist)的身份,在生产环节以引发受众参与作为直接目标,为公民意见与公民态度预留充分的空间(Zahay et al., 2021)。另一方面,互惠效果也有赖于新闻受众与新闻业的密切交流,即把热衷于参与新闻报道的受众视作社区的建设者,协助他们表达自身需求,进而重申新闻业在解决社会问题与营造社会氛围方面的积极作用。这也要求新闻业的实践策略应当转向为受众创造更加积极的接受体验,进而提升受众的社会参与可能性。

围绕着这种新的"新闻业-受众"关系,新闻业会收获一种新的认识论,即只有真正与受众建立互惠关系的新闻业才有益于亲密的数字社会的构建。因此,新闻业需要在与受众的深度互嵌中重新理解新闻价值与实践目标。尽管介入式新闻的新闻生产、流通与接受过程仍然是基于新闻中心论的,但借由数字媒体平台这一基础生态,新闻生产者得以顺畅地获得受众的反馈。一方面,这有助于推动新闻记者与新闻受众的灵活互动;另一方面,这种互动是开放式、对话式的,可以指导新闻记者因应受众日常需求与价值观念来开展系统的介入式生产实践(Nelson & Schmidt,

2022)。这些论断绝非陈词滥调,因为新闻受众既是新闻业的倾听对象,也是新闻业的服务对象。倘若新闻业一味地将受众视作积极的生产者(或协作者),受众就会疏远新闻业以表达不满。

即便如此,上述介入式新闻的各类创新主张仍然无法回应一个宏观层面的问题。无论是公共新闻时期,还是数字媒体发展迅速的当下,新闻业解决新闻业信任危机的方式都具有很大的相似性,即借助更加积极的公众参与来拉近新闻记者与新闻受众的距离。这种对于积极公众参与的重视源于新闻业对新闻受众的前提假设,即新闻受众应当天然地乐于关切公共事件,并渴望投身于社会问题的解决,他们期待新闻业以其专业性来提升社会问题的表述。这一假设将新闻业预设为社会生活中不可或缺的角色。新闻业采取的各类所谓的"自救行为",实际上是一种内容拓展。专业新闻记者相信,一旦让受众参与新闻生产的过程,让他们有积极参与和生产价值的机会,他们就会天然地对新闻业产生信任感与亲密感。事实上,数字新闻业面临的现实问题远比这一假设更为严峻。当前,大量去公共性甚至反公共性的用户(包括人类用户与非人类用户)大规模地参与互联网行动,视新闻业的公共性意义如敝屣,甚至有组织地将新闻业视作社会问题产生的同谋或根源,从而否认新闻业存在的必要性。即使是强调亲密关系的介入式新闻趋势,其实践方案也无法很好地回答这一问题。但无论如何,介入式新闻对于新闻业与受众亲密关系的强调有助于研究者更加审慎、深入地思考相关的现实问题。

基于以上讨论,本书认为,介入式新闻的理论价值具有三方面的独特性。

第一,介入式新闻主张一种以亲密关系为指引的新闻理念。这种理念有助于数字新闻业张扬人文关怀、重申新闻公共性。在介入式新闻实践中,新闻记者要全面地拥抱作为个人生活的伙伴、社会生活的宣介者的社会角色。新闻业以"关系"为核心概念,重新组织数字时代的新闻实践。这一主张直接回应了数字时代受众与新闻业日渐疏离的关系,即在无远弗届的数字文化兴起的过程中,受众在新闻业中无法获得卷入感、参与感与归属感的问题。介入式新闻从理念上表明，新闻业的社会功能不仅包括提供信息，还包括以联结的方式促进受众对话来解决社会问题。进一步来说，以有吸引力的新闻业来唤醒受众对人类社会的整体信任，是介入式新闻的终极价值追求。在相关理念的指引下，数字新闻业应当在未来逐步开展对新闻业与受众的人际关系、群体关系及社会关系的检视与重构。

第二，介入式新闻实践方案的有效性在于协助新闻受众行使事实发掘、信息搜寻与立场伸张的权利，而不仅在于将受众力量纳入新闻生产框架。虽然继承于参与式新闻理念的生产理念仍然主张探究如何以受众力量推动新闻业的互惠实践，但介入式新闻更大的发展潜力在于鼓励新闻机构发挥更加积极的主导性作用，以服务公众、服务社会的姿态来开展新闻实践。这在实践逻辑上也较为通畅，即一旦新闻业要求受众承担原本不属于他们的生产压力，他们就不会拥抱新闻业，而是加速远离新闻业。实现新闻业与受众的亲密联结的理想方案仍然是探寻两者融合与协作的可能性，将新闻业定义为公共生活的助益者，并在这一生产理念下探寻何为优质新闻、如何提升数字新闻业的影响力等一系列相关问题（Costera Meijer，2020）。

第三，当前介入式新闻主要的影响力仍局限在新闻研究领域，若要真正在实践领域培育受众亲密关系，还有待对更多因素开展协同探索。值得注意的是，数字时代平台的兴起与规模化的受众参与行为为新闻业的发展带来了更多变量——主动的受众绝非天然的新闻业促进者，此起彼伏的网络暴力与情感攻击同样在侵蚀记者与公众的关系。尤其是随着网络暴力、仇恨言论等现象变得更加普遍和具有破坏性，会给新闻记者带来信仰崩塌与情感倦怠等后果。新闻从业者与学者应对原生于数字媒体平台的诸种行动倾向展开更加细腻、丰富的研究，构建深入理解数字逻辑、拥抱用户的专业规范。唯其如此，我们才能在未来获得一种新的、指向数字公共性的新闻业。

第四章

数字新闻用户的代表性实践

基于前文的讨论,承认用户的主动性是数字新闻研究的一个基本前提。在数字时代,用户阅读新闻、搜寻新闻,以及参与新闻点赞、转发与评论的技术成本与门槛被极大地降低,在理论上为新闻业提供了大量的积极行动者。不过,受众并未天然地与新闻业建立亲密关系,原因是数字时代的受众获得了极为自由的表达权。受众对于新闻业的评价可以及时地呈现在社交媒体平台上。新闻业在获得关注的同时也面临更多诘难,但新闻业未能在生产、流通与接受环节有效地回应这些质疑。如何准确地解读用户在数字时代的诸种实践,提升用户对新闻业的亲密感,引导用户积极地支持新闻业的各类实践,是新闻业与受众建立积极关系的关键问题。这些问题既包括用户在个体层面对新闻报道的接纳与拒绝,也包括用户在群体层面的团结与分裂。在具体的研究过程中,与"介入式行动""用户话语""情感实践"等议题相关的概念成为学界理解数字新闻用户研究的描述工具与理论工具。

第一节 用户个体的接受与回避

传统的情感研究较为重视人与人的情感联系,以及这一联系引致的社会交往程式。它是一种将情感视为"人与人之间连接方式"的研究路径(Röttger-Rössler & Slaby, 2007),其主流地位无疑是具有合理性的:群体和社群是社会分析的基本单位,两者都是在人际交往过程中形成的,因此，探寻情感如何通过"制造连接"来塑造新闻用户成为一种常态的思路。基于此，有研究者提出可以通过从情感的"表演性、话语性、集体性和政治性"入手，分析形成社会结构、推进社会进程的规律(Wahl-Jorgensen, 2018)。

在以个体为单元的情感研究中，"理性化"(rationalization)是一个经常被使用的概念。这个概念主张将情感视作个人实践理性(practical reasons)的一个组成部分，并强调对情感与其他社会因素共同作用塑造个人理性行为的过程作出细致的描摹(Massey, 2002)。这实际上是以人的主体的完整性为"先验"而整合情感理论，从而超越将情感与理性简单对立起来的二元结构。这一研究路径往往遵循行动主义逻辑，聚焦日常生活的微观行动，尝试在行为互动中解释情感现象与机制(Calhoun, 2001)。目前，个体情感研究是情感理论发展的主流趋势，源于欧美主流社会科学对宏大的社会结构分析的兴趣并不强烈(特纳、斯戴兹，2007)，也因为在社会流动性日趋强劲的当下，结构分析往往难以满足研究者解读具体社会现象的现实需求。本书也在这一路径下着重观察和剖析情感在个体的数字新闻接受行为中扮演的角色，以微观的行动语境为基础，发展数字新闻用户研究中的情感理论。

数字时代的到来放大了情感在信息传播和文化生产中的重要性，使得针对情感的综合理论研究变得更加紧迫(Clough, 2008)。全球新闻和媒介系统的数字化加速了人借由信息网络形成的关系的媒介化，导致传统社会分析中关注的人际关系要面对数字逻辑的改造。这种新型的社会关系拥有全新的生态和语境，虽然在很大程度上仍以现实生活中的传统关系模式为原型，但其形成路径与表达方式始终在数字技术的"涵化"下完成(Evens, 2015)。在数字媒介环境下，关于情感的理论化工作必然有相应的改变。一方面，数字信息生态培育了新的情感生产与表达规则，要求用户学习并运用新的情感规范，以实现新的技术条件下的社会化。这一机制需要综合社会科学的前沿理论进行深入辨析。另一方面，数字技术催生的社会和文化转型在总体上呈现出与过去相异的面貌。在这一过程中,情感作为一种一般性认知路径的重要性远远超过前数字时代。如何从理论发展的规范性面向出发,反思情感发挥作用的方式,寻求以人性价值逻辑为立足点,实现对技术的驯服,也成为一项重要的研究任务。因此,研究者需要基于用户的代表性接受实践来准确把握新闻业在数字时代发展演进出的情感逻辑,并以此为基础,重新审视新闻学的核心命题。

一、数字新闻用户的接受实践

(一)新闻用户的个体情感关系

本书尝试基于一项对"长春长生问题疫苗事件"(2018年7月)和"湖南大头娃娃事件"(2020年5月)的新闻受众的访谈研究,探讨数字新闻用户的个体情感关系。本书将数字新闻用户的情感实践,即情感因素介入新闻接受行为的过程,归纳为情感唤醒(emotional arousal)、情感表达(emotional expression)与情感规制(emotional management)三个既交错发生又互相连接的环节,继而从新闻接受的角度出发,理论化情感这一要素在数字时代的新闻生态中扮演的角色。

第一,情感唤醒。数字新闻对于接受者的影响,在情感的路径上最先体现为新闻内容对用户的情感唤醒,即用户通过对新闻内容的阅读,激活观念深处业已存在或长期潜伏的某种情感倾向,并在其支配下形成对新闻的态度,甚至采取相关的行动。数字新闻对用户的唤醒受到两个因素的影响,即情感距离(emotional distance)和情感类型。

首先,新闻用户获得特定情感体验的核心因素在于报道内容与用户之间的情感距离。有研究表明,新闻用户常常会因报道的价值立场而对其呈现的事实产生怀疑态度,但对于报道流露出的情感力量具有较高的容忍度,也更容易产生强烈的共鸣(Meijer,2013)。因此,数字时代的新闻叙事往往更倾向于采纳情感路线,即通过设计特定的讲述环节,以戏剧化的方式使宏大、抽象的社会事件与用户的具体生活经历结合起来,促进用户生成同情或关怀的情感(Peters,2011)。这种由情感关系构成的亲密性叙事能消解传统新闻的冷峻特征。同时,这一过程与用户自身的情感倾向和新闻报道具有的情感倾向的距离密切相关。简言之,情感距离即用户感知的新闻报道与自身生活在情感维度上的相似程度(Ivaz, Costa, & Duñabeitia, 2016; Marci & Orr, 2006)。用户相信新闻报道与自身的相似程度越高,情感距离越近,用户就越容易唤醒特定的情感;反之,用户越倾向于采用情感疏离(emotions distancing)的处理策略。在这种情况下,诸如职业、地域、性别等文化身份要素均可以通过情感距离发挥作用,以不同的方式形成对新闻用户的情感唤醒。这种对于自身日常生活的关切,构成了用户关注社会新闻的情感基础。

其次,从新闻报道的文本出发,若将类型视作分析情感的一个主要维度,可以发现某些类型的情感往往比其他类型的情感更易于获得良好的接受效果。在互联网平台上,诸如愤怒等负面情绪往往会获得更为迅速的传播。愤怒与赞许是两类最常被用户提及的情感。很多用户表示,自己会因为阅读了相关新闻报道而产生愤怒的情绪,并将这种情绪表现在对社交媒体的使用行为(如发表评论、转发、参与微信群讨论等)上。需要指出的是,愤怒并非单纯的情绪宣泄,而是往往包含对于社会正义的呼唤。至少在新闻接受这种带有公共性色彩的行为模式中,愤怒并不必然是一种非理性因素,而完全有可能是一种社会规范和道德层面的反思(reflection)。至于赞许情感,则更加明确地与新闻用户的社会正义诉求结合在一起,实际上满足了用户在接受新闻报道的过程中对于解决方案的追求。综合来看,受众对于新闻报道的情感反应并非仅是瞬时的体验,而是始终与用户关于社会价值的稳定判断有关。情感不仅是一种复杂的个体感受,更有意在推动社会行动的建设性意图。

不过,新闻对用户的情感唤醒过程仍然是植根于用户日常生活经验的,这正是分析用户新闻接受行为的逻辑基础。无论是用户评估与特定新闻事实的情感距离,还是用户以特定情感类型对新闻的介入性参与,都体现出明显的反思性色彩。换言之,用户会立足于自己的日常生活经验,设身处地地想象自己在经历新闻的过程中可能产生的情感反应,并将这种想象体现在当下具体的新闻接受与反馈行为中。数字新闻用户具有对自身进行情感溯源的能力,将这种实践视为寻求解决方案的方式。

第二,情感表达。情感在数字新闻接受行为中的第二重角色为情感表达。如果说情感唤醒首要是一个个体感受产生的过程,是隐藏在数字新闻用户情感实践海平面之下的冰山,情感表达就构成用户以介入性姿态进行新闻接受的外显特征,是研究者理解数字新闻接受行为的主要外部征候。本书将情感表达界定为用户在数字媒体环境下针对特定新闻事件或报道的情感化的评论、转发或参与传播的行为。数字新闻用户对于特定报道的情感表达不仅呼应日常生活语境的主要特征,也最终呈现出为日常生活服务的明确意图。

一方面,用户对于情感表达方式的选择始终与具体的日常生活语境密切相关。这种语境既包括社会舆论对于特定话题的表达规范,也包括用户在数字媒体环境下的现实处境。有研究指出,日常生活语境会通过赋予用户某种在线身份的方式规制其情感表达行为。例如,个人身份的用户往往具有更大的空间表露负面情绪,机构用户在情感表达上则受更多的约束,更倾向于表露正面情绪(陈安繁、金兼斌、罗晨,2019);即使是个人身份的用户,有时也会因自身在社会关系中所处的不同位置而不得不遵循不尽相同的情感表达规则。另外,情感距离作为用户情感表达的中介概念也发挥着作用:如果新闻报道的内容与用户自身的情感距离较远,用户的表达意愿可能比较消极;如果新闻报道与用户自身的情感距离较近,用户的表达意愿会因其有过相似的生活经历而显得更加积极。

另一方面,用户对于特定情感的表达始终服务于日常生活。也就是说,用户可能通过评论或转发的方式表达对道德、价值或行为规范的褒贬,但其最终的目标在于为日常生活创造更好的环境。这说明社区或连续体是理解数字新闻用户情感表达行为的关键。几乎所有受访者都以不同的方式表明自己转发或评论特定的新闻正是因为其有助于情感的传递与情感共同体的形成。此前也有研究发现,社交媒体用户对于特定情感的表达,可以在其朋友圈唤起相似的情感,形成一种共有的情感力量,对于用户的生活具有积极的影响（宋红娟，2014）。

不同于情感唤醒，情感表达是一个具体的实践环节。尽管这一环节几乎完全依托数字媒体平台完成，但其逻辑仍然植根于用户的日常生活语境，与用户的日常行为紧密相关。这是不可避免的，因为即使是在社交平台上，用户也无法完全摒除现实因素的影响。无论何种情感表达方式，都始终受制于用户对于日常生活的确认与反思。用户既需要积极确认自身的在线身份，以恰当的情感表达方式在新闻接受行为与日常生活经验之间建立联系；也要坚持将情感表达作为一种数字化的社会交往手段，积极探索、融入基于情感共振的在线社区。

第三，情感规制。对于数字新闻用户来说，无论是情感唤醒还是情感表达都始终受到一整套规范的制约。这套规范难以用语言表述，不仅框定了特定新闻内容与特定类型情感之间约定俗成的关系，也为用户的情感表达行为设定了一系列成规和话语。本书将情感的这一系列成规称为"情感规范"（affective norms），其运作过程被称为"情感规制"。情感规制贯穿于用户新闻接受过程的始终，在个体行动与社会文化之间建立联系，不断促进情感介入公共表达，进而成为稳定的社会结构的组成部分。

首先，情感规制规定了特定类型的情感表达的边界，也厘定了特定类型的新闻报道与情感之间的对应关系。例如，灾难新闻往往会引发用户的同情，犯罪新闻则会引发用户的愤怒。这就在新闻类型、特定的社会文化意义和情感实践之间建立了互动网络；公开违反上述规制的情感表达行为很容易受到舆论谴责，甚至带来表达者的"社会性死亡"。用户对愤怒情感的表达最为明显地受到"看不见"的情感规制的影响。一些受访者表示，尽管自己认为两则新闻中仍有一些有待澄清和分辨的信息，但在社交媒体讨论中选择了直白地表达自己的愤怒，因为这对他们是一种安全的策略。经验资料表明：表达愤怒是必要的，因为这体现了社会对于如此破坏法律、颠覆道德的事件的基本态度；若非如此，这样的新闻就很难真正地产生舆论影响，无法促使政府迅速介入、解决问题。类似的话语折射出数字新闻用户形成了一种容纳情感因素的新理性，即对情感规制的有意识、建设性的遵从,体现出一种数字时代的新的信息理性的成形。在这种理性的支配下,数字新闻用户通过达成某种情感层面的默契,可以共同提升重大社会议题在舆论中的可见性,并以强烈的集体态度寻求对问题的实质性解决。

其次,新闻用户在被唤醒特定的情感后,会主动地反省,以保证其后续的情感表达与具体的语境相适应。这似乎并不单纯是为了安全,而更像一种审慎的、有目的的策略。这种情感与表达语境之间的相互作用被霍克希尔德(Hochschild)(1983)称作"情感劳动"。用户在社交平台上的情感表达过程正是一种植根于数字生活的情感劳动。这种特殊的劳动不仅令用户得以将自身的情感转化为特定的话语,也能帮助用户协同构建数字化的情感氛围(digital affective atmosphere)(Johanssen, 2018)。这种氛围正是数字信息环境或数字新闻生态的重要外在特征。

总而言之,数字新闻用户共享的情感规则不仅影响着个体用户对于特定类型情感的认知,也规范着新闻接受者群体在互相观照和互相制约中进行建设性的情感表达。在数字时代,情感化的数字媒体对个体的心理和身体都设定了具体的规范,推动着数字平台上形成新的情感连接形式(Bösel, 2018)。

(二) 反思性情感与数字性

数字新闻用户的接受环节是一种通过情感唤醒、情感表达和情感规制三个彼此交错、相互影响的作用机制实现的介入性、建设性的新闻实践。理解这种实践的关键在于,以情感为核心概念,重新组织对个体行为、社会语境和新闻类型三者关系进行理论化的概念框架。基于上述观念,本书尝试从两个方面对情感这一要素在数字新闻学理论体系中的角色作出探索性的界定。

第一,在数字新闻用户的情感实践中,反思扮演了十分关键的角色。它是在情感唤醒、情感表达和情感规制三个作用机制之间建立紧密逻辑关联的核心行为要素:一方面,数字新闻用户在接受情感唤醒后,是以反思为桥梁选择具体的情感表达方式的;另一方面,数字新闻用户也是以反思为依据去决定如何遵从或以何种方式遵从一般性情感规范,进而推动新闻的建设性功能的。可见,数字新闻用户的情感实践具有鲜明的合理性特征。"反思性情感"(reflective affect)主要强调数字信息生态下个体行动者所秉持的一种审慎、长效的情感逻辑。

本书对反思概念的使用受到布莱恩·马苏米(Brian Massumi)情感理论的影响。他将情感定义为一种"强度"(intensity),是一种跨越了感觉与思想等多个环节的连续体(Massumi,2002)。情感的生成始终是一种"反思性的确认"。采用反思这一概念,主要是为了强调情感内在的审慎意味,即数字时代的个体情感和集体情感均与稳定的社会价值体系保持密切的关联。情感并不是即时的、稍纵即逝的激情,而是具有相对稳定甚至固化的构型(configuration)与特征。这也与中外学者所倡导的"将情感纳入理性主义范式"(袁光锋,2016),最终形成一种新的反思性"激情政治"的主张相呼应(克劳斯,2015)。

当然,对于反思性的强调并不意味着研究者最终要消弭情感与理性的边界,因为那种做法既无必要,也不可能。本书对于反思性情感的理解,最终指向情感的审慎意图,即情感的理性面向——数字新闻用户的情感表达不仅是瞬时的情绪爆发,也具备在较长时间里持续推动特定价值认同与社会行动的潜能。为此,研究者对数字新闻学理论的发展须予以充分的重视,并鼓励针对新闻生产环节和更多元的新闻接受语境的经验研究。

第二,基于数字媒体环境的新闻报道能够唤醒用户的特定情感,用户也能遵循特定的情感规范进行适切、理性的情感表达。这表明情感始终存在于新闻接受主体的行动逻辑。反思性情感可能并不是在数字时代才产生的新概念,但其作用受到数字生态的影响而日益显见。既往的新闻学理论对情感机制的忽视提醒我们要从当下媒体生态的数字性出发去解读情感,对情感进行深度的理论化。

数字技术的发展持续对人的日常生活进行媒介化,数字媒介的逻辑更是决定了个人情感以比往昔更加直白和外显的方式体现在新闻生产、流通和接受的各个环节(Deuze,2014)。这与其说是让研究者意识到情感机制的存在,不如说是赋予了新闻学界重新发现情感的机会。一方面,在数字媒介逻辑的支配下,新闻用户的语言、心理和行为之间的连接方式变得比以往任何时候都更加可见(Wahl-Jorgensen & Schmidt, 2020)。另一方面,这种可见性带来的对社会、文化和政治效应的准确解释,在很大程度上决定了数字新闻学理论的效用。可以说,数字新闻学对数字性的辨析必然导向对介入性的用户参与行为的系统研究(常江、田浩,2020),进而带来对情感机制的深度理论化。在这个意义上,数字性和情感转向就如同一枚硬币的两面,相辅相成,不可分割。

反思性情感的概念预示着由数字性培育的情感实践具有长效和审慎的特征,情感由此而成为解释新闻网络作用机制的关键维度。具体而言,在情感唤醒环节,新闻用户需要拓展感官的接受能力,评估新闻内容与自身的情感距离,并基于数字平台形成特定类型的情感;在情感表达环节,新闻用户积极地确认在线环境的特征,并在合适的环境下以适当的方式表达情感。在整个情感实践过程中,新闻用户不断观照、回顾当下社会文化中既有的情感规范,持续审视和反思自己的情感表达行为可能带来的结果(尽管这只是一种个体层面的预判)。在此基础上,用户以共同或相似的情感经历为基础,将自身从新闻受众转化为兹兹·帕帕克瑞斯(Zizi Papacharissi)所言的"情感公众",从而使数字新闻业呈现出与传统新闻业截然不同的面貌。这为研究跳出传统新闻学的信息论框架,更准确地把握数字新闻业的发展规律提供了有益的启发。

二、数字新闻用户的回避实践

迅猛发展的数字媒体生态为用户带来了更加丰富多元的新闻来源与更加便捷的新闻获取渠道。这培育了用户在数字时代的新的新闻习惯,即他们不仅能主动地在数字媒体平台上搜寻或回避新闻内容,也能按照自身的偏好策展新闻信息流。用户倾向于以自身的信息需求与社会生活需求为指导,重新构建自身的新闻接受模式,将新闻业纳入日常生活。对于主动的用户来说,选择何种新闻议题、以何种方式搜寻新闻、每天花费多长时间在观看新闻上,不仅能够显示出用户对于新闻业的特定立场与情感倾向,也能满足用户的日常生活需求。在微观意义上关注用户的新闻参与或新闻回避(news avoidance)行为,实际上是从日常生活维度对用户普遍的生活习惯进行剖析,从中探析由数字技术介入的新闻接受过程如何产生新的意义生产机制。接下来,本书将尝试从新闻用户的日常生活逻辑出发,理解用户个体的新闻回避实践。

(一)用户个体的新闻回避实践

新闻回避是当前数字新闻生态中的代表性用户行为之一。新闻回避,是用户主动避免接触部分或全部新闻内容,并以此进行针对新闻生态的一类抵消行为(counteraction)(常江、李思雪,2022)。国内外的实证研究均证明了这一现象的普遍性。2022年,路透新闻研究所发现,在46个国家和地区中,日常性回避新闻的用户数量占新闻用户总数的比例高达38%,并呈现持续上升的趋势(Reuters Institute,2022)。有研究者发现,由新闻环境变迁引发的新闻消费心理是促使用户改变行为的关键。例如,年轻群体因新闻过载而引发的新闻倦怠将导致其主动回避新闻(李彪、张雪、高琳轩,2021)。这些现象都说明,虽然极为丰富的新闻内容以前所未有的能动性触及乃至影响着新闻用户的生活,但倘若用户在数字新闻生态中未能获得满意的新闻体验,他们就会在社交媒体上管理新闻套餐,屏蔽不感兴趣的新闻议题,甚至驯化智能推荐算法以获得更符合自身接受趣味的新闻内容。主动的用户甚至能借助好友圈来过滤冗杂的新闻内容,通过对大多数新闻内容的回避来获得对新闻剧目的定制效果。当研究者以用户的视角考量上述新闻回避现象时,一个不可避免的结论就是,容身于数字新闻生态的用户群体实际上获得了一种原生于数字时代的新闻管理能力。这种能力以用户对于数字技术的熟练使用为基础,服务于用户的日常生活需求(Edgerly,2017)。

用户对于新闻业的存续至关重要。倘若用户基于种种原因持续回避新闻内容并抵触新闻业，新闻业在数字时代的存续合法性就会被广泛质疑。这引发了学界与业界对于新闻业未来的忧惧。以上述用户视角考察新闻回避现象时，不难发现，新闻回避实际上代表着用户在两个维度上的日常追求：其一，用户借助数字技术进行日常的新闻策展，以满足（或限制）自身对信息生活与情感状态的需求；其二，用户群体经由数字媒体平台的催化与激发来获得（或放弃）对于社会公共事务的联结感，进而在数字媒体平台上重塑其公民身份。国内外学界对于这两个层面的讨论方兴未艾，揭示了新闻回避现象与新闻用户及数字新闻生态之间的一些基本关联。例如，新闻回避意味着用户与新闻生态系统之间的关系不平衡，即日益丰富的新闻生态和加速的信息环境与新闻用户搜寻、管理新闻剧目的能力之间存在结构性矛盾（Toff & Kalogeropoulos, 2020）；新闻回避现象不仅存在于用户与新闻内容之间，也存在于用户与新闻机构之间（Antunovic et al., 2018）；作为个体行为的新闻回避具有应激性特征，呈现为用户对新闻生态的消极反应（Park, 2019）；等等。无论是将新闻回避现象的成因归结为新闻用户、新闻内容、新闻机构，还是新闻文化的一种或多种因素，最终都或多或少地涉及用户如何通过良好的新闻管理能力来获得对新闻内容积极的情感卷入和对新闻业的系统性信任这两个核心问题。一方面，新闻回避在微观行为的层面被视作用户对于低质量新闻内容的直接回应。当用户为了保护情感状态免受新闻内容的消极影响时，主动回避新闻内容就成为其必然选择（de Bruin et al., 2021）。另一方面，倘若新闻机构或新闻业未能在观念层面践行其对于客观性、真实性或建设性报道的承诺，用户就会主动地回避新闻，以展现抵抗姿态。这两个核心问题的交叉点是基于日常生活的用户主动性。

（二）新闻回避现象的特征与成因

用户的主动性为新闻回避现象设定了基本的发生框架：倘若新闻内容未能满足用户的生活需求，用户就会以日常的抵消行为来对抗新闻内容与新闻业。日常生活中的新闻回避现象是一种由用户主动进行的审慎行为,其发生动机主要与用户的自我满足和自我调适需求有关。这为研究者理解植根于用户日常生活经验的新闻回避现象提供了基本的出发点。

学者们虽然较为广泛地讨论了新闻回避现象,并据此回应了当前数字新闻生态中的诸多发展问题,但在对新闻回避现象的概念化与操作化定义上仍未能达成共识。不同研究对于新闻回避现象的认定与测量大相径庭,阻滞了这一领域内有效的学术对话的开展。本书认为,先要立足于日常生活语境去理解何为新闻回避现象。

从用户的角度来看,新闻回避是由用户的主动性激发与维系的一类新闻管理行为,对于社会公共新闻的持续拒绝是其核心特征。对此,可以从三个方面解释。第一,新闻回避是用户主动采取的一种策略式抵消行为。用户在根据生活需求或审美趣味认为新闻内容持续地无法满足自身需求时,就会对新闻业产生失望或抵触心理,从而在行为上采取回避策略。从这一点上来说,学者们界定的"无意的新闻回避"不应当被视作新闻回避,因为无意的新闻回避指向新闻业与其他信息行业的注意力竞争,其本身并不意味着新闻业与用户之间的紧张关系(Skovsgaard & Andersen, 2020)。也就是说,新闻回避指向用户对于新闻业的信息传达功能的否认。新闻回避现象并不意味着新闻业需要提升吸引力,而意味着新闻业应当关注用户的信息需求与接受逻辑,以促成更好的新闻接受效果。第二,整体性的社会公共新闻是用户回避的对象,即新闻回避应当是对于社会公共新闻的回避。从新闻内容的类型学上来看,社会公共新闻与商业新闻、政治宣传及生活新闻存在较大的差异,其要义在于用户对公共事务的关切与对公共性的追求。如果个人的日常生活需求与社会公共价值完全脱节,新闻业就完全不能发挥其民主功能,这对于新闻业的发展来说不啻为一种失败。倘若新闻用户主动、无差别地回避一切社会公共新闻,新闻业的民主功能就会受到广泛的质疑,无论是新闻从业者还是研究者都需要重新思考新闻业在数字时代的存续基础。第三,新闻回避是用户的一种阶段性的行为选择。在数字时代,用户始终被新闻平台与新闻信息包裹,永久回避新闻业在理论上成为一个不可能的奢望,用户仅能选择在一段时间内减少接触新闻内容。例如,在灾难事件与战争发生时,新闻机构对某一新闻事件与新闻人物多角度、多维度的反复报道可能会给用户带来情感伤害,进而引发其新闻回避。此外,用户对于新闻内容的回避也会随着灾难事件与战争的结束而被放弃。也就是说,新闻回避是用户在一段时间内的主动行为选择,始终与用户的个人处境与新闻经验紧密相关(Ytre-Arne & Moe, 2021)。

上述对于新闻回避的界定与理解将会引发一个问题,即如果新闻回避是用户主动的抵消行为,何种测量方式才能准确地描述这种现象呢?具体到操作层面,既然新闻回避是用户主动的行为选择,用户对于社会公共新闻在多大程度上的回避才能被视作新闻回避呢?针对这个问题,有研究者在进行了较为系统的梳理后,将新闻回避者的界定标准归纳为四种类型(Skovsgaard & Andersen, 2020):第一,在某一群体内测量所有用户的新闻接受行为,将其中最少接触新闻内容的群体视作新闻回避者;第二,计算某一群体内用户的新闻接触频率的平均值,并将某一数值设为分界点,将新闻接触频率低于这一分界点的用户视作新闻回避者;第三,观测用户在特定时间段内的新闻接触行为,倘若其频率较低或趋近于零,则将其视作新闻回避者;第四,询问新闻用户是否自我认同为新闻回避者。这种测量方法将用户的主观认同与自我评价纳入对于新闻回避行为的操作性定义,得到了其他研究者的认可。从用户视角出发的新闻回避研究也主张这种测量方法,因为日常文化视角下的新闻回避是由用户实施的主动行为。这种主动性始终与用户的自我界定与自我认知紧密相关,因为用户只有对自身的回避倾向有清晰的认识,才能主动地设定自己的新闻套餐,其回避行为才能与研究者担忧的新闻业结构性危机关联起来。因此,本书认为,新闻回避在操作层面应当是一种主观概念,即用户对新闻内容的主动回避倾向。这种倾向意味着,无论用户在客观行为上多大程度地回避新闻内容,只要表达了对社会公共新闻的主动回避意愿,他们就应当被认定为新闻回避者。这一界定将新闻用户的回避行为与新闻偏好区分开来：当用户具有某种新闻偏好时，他们在偶然遇到社会公共新闻时，会对其报以较为宽容的态度并加以关注；当用户倾向于新闻回避时，他们则会拒绝观看这些新闻内容，并对自身的新闻信息流进行调整。

上文讨论的界定方式为本书提供了一条从日常文化视角理解新闻回避的路径。不难看出，新闻回避是用户个人层面的具体行为，尤其与用户的日常需求及情感卷入关系密切。这就需要研究者进一步梳理新闻回避的成因，以说明新闻回避如何与用户的主动性产生关联。

现有的针对新闻回避的研究大多从新闻用户的个体特性、新闻内容的文本特征和新闻环境的过载属性等方面厘定新闻回避现象的成因。第一，个体层面的需求始终是用户决定是否要获取新闻及如何获取新闻的主要动力。如果用户的个体需求难以被新闻内容满足，用户就会倾向于回避新闻。诸多经验研究表明，用户的年龄、性别、政治兴趣等都会影响个体的新闻获取需求，进而决定用户的新闻获取意愿（Ghersetti & Westlund, 2018; Toff & Palmer, 2019; Strömbäck & Shehata, 2019）。倘若新闻内容的主要议题与用户的观看兴趣关系不大，用户就会依据自身的知识结构与生活经验回避它。第二，多数学者将新闻内容的消极情感特征视作用户主动回避新闻的重要原因。倘若新闻报道以呈现消极事件、渲染悲伤情绪为主导范式，新闻用户就会在阅读时被消极情感感染，产生负面的情感卷入状态。为了避免在这种情绪状态中受到伤害，用户会倾向于回避，而非主动地参与新闻（Wagner & Boczkowski, 2021）。也有研究表明，与新闻规范或新闻文化等认知维度相比，由情感要素引发的新闻回避更加普遍，也更具跨国解释力（Villi et al., 2022）。第三，当置身于拥有海量新闻内容的环境中，并且用户难以有效地检索与管理新闻内容时，他们就会产生倦怠感。这也被研究者视作新闻回避发生的重要原因，因为新闻用户在阅读新闻内容时产生的精神层面的疲劳会促使用户主动减少新闻阅读，降低与新闻内容的情感卷入程度，甚至脱离新闻内容，以维护自身的精神健康（Gurr & Metag, 2021）。由新闻过载引发的新闻回避实际上是用户难以接受数字新闻生态的快速变化而产生的适应困难,这在行为层面与用户的新媒体使用具有相似的发生机制。

基于对上述几个成因的讨论,本书进一步发现,新闻回避远非用户面对健康的信息生态时的自我隔绝,而是其在个体维度上的自我调适。这一调适既出于用户对新闻内容可能产生的负面情感影响的自主判断,也出于用户对新闻业规范价值的追求与衡量。一般而言,新闻回避基于用户对新闻内容与新闻业的消极判断,用户如果对新闻报道极度不满意或不信任,便会选择不与新闻业产生关联。新闻用户的个人习惯在群体维度上具有意义生产的潜力,即一旦用户立足于自身的数字生活,对新闻内容、新闻业与社会公共性设定了新的判断框架,一种新的新闻接受义化就应运而生了。这正是本书从用户视角理解新闻回避现象的出发点。

(三)用户视角下的新闻回避现象

基于前文对新闻回避的界定与成因分析,可以明确新闻回避是在用户、新闻内容、媒介平台等多种力量的共同互动下产生的一种社会现象(Aharoni et al.,2021)。在与新闻内容相遇的过程中,用户借由情感状态、知识结构或价值偏向进行主观判断,并由此对新闻内容进行取舍。一般来说,这些判断往往集中在新闻的相关程度、有用程度、情感积极程度与可信任程度等维度上。

第一,新闻的相关程度。从用户的日常生活维度来说,新闻的相关程度指用户对新闻内容与自身生活状态的相似程度的认知,即用户在多大程度上认为新闻报道将"我们"作为关注对象。倘若用户认为新闻业与自身无关或新闻内容完全不是"写给我们这类人的"(Edgerly et al, 2018),他们就会认为新闻内容与自身无关,进而产生明显的新闻回避倾向(Edgerly, 2022)。从相关程度出发,用户与新闻业存在三种关系。首先,社会公共新闻往往将国家与社会层面的突发事件设置为主要议程。这些"遥远的"严肃事件与用户的日常生活关系微弱,导致用户对于这些社会新闻的兴趣下降,转而对社区新闻或地方新闻表现出浓厚的兴趣。其次,不同生活背景下的用户对于新闻内容的偏好各异,倘若用户认为社会公共新闻总是将年长的、经济基础较好的群体作为报道对象,他们就会下意识地认为新闻业与自身无关,并回避这些新闻内容(Lindell & Sartoretto, 2018)。最后,如果用户无法参与针对社会公共事件的讨论与实践,他们对社会公共事务的兴趣就会降低。这会直接导致用户认为社会公共新闻总是在针对严肃事件进行长篇累牍的宣教,进而对其丧失兴趣(Palmer & Toff, 2020)。在秉持"新闻无关论"观念的用户看来,虽然数字平台上充斥着丰富的新闻内容与新闻流派,却少有新闻真正地将他们的需求作为关注点,导致他们仍然在某种程度上"被忽略"与"被边缘",因而不得不从行动上回避新闻业。

第二,新闻的有用程度。新闻的有用程度指用户对于新闻内容是否具备某些功效的认识。当新闻内容无法满足用户需求时,用户就会在主观上产生回避意愿。用户对新闻有用程度的评价主要包括两方面的内涵。首先,新闻内容能够满足用户的情感需求与生活需求。当前,新闻业已经成为人们容身的生态系统,他们对于新闻内容的接触理应像呼吸一样自然,因为日益成为基础设施的媒体平台能借助智能推荐算法将新闻内容随时推送至用户面前。如果人们从社交媒体上能获得充分的新闻内容以满足自身的情感需求与生活需求,他们就会产生积极的自我效能,进而激发更加频繁的新闻搜索行为。相反,如果人们认为新闻生态无法满足其情感需求与生活需求,尤其是在过载的新闻生态中搜寻有用信息的成本过高或面对海量的虚假新闻与宣教内容时,他们就会倾向于主动与新闻内容断联,并寻求可信的新闻套餐。导致这种处理方式的原因在于,用户的精力与信息处理能力是有限的,当过多的新闻内容超过人们的处理极限时,他们就会以新闻回避作为回应(Goyanes et al., 2023)。其次,数字时代的新闻业需要满足用户日益增长的新闻参与需求,即新闻业要服务于用户的使用行为。用户始终要借助新闻业获取新的突发社会信息,并将其作为社会交往的素材。倘若新闻内容(和形式)不能满足用户的使用需求,用户就会对新闻内容产生负面的评价,进而产生明确的回避意愿。这种因社交需求而产生的新闻回避总是与社会新闻内容的议题类别与传播形式结合在一起,在一定程度上要求新闻业必须在数字时代契合新闻用户的审美趣味和社交方式,在新闻内容与新闻形态上不断进行创新,以吸引用户的注意力(Boczkowski et al., 2020)。

第三,新闻的情感积极程度。通常来说,富含惊悚、恐怖、悲伤等情感要素的新闻内容更易于吸引用户的注意力,但会使用户在阅读后感到不安或焦虑。这促使用户否定富含消极情感要素的新闻内容,以避免心理受到伤害。新闻的情感积极程度就成为用户日常生活中的关键考量因素。从理论上来说,如果社会公共新闻能为用户提供积极的情感价值,用户就会获得与参与娱乐活动或户外活动相似的幸福感,进而更加积极地参与社会公共事务,以获得更好的精神面貌。但是,近些年的诸多研究表明,新闻业的这种抚慰性作用不仅未能普遍发挥,反而为用户带来了更加持久的心理焦虑与精神紧张状态(Lades et al., 2020)。当用户在心理层面获得消极影响时,其内心就会产生一种无力感,就会自然而然地回避新闻。因此,如何推动新闻业吸纳积极的情感要素,帮助用户获得积极的情感体验,成为当前业界与学界共同面临的问题。近些年方兴未艾的建设性新闻尝试将积极的新闻情感纳入新闻生产环节,以积极的情感设置吸引用户的注意力,通过建设性的新闻报道和恢复性的叙事为用户带来良好的新闻体验(殷乐、王丹蕊,2020)。这也呼应了前人的判断——情绪要素在决定用户是否接触新闻内容、是否信任新闻机构、是否决定回避新闻等方面发挥着重要作用(Wahl-Jorgensen & Pantti, 2021)。

第四,新闻的可信任程度。用户如果认为失范的新闻业会为他们带来有害信息,并给他们的行为决策带来重大误导时,便会对新闻业产生一种厌恶感。这种厌恶感较之上述几种判断更加激烈、极端,极易引发用户对新闻业的主动回避。用户对于新闻业最为直观的判断就是新闻业能否提供客观公正的报道。如果新闻报道的立场偏向极为明显、报道风格极为主观,用户就会怀疑这类报道是否会为自身的日常生活带来负面影响,进而对失范的新闻业丧失信任。也就是说,如果新闻业让用户感到震惊、恐惧甚至警觉，他们就会对新闻业抱有敌意（Beckett & Deuze，2016）。新闻回避就成了彰显用户对新闻业的不信任程度的行为表现。倘若用户在主观上认为新闻机构已经成为宣传机器，为了回避极化、言辞激烈、情感激烈的新闻内容，他们就会放弃对新闻业的信任，并对其加以回避。这些行为往往包括取消订阅、删除 App、驯化信息推荐算法等。对新闻业的不信任是个人层面对新闻回避的最强预测因素之一。

总的来说，用户通过情感卷入来判断新闻内容能否满足自身的情感需求与生活需求，通过信任调试来判断新闻业是否符合自身期待。借由以上四种典型的用户判断模式，新闻用户在主观上对新闻内容与新闻业形成了较为稳固的认识，并在日常生活语境中选择是否回避新闻。在反复的实践过程中，用户将获得较为稳定的新闻接受习惯，为一种原生于数字时代的新闻接受文化的产生提供了契机。研究者需要通过新闻回避这一有代表性的新闻参与行为，厘清数字新闻接受文化的主要文化特征及分析路径。

三、数字时代的个体新闻接受文化

我们不妨思考一个问题：新闻接受与新闻回避究竟是一种习惯性行为，还是一种情境式行为？也就是说，新闻用户究竟是基于对新闻业的稳定认识而形成一种结构化的新闻接受倾向，还是在语境中被反复激发出某种行为意愿呢？这是一个值得讨论的问题。这个问题的深层逻辑在于，用户对新闻内容的主观判断能否结晶为一种指向用户日常生活需求的新闻接受习惯。总体而言，数字时代的新闻接受与回避植根于用户日常生活经验的微观行动，维系这一过程的主要因素是用户的生活经验与审美趣味。同时，当用户群体借由相似的情感结构被普遍联结时，用户的新闻接受（回避）行为就具备了社会文化维度上的可分析性。

数字时代新闻接受的核心在于用户对自身信息生活的管理权，即用户具有管理新闻剧目的主动性，主要包括主动搜寻新闻内容与主动精简新闻内容两种倾向。

其一,新闻用户对于新闻业增益其社交需求、提升其生活质量有明确的期待,因而会主动在新闻平台上获取与自身日常生活相关的新闻内容。倘若新闻业无法满足用户的上述需求,用户就会怀疑新闻业存在的必要性,并最终倾向于降低新闻接触意愿,以回避行为来回应新闻业的无关性与无用性。当出现突发社会事件时,用户倾向于广泛地搜寻遵循客观性、真实性、多方信源等经典新闻价值的新闻内容。一旦用户发现某个新闻机构发布的内容具有明显的价值偏颇或未能遵守新闻业的核心价值,他们就会对这一机构产生怀疑。更进一步,如果这种怀疑反复发生在多家新闻机构身上,用户就会对新闻业失去信任,并在行为层面回避整个新闻业。

其二,为了避免新闻内容对用户自身情感状态造成负面影响,他们会依据自身的生活经验和审美趣味来为新闻内容设置审核环节。这种审核环节既包括采用"新闻找到我"视角来获得新闻,也包括从好友网络中获得新闻内容(Gil de Zúniga et al., 2017; Toff & Nielsen, 2018)。无论是哪种行为,都强调用户通过被动地获取新闻内容降低新闻管理成本,并获得最大限度的新闻精简体验。这些行为都以满足用户的日常生活需求、减少新闻冗余、避免潜在的新闻伤害为最终目标。

综合来看,数字时代的新闻接受习惯为研究者提供了一个理解新闻用户缘何主动选择新闻或回避新闻的框架。用户的新闻接受行为是在微观层面反复判断、反复验证的新闻接受行为,用户能够依据自身的主动需求对新闻内容进行取舍。当用户群体在新闻平台上偶然遇到大规模异质化的新闻内容时,他们就会形成对新闻内容较为稳固的个性化接受意愿。这种意愿以直觉式而非审慎的认知判断,为用户群体提供了接受新闻内容与信任新闻业的基本逻辑。用户群体在这一逻辑的支配作用下深度卷入新闻业,联结为情感公众,进而形成独特的新闻接受文化。

对于新闻接受文化的分析需要我们对用户的接受习惯进行更加细腻的考察与分析。虽然数字技术极大地提高了每个个体的新闻接触能力,但社会中的不同群体往往具有不同的生活习惯。这些生活习惯即使看似是个体的自主选择，但实际上也受到更广泛的社会文化规则的制约。具体到新闻接受习惯上，用户通过互联网倾向于接触何种新闻内容、避免接触何种新闻内容等偏好与品位，始终由某种深层社会结构决定。这种深层社会结构就是社会阶层（Lindell & Mikkelsen Båge, 2022）。这与文化研究对阶层文化的判断较为相似。也就是说，社会阶层仍然塑造着人们的接受习惯，人们的性别差异、受教育水平与社会参与水平等变量都能被统摄进这一分析框架，成为阶层文化的某一作用要素。

虽然在微观层面无法控制用户选择或回避新闻内容的认知倾向与情感状态，但在群体层面的新闻接受习惯始终与更广泛的社会文化规则紧密结合，适用于上述社会文化分析。总而言之，用户群体的新闻选择与回避行为既受到个人因素的制约，也与社会制度文化和新闻生态息息相关。研究者要对包括新闻回避在内的一系列接受行为进行个体层面与群体层面的理论分析，以理解人们的接受行为背后是否存在稳定的社会文化要素（Lindell, 2018）。

数字新闻生态为用户进行广泛的新闻接受设置了新的规则与逻辑，置身其中的用户不仅能直接评判新闻内容，也对组织内容生产、促进信息流通的生态环境有极强的介入意愿。这或许表明了一种新的新闻接受文化正在形成。基于上述理论化工作，本书尝试提出两条理解数字时代新闻用户接受文化的认识论路径。

第一，微观的个体行为分析应该是理解新闻内容与用户关系的核心路径。这能帮助研究者理解数字时代的用户缘何进行新闻选择、新闻接受与新闻参与。以往将用户视作新闻内容的流通终端的分析路径显然受到用户主动性的极大挑战；如今，用户的接受需求要求新闻业在生产环节就考量用户的需求，并发展出一套原生于数字媒体环境的新闻接受文化。主动的用户个体始终依据自身的情感状态与生活需求调试新闻接受与新闻参与行为，而越来越少地关注新闻内容的呈现规则与流通机制。在这一层面，新闻业需要做出一系列改变，以回应用户对高质量新闻业的需求。例如，在生产规范上提升对更广泛社会群体的关注，以丰富的形式创新获取用户的注意力,引入积极情感以抵消新闻内容的负面影响,乃至重申规范价值以提升用户对新闻业的信任感等。即便如此,个体层面的新闻回避也始终暗示着用户在情感卷入和信任调试两方面对新闻公共性的担忧。这种由个体信息接受需求引发的新闻业危机可能是需要学界与业界共同面对的时代征候。

第二,新闻用户的情感实践与回避现象提醒研究者要反思将新闻内容与用户对立的传统思路,建立一种超越个体层面的接受文化解释体系。不难发现,以往用户对新闻机构与新闻业的信任感已然发生改变——数字时代的新闻信任以用户的主观感受为基础。用户在选择如何观看、如何回避、如何参与新闻等方面具有极强的自主性,因而成为新闻接受环节的主导者,具备一种强烈的自我认知与自我管理能力。因此,理解数字时代新闻接受行为的关键,就从理解优质新闻如何触及观众转向对于一系列围绕着新闻用户的问题的讨论,包括用户如何基于数字新闻平台养成独特的新闻接受习惯,相关接受习惯如何发挥作用,以及用户如何贴近新闻业以获得更好的接受体验,等等。这些问题虽然各有侧重,但都指向了一个明显的事实,即用户日益增强的主动性为他们提供了一种在理论上定义何为优质新闻的可能性。这呼唤学界与业界对此进行更加丰富、细致的探讨。

第二节 用户群体的团结与分裂

除了针对情感习得与表达规范的个体情感表达,数字新闻用户还在群体层面形成了关注社群内部或社会行动的情感规则。这构成针对数字新闻用户群体研究的主要问题。在针对群体情感的研究中,大量研究者将兴趣集中于社会运动中的情感力。一方面,在数字媒体塑造的信息生态中存在看不见的情感架构(Wahl-Jorgensen,2018)。这一结构性的存在在动员民众、激励民众表达意见、寻求价值认同等方面发挥着积极的作用,日趋成为促使各类社会抗争(social resistance)和抵抗文化(countercultures)发展的驱动力(郭小安,2013)。另一方面,也有学者将注意力聚焦于特定的社会群体内部,认为情感在组织化的社会行动中发挥着基础性作用。例如,以网络主播等为代表的业缘群体内部形成了较为一致的情感规范(胡鹏辉、余富强,2019),情感也是以粉丝群体为代表的趣缘群体中的凝聚力的主要来源(庄曦、董珊,2019)。可以看出,无论是何种公共情感,学者们都将其纳入一种"情感-行动"的框架而加以理论化。这不仅凸显了将情感视作长效的行为规范的重要性,也进一步与针对个体的情感研究产生了勾连。可见,情感始终是个体参与行为的重要因素,影响着他们的行动决策。

对于新闻用户来说,情感既是个体性的,又是社会性的。这意味着情感生发与消亡的整个过程都由人整饰,又全面塑造着人,进而重构了人借由新闻接受实践而形成的新的社会关系。因此,数字新闻学研究对于用户的团结与分裂现象抱有高度热情,研究视点逐渐从概念层面的"什么是情感动员/情感极化"深化到更加复杂而基础的问题上,如"何种因素导致了团结/极化"及"团结/极化将会导致什么后果"等。这促使研究者自然而然地采纳以社群为核心的中观分析框架去探析这一现象背后的规律。

一、新闻业与情感极化

政治学、新闻传播学与社会学都从不同的立足点出发,对政治极化现象进行了卓有成效的探索。其中的一个核心议题是,政治极化的动因是否仅仅是意识形态化的。传统的政治学分析主张将极化现象视作完全由意识形态驱动的社会后果,因为公民的态度极端化过程始终与意识形态分歧紧密相关。近十年来,情感极化(affective polarization)作为一种激烈的社会现象遽然进入研究者的视野(Iyengar, Sood, & Lelkes, 2012)。情感极化描述的现象是,随着时间的推移,公民更加喜爱他们支持的党派,而更加厌恶他们反对的党派。情感极化展现的是公民对于不同政党的意识形态、政策倾向及群体形象的情绪反应。因为厌恶或喜爱仅代表一种情感反应,与意识形态或政策倾向互相独立,所以有潜力成为当代政治生态变化的重要标志。

艾扬格(Iyengar)主张将情感极化视作一种政治极化的具体表现形式,具体有两方面的理由。其一,情感极化作为一种可衡量的标度,表明公民对反对党派的态度已经从温和的负面转变为彻底的敌意。情感维度的变化标志着广泛的社会结构、信息生态与人际交往之间的整体性转型,研究者可以借助情感极化现象探明数字生态中的政治现象变迁规律。其二,情感对用户的政治参与行为具有独立的驱动作用,但始终与意识形态及政策倾向等分析维度相关。这鼓励研究者将情感作为政治分析的一条新兴的进路,以重构和拓展政治理性的解释力。基于这两点,情感极化在近十年受到研究者的广泛关注,成为政治极化研究的一个核心组成部分。

沿着艾扬格对情感极化的概念化及相关学者的分析,本书认为,重视情感要素并不意味着将其与包括意识形态在内的理性要素进行绝对的切分。考虑到现有研究的局限,本书倾向于在明确情感极化现象的特殊性之后,对情感极化之于政治极化的重要意义进行辨析。现有研究在两个方面突出了情感极化现象的独特性。其一,情感极化是一种独立发挥作用的社会机制。政治极化现象具有多种不同的外在特征。这些外在特征彰显了极化现象的不同动因或不同结果。意识形态分析在解释个体判断和群体行动过程中时常失灵,导致基于不同意识形态的政治群体研究对用户的参与行为的分析始终是隔靴搔痒。实证经验表明,情感极化是一种相对独立的极化现象,表现为一种普遍的实践动因,在政治生活中既是极端的社会共识割裂的表现,也催生了更加割裂的大众舆论。其二,情感极化与具体的社会情境不可分割。到目前为止,情感极化的研究主要应用于(无论是直接的还是间接的)美国政治研究。情感极化普遍存在于不同的国家和社会,不仅具有跨国研究的潜力,还超越了意识形态极化的附属产品这一身份,具有积极的阐释意义。前者导致了诸多学者将情感极化这一概念应用于跨国比较研究(Westwood, Iyengar, Walgrave, et al., 2018),后者则催生了媒介研究、社会学研究等学科对情感极化现象的交叉研究。出于这两点,本书有必要对情感极化这一特殊现象和独特的研究进路进行梳理和考察,以探明这一进路的理论阐释力和治理策略。

需要强调的是,数字时代的情感极化现象无论是在本体论上还是在认识论上都与社交媒体密不可分。互联网平台的数字化进程给政治参与和公众舆论带来了革命性变化,推动研究者将情感作为一种显见的社会现象进行探讨。数字技术为数字群体的极化提供了物质基础,一系列互联网原生文化现象与信息接触机制推动用户产生了日渐极端的群体心理,并催生了群体极化现象(夏倩芳、原永涛,2017)。例如,数字时代,用户的社交媒体参与囊括海量持续不断的群体互动。这有可能导致普遍的"信息茧房"现象,同时为用户极端地处理情感,并将其他用户视作一种"去人性化的"存在提供了基本的行动基础,增加了政治极化的风险(Cassese,2021)。社交媒体上的诸多案例也表明,民众针对非政治性的社会新闻的讨论同样存在明显的群体极化倾向。他们在源头事件的刺激和自媒体煽动的影响下,产生了极端的表达倾向,形成了极端的情绪和态度(黄河、康宁,2019)。虽然媒介研究者乐于从媒介特征出发去探索情感极化现象的生成与发展规律,但迄今为止,这一进路的一系列假说仍未被证实。尤其是在复杂的跨国比较领域,不同社会的社交媒体与情感极化现象之间的关系甚至是相悖的。正因为如此,研究者关于情感极化现象的生成动因和治理措施等问题的认识和讨论十分撕裂。

立足于此,本书着眼于情感极化的概念体系与发展轨迹,以"何为情感极化""缘何情感极化""如何治理情感极化"为主要问题域,勾连情感极化现象与数字媒体生态的主要特征,从信息传播与社会治理的交汇点切入,探寻情感极化作为一种理论进路的可能性与发展前景。

情感极化研究将视点置于情感这一要素,给原有的政治极化研究带来了冲击。2012年前后,研究者逐渐确认了情感极化是政治极化现象的具体表现维度。它主要存在于不同党派阵营的成员之间,表现为不同群体之间的厌恶程度逐渐加深,群体成员对于所属政党的好感度则保持稳定(Iyengar & Westwood,2015)。集体层面和个体层面的情感要素都会影响用户个体对不同党派的态度,而情感层面的好恶也往往与用户的意识形态倾向紧密相关。

第一,情感要素的独立性。情感要素不仅能标度和衡量政治极化现象,也能催生和放大多种维度的公民参与行为。这在数字时代的集中表现是,用户态度与他们所属阵营的态度倾向紧密相关。这加剧了他们对持有政治异见的群体与个体的厌恶情绪。

情感要素能独立地表现用户的政治参与倾向,也能主动地催生用户的政治参与行动。在数字媒体平台上,情感是一种用于描述个体与集体关系的概念。它既表现为成员对群体内部稳定的情感依恋,也表现为成员对群体外部的长期敌意,是一种总体性的描述(Iyengar, Lelkes, Levendusky, et al., 2019)。借助情感表达,研究者可以获知用户态度和行动倾向。在政治参与领域,政党认同是情感极化的主要驱动力。随着某一政党在种族、宗教信仰、性别等方面的价值倾向和政策越来越固化,党派内逐渐形成统领性的社会认同,使得用户跨越党派身份、产生不同的情感倾向成为更加不可能的事情。在这种情况下,共有的情感经验就成为用户群体对于某一群体内和群体外的感觉模式。举例来说,在这种群体中,民众更趋向于在具体的社会议题上强烈地依附于某一团体,并对另一团体表现出极强的敌意。这种敌意甚至可以脱离具体的社会议题,附着在某一社会身份之上。在中国数字媒体平台上,具有"打酱油的"或"愤世嫉俗"等特征的用户正具有这样的身份属性。这些身份与用户本身的意识形态倾向紧密相关,并在政治参与的积极性方面表现出差异(桂勇、李秀玫、郑雯、黄荣贵,2015)。

在个体层面,情感极化可以用于描述用户个体对某一党派形象的情感好恶。这里的情感是用户个体对于某一党派的整体感受,是用户个体在情感层面对于党派形象的认识结果。极化的个体情感代表了一种短暂而强烈的心理状态,是用户对某些外在信息的反应,通常是潜意识的、自发的。引发个体情感极化的原因十分多元。一般来说,倘若用户个体在互联网上接触了大量的负面情绪,他们就很可能产生负面的极端情感

(Buder, Rabl, Feiks, et al., 2021)。个体层面的情感倾向与群体层面的情感状态所能引发的后果是大致相同的,即它们能影响用户的认知与价值确认过程,促使政治态度的形成,影响用户的政治参与行为(Lu & Lee, 2019)。个体层面的表现尤为明显。如果用户在互联网平台上接触了不同的观点,他们可能倾向于寻找能够验证既有观念的信源,而非参与政治争辩与思想交锋。也就是说,个体层面的情感极化不会推动用户与另一党派进行意识形态上的思辨,而会促使他们更加依赖能为自己提供情感价值的群体。

无论是集体层面还是个体层面,情感这一要素都表现出强烈的独立性。它不仅是政治极化的一种表现形式,也主动地影响着用户的情感状态。情感极化虽然与意识形态要素紧密相关,但并不必然地伴随着意识形态极化。人们越来越厌恶与他们持相反意见的群体,可能仅仅是因为这些群体对某些细微政策的拥护与他们的态度相左,而他们在基础性政治问题上并没有太大的分歧。这或许提醒我们,将用户的行动逻辑完全归纳为意识形态的倾向存在过度理性的危险。用户的生活逻辑是追求舒适的体验,这一过程必然要求理性的参与,但也必然需要超越理性的情感要素的参与。在互联网上的群体极化过程中,理性与非理性因素经常交织在一起发挥作用,因此,不能简单地认为群体极化现象是非理性的(蒋忠波,2019)。更进一步说,与理性判断相结合的情感极化能够更适切地"诊疗"政治极化现象,因为它更自然,也更根深蒂固,能够较好地反映用户对某些社会问题的态度和看法。

第二,情感极化与意识形态极化互相依存。研究者强调情感极化概念的独特性不是为了说明情感极化现象在实践层面的独立性,而是为了凸显这一进路在认识论上的解释力。事实上,在行动层面,用户的意识形态倾向与情感倾向往往是不可分割的,情感极化与意识形态极化是相伴而生的社会结果,也是互相依存的社会机制。在针对政治极化现象的研究中往往要同时考察两者。

一方面,意识形态极化与情感极化是相伴而生的社会后果。用户在数字媒体平台上倾向于接受与自己意识形态相似的内容，反对与自己意识形态迥异的内容。这种倾向同时导致了意识形态极化与更广泛的情感极化。倘若用户长期接触大量态度鲜明的政治新闻，他们就会产生特定偏向的解读框架，进而催生特定的意识形态和情感倾向，增加政治极化风险。一般来说，用户距离政治事件较远，距离日常生活较近。大多数民众并不会因为意识形态的辩争而产生特定的政治倾向，他们与政治生活的连接往往借由情感这一要素。倘若要精准地摹刻民众的行动逻辑，研究者就必须从情感的视角出发，探索用户的价值判断标准。这种情感进路具有与意识形态分析相似的解释力，因为用户的情感逻辑与意识形态倾向都能反映他们持续的、一以贯之的倾向与行动目标。

另一方面，情感极化与党派意识形态认同之间也可能并不是伴生关系，而是因果关系。党派身份认同与用户的意识形态立场趋于一致，保守派的拥趸更有可能持有保守立场，自由派可能更加自由。这种意识形态上的差异可能催生和加剧情感极化现象。这在具有明确意识形态倾向的民众中表现得更为明显 (Rogowski & Sutherland, 2016)。一般来说，民众对于某些特定的意识形态会产生更加极端的情感反应，尤其是对于反对党的意识形态，民众会表现出更加强烈的敌意。这表明意识形态的偏向与情感极化现象之间存在密切的关联 (Webster & Abramowitz, 2017)。这并不必然意味着意识形态的差别会导致更加强烈的情感差异，相似的意识形态的不同行动路线也会导致极端差异的情感表现。反过来说，相似的情感反应也会进一步加剧意识形态倾向的极端化。这种逻辑主张不能将情感极化与意识形态极化截然分割，研究者在考察用户情感极化的过程中必然要考察用户在意识形态上的差异。

综合情感极化的独特性及其与意识形态极化的关联，本书认为，用户之间的连接始终遵循的是人际交往规律，他们的交往不仅包括意识形态交锋，也包括更加复杂的情感联结。这导致意识形态的分歧实际上是借由人际交往，而不仅是通过理性的考量而影响成员之间的关联。情感极化不同于意识形态极化，主要区别在于后者关注政治观点的极端性，前者则强调个体对外部群体的敌意。极化这一概念本身不带有非理性的色彩,因为极化是一个需要反复衡量和反复对话的过程。由情感这一要素参与的极化过程并非完全的理性对话,而在很大程度上与个人的主观心理活动紧密相关。情感极化强调的是极化过程的复杂性,能在基础逻辑上对意识形态极化这一概念进行补充。

二、情感极化的动力机制

个体生活与群体联结在数字时代的新形态导致用户在群体认同和信息获取两个层面的发展过程都发生了变化。情感极化现象出现的原因也在于此。数字媒体平台上的新闻用户通常使用社会身份进行自我分类,倾向于将他人归类为情感上的偏好群体(我们)或情感上的厌恶群体(他们)。基于此,情感上的两个群体就与政治生活中的两类群体彼此交融,用户对秉持政治异见的"他们"往往具有更强烈的恶意与厌恶感(Druckman & Levendusky, 2019)。

第一,国内外对情感极化的研究的一个基本立足点是社会认同理论。社会认同理论主张团体成员之间的关系是个体的自豪感构建的重要源头,主要尝试解决社会认同和群体冲突问题。个体主要通过两个渠道加强认同感,即对本群体的认同和对外群体的歧视。一般来说,社会认同主要涉及三个心理过程:用户首先要进行社会分类,区分"我们"和"他们";然后认同某一群体,采纳"我们"的群体身份;最后进行社会比较,即以自己所属的群体与其他群体进行比较,获得对抗性的群体间关系与更团结的群体内关系。社会认同过程之所以在当下具有极强的阐释力,是因为自20世纪后半叶以来兴起的身份政治日益陷入"部落主义"的罗网,带来了极强的政治极化风险(林红,2021)。民众的认同过程本质上是主观的,即用户出于主观考量,将种族、性别或党派等身份作为激发自身态度与情感的核心要素,形成一种主观的自我分类,进而获得强烈的情感认同(Hobolt, Leeper, & Tilley, 2021)。这在政治参与过程中的表现是,特定的身份认同是用户对多种不同的政治原则与政策倾向的总体性态度,共同的观点成为用户产生社会认同的基础,情感极化也进一步源于由共同的政治原则和政策倾向共同定义的身份认同。

情感极化始终无法摆脱意识形态要素的干涉,也无法脱离社交媒体这一具体的行动语境。社会认同过程同时也与这两个要素关联,产生了两种不同的应用程式,即政治态度认同和政治群体认同。

一方面,社会认同催生了更加极端的意识形态倾向和情感倾向。严重情感极化的民众往往持有更极化的态度立场,导致意识形态倾向、政策偏好与情感极化联系起来(Druckman, Klar, Krupnikov, et al., 2021)。党派之争本身就是一种综合性的社会认同之间的交锋,跨越了意识形态、政治偏好、情感倾向等维度。在数字媒体平台上,用户的身份激活过程连接了互联网中的公共信息与用户。当用户的身份认同在不同的信息环境中被激活时,他们倾向于对同一阵营的成员作出积极评价,而对阵营之外的成员作出消极评价。这种强化的群体内交往和疏离的群体外交往导致不同党派阵营的民众在一系列政治事件上的分歧和敌意越来越突出,最终引发了日益加剧的情感极化现象(Bougher, 2017)。

另一方面,由于不同阵营的成员群体之间的分歧显著增加,情感极化实际上是一种囊括意识形态倾向与政策偏好的群体间的敌对行为(Huddy, Mason, & Aarøe, 2015)。这种群体间的行为并不仅仅是理性的比较与交锋,还包括丰富的情感色彩与日常生活追求。当用户(主动地或被动地)选择性地接触大量的政党新闻时,他们就会产生某个方向的情感倾向。这就是情感的模仿与传染机制,也暗示用户往往倾向于自动模仿和与他人的表情、发声、姿势和动作同步,从而在情感上趋同。例如,倘若存在大量攻击性的新闻内容,愤怒与恐惧等负面情感就会影响个体的情感倾向,从而加深情感极化的程度。用户倾向于采用日常生活中的生活逻辑进行情感交流,为他们参与极端的政治行为提供了基础。

第二,情感极化现象在数字技术的普及过程中日渐加剧。这一方面是社交媒体为用户带来的丰富的社会认同机会,使用户在身份认同和社会比较环节拥有更大的主动性;另一方面是快速发展的推荐算法导致用户普遍地在互联网平台上进行选择性接触。

首先,社交媒体扮演着促成社会认同、催生情感极化的积极角色。大众媒体提供的信息能影响用户对社会事件的认识,进而提升情感极化的可能性。例如,当前国内社交媒体平台上的群体态度的极化特征极为明显,用户往往以自我为中心,言辞激烈,富含情感色彩(申金霞、万旭婷,2021)。在数字时代,社交媒体平台上的情感极化是不可摒除的,甚至在一定程度上会成为用户政治参与活动的催化剂。一般情况下,用户在互联网上遭遇不同的观点、态度时,常见的反应是感受到威胁,并采用回避或攻击他人的手段进行防御,或产生更加极端的情感状态。这催生了大量的仇恨言论,激化了更加负面的社会影响。社交媒体上对社会民众的价值分裂状态的描述也会加深用户的感知极化程度,提升情感极化的可能性(Levendusky & Malhotra, 2016)。同时,社交媒体与情感极化现象的关系也可能是双向的。社交媒体的使用行为可能会导致用户的极化行为,用户的情感极化状态也会促成更加明确的用户的社交媒体使用行为。社交媒体使用并不一定会导致更高的情感极化水平,但情感极化能明显地影响个人使用社交媒体的频率(Nordbrandt, 2021)。

其次,互联网时代的信息丰富程度虽然在理论上为用户提供了更加多元的信息获取方式,却在实践层面为更加普遍的选择性暴露提供了可能性,加剧了用户个体层面的情感极化。一方面,情绪化的内容更容易在数字时代吸引用户的注意力,并形成大规模的传播效应。另一方面,用户更乐于消费富有情感色彩的内容,中规中矩的新闻内容可能会淹没在海量的信息之中。虽然用户可以在社交媒体使用过程中获得激发、表达和规制情感的可能性,并从无所不在的社会关系中获得满足感,但当持续地被暴露在某一特定倾向的信息环境中时,他们会具有更加固定的情感极化方向。这一现象作为信息环境变迁之于情感极化的直接后果,不仅在电视时代受到学者们的关注,也在互联网时代越来越明显。当前的互联网用户倾向于回避事实确认,着重情感发泄,导致整体的互联网环境呈现出情感极化的倾向(杨洸,2016)。

整体而言,数字时代日益加剧的情感极化现象是用户的个人生活转型与数字媒体生态变迁共同导致的后果。数字技术极大地改变了用户之间的相遇方式和相处方式,使用户的意识形态对话和情感认同过程变得更加复杂,进而引发了用户的认同危机,形成了不可避免的政治极化现象。

三、情感极化的治理路径

由用户的社会身份认同激发的情感极化现象,不仅本身代表着基本政治原则被侵害,也在实践层面催生了用户极端的政治参与行为。研究者需要对情感极化给用户的政治行为和日常生活带来的潜在危害进行细致的剖析,面向不同的群体和技术平台提出针对性的治理策略。

第一,情感极化的主要潜在危害在于阻滞用户审慎的思考,破坏健康的政治参与生态。这种危害不仅在用户的政治生活中随处可见,也在广泛的日常生活中扮演着重要角色。

情感极化现象会突破基本的政治原则,破坏民主规范,进而引发政治领域的破坏性后果。一方面,极端的政治力量往往主张用法律限制反对派的基本权利,保护同一阵营的政治权利(Kingzette, Druckman, Klar, et al., 2021)。这种主张实际上否认了政治协商的可能性。随着个体对于反对党敌意的增加,公民的政治参与行为更加趋向浅薄,不再具有审慎色彩,并且更具党派特征,丧失对政治机构的信任。人们不倾向于在摒弃偏见的情况下进行协商并就同一议题寻求合理的解决方案。例如,在数字媒体平台上,用户总是倾向于使用戏谑的情感表达方式与政治参与行为,但这些行动并没有起到颠覆性的作用,而是助长了数字公众的情感极化和表达碎片化。这些表达方式和参与行为仅仅是复制了社会中已经存在的表达和意识,对于解决核心政治问题毫无意义(Paz, Mayagoitia-Soria, & González-Aguilar, 2021)。另一方面,情感极化能够形塑民众对于政治议题的认识,动员他们支持或反对某一政党,直接影响当前的政治生态。无论是积极的还是消极的情感倾向都有助于在重大政治事件中动员民众。

这种动员力量不仅存在于党派之争,在日常政治活动中也同样存在。从这个角度来看,个体层面的情感极化可能会导致政治犬儒主义、互联网平台上的不文明表达,以及更加激进的政治表达。这与传统的政治协商过程的主张背道而驰。

情感极化不仅与政治问题联系紧密,更在广泛的日常生活领域发挥着极其重要的作用。在数字媒体平台上,用户对自己反对的政党的敌意与诋毁等行为逐渐超越政治参与的内涵,产生了更加广泛的社会文化影响。一方面,互联网上的民众倾向于采用极端的情感表达,主要是源于他们在日常生活中缺乏情感表达的规则。同时,数字媒体平台的情感可见性与用户的主动选择共同推动了群体极化的泛化,即群体极化现象的日常化转向(冯济海,2021)。极化的群体关系所获得的主要是对抗的可能性,而非开展合作的可能性,直接的厌恶情绪促使公民拒绝就争议性话题寻求不同的观点,加剧了"过滤泡"和"信息茧房"的普遍存在,降低了群体之间协商与合作的可能性。另一方面,互联网生态推动了用户可以借由多种不同机制形成紧密联系的临时性群体,其网络参与行为可能会围绕对某些特定问题和议题的共同意见而开展。跨越特定群体的认同可能性为他们带来了多种不同的网络参与动力(Hobolt, Leeper, & Tilley, 2021)。这种参与动力与负面的情感表达相遇,鼓励数字媒体用户普遍的负面表达,危害了数字环境的良性发展。

第二,情感极化已然成为一种妨害社会健康发展的因素,研究者有必要思考如何减轻乃至消除情感极化。情感极化的生成受到社会群体认同过程和数字媒体生态两个核心要素的影响,因此,治理情感极化需要从以下两方面入手。

其一,针对用户进行社群治理是一条主要的进路。情感在动员党派成员的过程中发挥着重要的作用,越频繁的党派信息就越会促进更强的群体内积极情绪和群体外消极情绪。在这种情况下进行的社会治理,必须将情感作为一种手段。这种逻辑的主要目标是借助情感来实现更大范围内的政治团结和更加一致的政治敌意。有学者将这种动员能力视作情感极化的一种重大危害(Garrett, Long, & Jeong, 2019), 因为在这种治理逻辑中, 情感极化是联结党派信息与用户的重要机制, 人们在接触党派新闻时, 更倾向于依赖党派信息, 实现群体内的团结与群体外的敌意。在党派信息中抹黑反对势力成为一种重要手段, 因为抹黑对方可以实现同阵营的人的团结。在一定程度上, 用户具有的情感倾向能促使他们选择符合自身预期的信息内容。相关的信息内容更易于驱动他们产生特定方向的政治情绪。也就是说, 用户本身的情感倾向可能不是由新闻内容引发的, 而是由新闻内容放大了。用户如果在互联网上接触与自身态度不一致的信息, 就会表现出强烈的敌意(Zhu, Weeks, & Kwak, 2021)。

社群治理的策略主要包括三个举措, 即转换社会身份、增强群体间交往、提升群体间共情能力。首先, 倘若用户拥有了新的群体认同, 情感极化的可能性就会降低。围绕这一点, 有研究者主张超越党派身份, 提升国家公民身份的重要性, 进而降低情感极化的可能性(Levendusky, 2018)。其次, 因为情感极化是一种群体间的过程, 所以试图降低情感极化的潜在危害就必须将群体间的情感交往作为减少党派间敌意的主要手段, 即增强群体间的普遍接触(Warner & Villamil, 2017)。聚焦到政治极化现象上来说, 友善的人际交往对于缓和用户的情感极化具有明显的作用。与温和的党外政客接触可能会减少政党之间的政策距离或党派敌意, 因为温和的党外政客被认为更尊重党内人士(Huddy & Yair, 2021)。最后, 积极的群体间接触能有效地降低群体内的焦虑, 因而可以减少群体内对于其他群体的负面想象, 削减威胁性的想象。类似的接触的核心在于, 用户必须从群体外成员的角度出发, 增强共情能力, 充分理解群体外成员的态度与倾向(Wojcieszak & Warner, 2020)。

其二, 社交媒体治理是另一条主要进路。在社交媒体平台上大量接触某一偏向的信息可能会促使人们不断反省自己的政治身份, 并催生更加极端的群体认同。政治信息往往将敌对党派描述成不可靠或道德低劣的形象, 更有可能引发用户的愤怒和其他强烈情绪, 然后在平台上进行"病毒式"传播。这导致互联网上的用户往往不进行协商, 进而强化了对不同群体的偏见(赵士林、张亚琼,2020)。社交媒体在这一过程中扮演的角色十分复杂。有研究表明,社交媒体与舆论极化没有必然联系,只有在社会失稳和主流媒体信誉流失的情况下,社交媒体才对极化有明显的助推作用(葛岩、秦裕林、赵汗青,2020)。基于此,虽然社交媒体与用户的情感极化之间的关系仍然是一个悬而未决的问题,但我们仍然要围绕社交媒体提供的可供性提出针对性措施。一方面,推荐算法的普及确实带来了突出的"信息茧房"问题,对此,研究者必须鼓励用户拥有更加主动的选择权,以高度的媒介素养主动破茧。这能促使用户超越情感极化循环,从自身经验出发,形成审慎的政治思考。另一方面,数字媒体平台的公共意义在于为用户提供更大的选择空间,用户能在互联网平台上接触更多的异质性信息,因此,信息生产者应当探寻更加丰富的情感表达方式,为用户带来更多激发与表达情感的可能性。总结而言,数字时代的用户实际上对信息生态的设置具有极强的感知能力与主动性,能够依照自身的意识形态和情感偏好选择信息。绝大多数用户并不会仅关注某一特定倾向的信息,而是会围绕同一议题接触大量不同意识形态倾向或情感倾向的信息。因此,与其沿着涵化的思路持续探索新闻内容推动用户态度与情感极化的机制,不如转向数字情感极化的核心问题,即数字媒体平台如何满足用户的情感需求,以及如何为用户设置更加合理的情感表达规范。

第五章

数字新闻用户实践的革新效应

新闻业对前沿媒介技术的广泛应用极大地丰富了新闻样态。如今，用户（受众）能通过多种渠道获取新闻内容，并在一定程度上获得设定新闻套餐的自主权，令新闻接受经验更好地融入日常生活经验。在这种背景下，新闻内容及产品开始越来越多地强调自身对用户的视觉与感官吸引力，也强调立足于数字空间来提升团结用户的社会效应。总而言之，数字新闻用户的诸种实践"倒逼"新闻业开展自我革新以图生存与发展。

需要强调的是，新闻业的众多创新行动并不仅仅是新闻业基于自身观念革新而开展的生产实践创新，更多是一种新闻业对行业生态演变所作出的被动反应。尽管一种针对相关实践的稳定的认识论框架尚未形成，但一种开放性的讨论氛围已然成熟。通过解读新闻业的种种创新行动，我们得以跳出传统的信息论框架，从更广泛意义上的信息生态维度来理解数字时代新闻业与用户关系的内涵和规律。

第一节 以感官体验吸引新闻用户

"以创新实践吸引用户"实际上是一种超越媒介中心和用户中心的综合性行业演进规律。这种演进规律体现在形式、文化、行为、观念、价值等多个方面，呈现出高度语境化与动态性的特征。因此，对它的解读须流动而深入。在历史上，艺术既是鉴赏的对象，也是特定社会群体意识形态的承载物，更在某些具体条件下发挥唤起情感、动员群众的作用。在数字媒体生态下,新闻完全可以获得这种综合的社会参与机制。对于新闻业来说,能否基于平台环境不断自我革新以满足用户的接受需求,不仅关乎新闻在数字信息文明中的文化定位,也塑造着新闻业与历史、社会和日常生活的关系。

正是在这样的背景下,数字新闻开始越来越强调在内容、渠道、价值与伦理等多种层面与用户建立亲密关系,使得新闻业的情感转向同时具备理论发展与实践转型两方面的重要性。本书认为,必须通过一种显现于数字新闻业内的知识边界重组趋势,从更广泛意义上的信息生态维度来理解数字时代新闻业的内涵和规律。这种趋势的代表性实践是数字新闻业的美学化和情感化。

一、数字新闻业的美学化趋势

(一)何为新闻的美学化趋势

新闻的美学化指新闻生产实践高度关注新闻内容(产品)的审美维度,并借由良好的视觉表现力和丰富的感官体验满足用户情感需求的趋势。美学化作为一种生产倾向,始终伴随着新闻业的发展,尤其在广播电视时代实现了长足发展。但因为视听媒介的美学话语与新闻内容的纪实话语之间存在一定程度的矛盾,所以新闻的审美倾向长期以来为主流新闻观念所警惕。这一状况在数字时代出现了改观。受益于数字技术的蓬勃发展,新闻生产摆脱了单一媒介的束缚,呈现出跨媒体性、融合性的特征,带来了风格殊异、侧重点多元的新闻形态。新的新闻形态往往因其形式和吸引力的优势而得以流行,在一定程度上彰显了新闻美学的重要性。与此同时,各种新兴的媒介技术尽管有不同的构型和文化偏向,但总体上都朝着感观化的方向发展,也导致新兴数字新闻产品的感观化。包括短视频新闻、创意视觉新闻、Vlog 新闻在内的各种数字新闻新样态融合画面、声音、故事、体验等多重表现要素,重塑了新闻的接受方式和新闻生态的文化偏向,令美学话语有力地介入了主流新闻评价体系(王晓培,2022;

梁君健、杜珂，2022）。

目前，新闻学研究领域仍未就"美学化"这一术语的内涵达成共识，但有两种定义方式具有较大的影响力：其一为"艺术新闻"（artistic journalism），主张在新闻生产实践中广泛吸纳艺术表现策略，以提升新闻的吸引力和影响力（Postema & Deuze, 2020）；其二为"审美新闻"（aesthetic journalism），即从艺术的本质出发，提出新闻具有明确的审美维度，并主张对其理论化（Cramerotti, 2009）。这两种定义方式较为完整地涵盖了本书要探讨的"新闻美学化"的内涵——它既是一种回应受众审美需求的新闻生产实践创新，也是整个新闻生态的一般性演变趋势。连接这两个维度的是关键概念"体验"。生产实践创新是为了创造更好的新闻体验，一般性的美学化趋势则强调数字新闻生态的体验性转型。在这个意义上，新闻的美学化既是一种认识论，也是一种实践观，能够很好地代表新闻观念与新闻业务的连接方式。

数字新闻美学化的成因是复杂的，其本质是一种基于数字媒体架构的"技术-文化共生状态"。"技术-文化共生状态"分析要求研究者必须始终将具体现象置于技术语境与文化语境的交汇处，同时关注两者的融合作用。具体而言，可以在环境、实践和观念三个层面探讨美学化缘何在数字时代成为一种趋势。

在环境层面，数字新闻的传播过程主要依托社交媒体平台与推荐算法构筑的扩散框架，在总体上丰富大众新闻套餐的同时，也培育了一种带有数字性烙印的个体化、趣缘化的新闻流通逻辑，从而为总体新闻生态的美学化奠定了基础（常江、何仁亿，2022）。社交媒体平台在结构上规定了用户获取新闻内容的方式，其页面布局、审美倾向、平台规则、交互机制等都直接影响着用户接受新闻与表达意见的行为（Hermida & Mellado, 2020）。一个时常被忽视的方面是，社交媒体平台往往也呈现出独特的美学倾向。这种美学倾向既包括平台本身的视觉风格与其技术架构主要支持的美学形式，也包括平台聚合的用户在总体上体现出的审美趣味。例如，全球知名社交媒体平台Instagram以其独特的滤镜功能为用户所知。

平台提供了丰富的滤镜供用户选择,用户可以通过控制图像曝光、饱和度、对比度和色调等方式获取一种电影化、剧场化的体验;平台的审美倾向成为所有信息内容的有机组成部分,视觉美学成为 Instagram 用户的一种身份形式(Manovich,2018)。在跨平台比较方面,结论也是明晰的。基于微博的新闻发布多呈现为简短的文字内容,辅以视频或图片的形式,与传统新闻的形态较为接近;在短视频平台快手、抖音上,文字内容以内嵌于视频的字幕形式存在,成为视觉形式的辅助要素,在很大程度上体现出高度感观化的特征。与文字主导型新闻相比,视频主导型新闻显然具有更加显著的可体验性(Hiippala,2017)。在这两种新闻美学风格的发展过程中,平台逐渐通过聚合相应品位的用户群体而呈现出某种固化的审美趣味。这种审美趣味的差异超越了单一媒介机构范畴,体现出鲜明的平台属性。例如,《人民日报》在微博、微信公众平台和亚文化网站 Bilibili 上发布的新闻就体现出高度差异化的美学风格,吸引了拥有不同审美趣味的用户群体。总而言之,新闻业的数字化进程与平台化结构为新闻的美学化趋势提供了基础的架构、空间和规则。由于平台的生存逻辑是通过满足用户需求以获取流量红利,因此,依托平台发展的美学化新闻生产机制天然地带有鲜明的效能主义色彩。这种接受美学与文本意义上的纯粹美学或艺术追求不可同日而语。

在实践层面,随着智能终端和推荐算法的普及,新闻接受行为日益私人化,用户对新闻产品的诉求更加微妙细腻。这种诉求超越了传统意义上的信息需求,开始涵盖更加难以被体察和测量的情感需求。这直接促成了新闻美学化的出现。在形式上,具有鲜明美学化特征的新闻产品普遍求诸视听媒介与符号元素来营造感官氛围,唤醒用户的共情体验。有研究表明,这种新型体验往往更加细微、深刻与生动(Ball,2016)。在数字时代,更加积极主动的用户不但"评判"(judge)新闻的品质,也"品鉴"(taste)新闻的形式、表现与吸引力。区别上述两种行为的关键就在于新闻内容与用户情感连接的程度(Kotisova,2019)。情感连接的方式和效果则取决于新闻内容(产品)与用户的生活经验和审美趣味的距离。在这个意义上,美学化与情感化不但不可分割,而且相互依存。需要强调的是,无论是美学化还是情感化,在数字新闻的技术-文化逻辑下,并不必然与精确、客观等标准相矛盾。例如,已经成为主流新闻样态的可视化报道,在生产中遵循明确的美学原则,但一切可视化创意都是建立在数据的基础上——数据本身确保了报道的客观性基础。类似的逻辑在沉浸式新闻中也有体现。尽管VR/AR技术被用于塑造虚拟场景和沉浸式体验,但其符号基础是对新闻事实(现场)的画面采集与高保真还原(Sánchez Laws, 2020)。美学化的新闻生产实践还有一种潜在的文化效应,即借助艺术的感染力与动员力,鼓励用户从观看新闻转变为参与新闻,培育一种更具行动性的新闻文化。在技术辅助和探索性实验的基础上,各种视觉创意与舞台表现元素均可被纳入日常新闻生产实践,推动纪实观念与美学观念的融合,创造新的新闻语言。这有可能为新闻业重获社会信任、重建知识权威作出贡献。

在观念层面,如同一切正在经历结构转型与行业革新的社会领域一样,新闻业也正在系统性地鼓励用数字创造力激活机构与从业者群体的生产力,并对各种带有"异端"色彩的生产理念持有较为包容的态度,为新闻观念和艺术观念的融合与对话创造了宽松的现实条件。需要强调的是,上述氛围不是凭空出现的,而是有特定行业的实践基础。一方面,在数字媒体环境下,新闻内容的极大丰富与充分竞争激发生产者呼唤普遍的创造力(Witschge et al., 2019);内容的丰富(及冗余)进一步培育了用户(受众)以满足自身需求为核心的接受意识,他们不断对新闻机构提出新的要求,促使其持续创新。在这种情况下,"永久的不稳定"成为新闻业的常态,观念创新也就成为一个经久不衰的行业发展主题——即使是不具备真正意义上的创新能力的新闻机构,也往往需要营造一种创新的姿态,以获取用户的情感信任(Deuze & Witschge, 2018)。另一方面,传统意义上的新闻从业者群体(目前仍是最主要的新闻生产主体)也在数字化的行业实践中形成了有别于以往的身份认同。越来越多的研究表明,新闻记者与编辑在不同的创新活动中扮演了策展人、讲述者、导演、设计师、剧作家等新角色。新的身份认同是否完全符合新闻专业标准固然有待商榷,但其更强的包容性显然为更具"激进"色彩的创新生产模式(如新闻与艺术的融合)提供了适宜的土壤。此外,学界、业界对新闻观念史的回顾与反思也发挥了一定的作用——通过重新解读某些与艺术有密切关联的新闻生产理念,新闻业得以在不公开违背传统新闻伦理的情况下,为美学化创新提供合法性依据。例如,近年来出现了"重述"新闻摄影(photojournalism)及其观念的潮流。带有革新意识的研究者既强调主观创造力在新闻摄影实践中的重要作用,也通过重写摄影史为新闻摄影赋予某种艺术史上的地位(Gervais & Morel, 2020)。据此,他们提出新闻观念与艺术观念的融合在记录历史真相和社会变迁过程中发挥的积极作用,进而明确了对艺术要素的吸纳,以提升新闻文化价值的合理性(Mendelson & Creech, 2016)。可以说,正是对创造力在新闻观念构成体系中的重要性的强调,为新闻从业者突破既有的规范框架、实现广泛意义上的美学化创新提供了必要的话语资源。当然,这并不意味着新闻生产成为一种纯粹的创意活动,更多的是在强调创造力本身不应被视为真实、客观的对立面。这一概念因其包容性而成为美学化创新践行者的重要行动指南(Brown, 2019)。

(二)新闻美学化的当代媒介特征

数字新闻美学化具有明确的当代媒介特征,主要体现为新闻内容(产品)在风格上的创新。这种创新在实践层面就是新闻生产主体如何立足数字媒体生态组织符号、排列元素,并最终构建意义。总的来说,数字新闻的美学化趋势体现出符号繁博化、叙事接续化与风格崇高化等核心特征。

符号繁博化,指数字新闻业在生产环节尽可能地同时采用多种符号体系(如文字、图片、漫画、短视频、音频等),以适配全媒体平台的传播要求。符号类同与融合是媒介环境数字化的一个重要结果,其主要表现是不同的文化生产范畴(如新闻和艺术)因其内容流通与接受环境的融合而开始共享符号体系。因此,尽管生产意图和目标受众不同,新闻报道与艺术作品完全可以拥有相似的符号形式。这种符号上的相似性确保艺术和新闻的融合至少在作品(产品)样态上可被数字媒体用户理解,并为后续的接受奠定基础。随着具有艺术化倾向的新闻样态的出现和流行,学界和业界开始尝试将审美的逻辑纳入主流新闻价值评判体系,不断改造上游新闻生产环节,将表现力和吸引力作为与即时性、重要性、接近性同等重要的评价标准(祖宇,2021)。当然,在这一过程中,不可避免地会出现对(艺术性的)创意符号的广泛使用可能导致有关新闻真实的讨论被破坏的现象。这是需要数字新闻学理论重点关注的问题。但已有很多研究表明,数字时代的新闻真实正在形成有别于传统的新内涵,体现出更高的灵活度。此外,符号繁博性也在数字媒体用户广泛而丰富的用户生产实践中得到强化。不断涌现的用户生产内容不但倾向于使用艺术化的工具和手段(如图片、视频等),而且往往更多地传递出用户自身的审美偏好,而非理性信息诉求(Gorin,2015)。随着用户生产的个性化内容越来越多地被作为素材运用于主流新闻报道,其包含的美学要素和审美倾向自然会介入对新闻符号的调配与统摄,使得美学化成为一个自然而然的过程。

叙事接续化,指数字新闻内容(产品)的叙事与表现的目标侧重于借由简便的屏幕滚动与切换操作,为用户提供良好的、持续的观看体验。接续是数字新闻带给受众(用户)的一种新型体验,既强化了新闻的信息传递功能,也制造了一种连绵不断的沉浸式感官享受。以移动智能终端和各种类型的信息服务应用为载体,一种典型的新闻接受行为模式得以形成:用户在"首屏"上获得新闻信息的概要,紧接着进入"次屏"上的平台或应用以阅读多媒体、视觉化的新闻内容,进而通过滚动屏幕(瀑布流)和空间排布(超链接)等渠道进一步接触相关的其他信息及用户评论,最终获得一种既高度综合(comprehensive)又极具开放性的新闻体验。总而言之,新闻故事的延续是通过用户与位于接受链条中不同次序的屏幕之间的互动实现的(Dowling,2017)。产品或文本层面的接续对应着接受或消费层面的沉浸(immerse),而沉浸本身首要是一种高度类似于艺术鉴赏的审美行为(Jacobson et al.，2016)。近年来学界广泛关注的新闻策展理念很有代表性：一方面，新闻以排布符号要素、调遣不同媒介的方式讲述故事、连接大众，成为一种日常性的生产实践，策展人通过为用户制造观看展览的虚拟体验来攫取其注意力、唤起其特定的情感；另一方面，在策展的过程中，数字新闻形成了新的叙事语法，越来越多的意义产生于不同媒介与符号要素的并置、对照与反差，这些意义只有通过沉浸和体验才能获取。毫无疑问，屏幕已经成为绝大多数人须臾不可离开的生活资料，用户对于屏幕的依赖代表着一种高度媒介化的生活方式，即他们不仅通过屏幕获得生活与审美经验，也借由屏幕的中介形成了基于上述经验的认识论和价值观。在这个意义上，接续的新闻叙事语法的形成具有颠覆意义，既为用户提供了一个具有极强的情绪攫取能力并在形式上连绵不断的动态信息环境，也令用户获得了一种理解新闻，以及借由新闻理解外部世界的新范式——由沉浸到体验，再到共情。

风格崇高化，指美学化趋势的传播效果与文化影响，即用户通过数字新闻的符号和叙事体系获得的体验超越对信息本身的了解，继而形成了一种崇高的仪式感。这种塑造仪式感的能力决定了跨媒介、融合化的数字新闻在创建情感连接和塑造身份认同等方面具有传统新闻难以比拟的优势。这一优势在一些具有共同情感指向(如爱国主义)的媒介事件中体现得尤为显著，如"孟晚舟归国"与"袁隆平逝世"。同时，新闻用户也会在新闻接受中对这种仪式感作出回应，即在新闻评论与表达中呈现出更加明确的情感倾向(张志安、姚尧，2021)。基于这种考量，有些研究者提出应当在新闻业的定义中加入一个未知的变量，用以描述任何可能被纳入新闻的感官要素(如嗅觉、视觉或味觉等)，或在现有的新闻真实性观念中为虚拟现实/增强现实赋予一种认识论地位(Vos，2018；Papagiannis，2017)，甚至新闻的游戏化(gamification)实践也应运而生。新闻游戏化的倡导者主张通过制造用户共同参与的游戏场景和竞争机制来进一步激活基于新闻事件形成的媒介情感仪式，从而在用户的情感体验中留下更加深刻的烙印，激励用户不仅接受，更要解释和介入对新闻意义的构建

(Dowling，2020)。在这个意义上，新闻美学化趋势体现出一种动员效应：一方面，它借由审美的力量调动用户的感官潜能，为其带来更加崇高的接受体验和情感意识；另一方面，它高度尊重用户的能动性和主体性，与其协商新闻的意义与文化价值，推动所有的新闻行动者共同构建一种更具进取性(progressive)的新闻文化。

从媒介特征出发，研究者应当对数字新闻的美学化趋势形成一种辩证的理解。在数字媒体生态下，新闻的纪实属性与艺术的审美功能具有相互融合、协调发展的基本条件。同时，一系列成功的创新实践也表明，传统新闻观念长期以来对感观化倾向的排斥其实是一种受制于特定媒介思维范式的保守主义。纯粹的事实性新闻其实从来都不存在，因为哪怕是最朴素、简明的倒金字塔报道，也包含一种由特定叙事结构带来的美学倾向。因此，数字时代的到来不过是将这种长期被"正统"遮蔽和压抑的生产理念公开化与合法化了。借由繁博的符号、接续的叙事和崇高的风格等媒介特征，美学的观念与实践正在日益深入新闻专业文化的深层机理。这一过程无疑呼唤着新闻学理论的回应与反思。

(三) 数字新闻学视域下的美学化

作为新闻学在数字技术条件下兴起的新范式，数字新闻学的基本概念框架对于多元的新闻类型具有较强的包容性，并主张超越传统新闻观念框架，从更宽泛的"技术-文化共生论"角度理解新闻。从数字新闻学现有的理论框架出发，本书将美学化趋势理解为三种新闻业的创新方向，即形式创新、文化创新与价值创新，并尝试据此阐释这一趋势对新闻业发展的影响。

形式创新是美学化趋势给新闻内容(产品)带来的最直接的影响。对艺术和创意元素的充分使用令新闻更具视觉吸引力，能更有效地诉诸用户的感官和情绪，在履行信息传递职能的同时，也制造了不同规模的情感共振。与数字媒体艺术研究一样，研究者现在可以通过对多媒体/跨媒体元素的并置与组合方式的分析来理解新闻，为新闻流通规律和接受方式的研究提供来自情感心理学和公共美学的新视角。数字新闻作为审美对象,甚至作为一种审美政治载体的观念得以逐渐确立,显然会极大地丰富现有的新闻认识论。形式创新带来的主要社会影响,就是使新闻重新与(正在不断流失的)受众建立连接。用户从自身审美需求出发,期待通过新闻获得一种更具综合性、连贯性的体验。这是传统意义上朴素的、未经雕饰的新闻产品难以提供的。于是,主流新闻生产机制因数字技术培育的美学化形式创新而开始了对自身的革新。美学化趋势在形式上的优势还会产生一个潜在的结果,即推动一些既有的新闻理念与文体的复兴,如对信息和符号精确度要求更高的解释性报道和主张积极调动读者情感力量的新闻特写(非虚构)等。美学化趋势其实预示着新闻正在形成一种"具有多重选择的信息生态"。它虽然对新闻机构提出了很高的观念与实践革新要求,但至少在形式上为用户提供了更丰富的新闻选择和更大的信息自由。

文化创新体现在美学化新闻于营造集体情感仪式方面所具有的巨大潜能中。通过不同规模、强度的仪式化实践,新闻可以重获用户信任,并动员用户参与社会进程。正如有研究者指出,数字时代的新闻因其仪式性特征而具有了丰富多元的物质形式。与过去相比,这些有形的或无形的物质形式得以更加有效地勾连用户的生活经验和情感体验,构建用户关系网络并服务于特定意识形态(Moran & Usher, 2021)。在重大社会事件或媒介事件发生时,美学化新闻的上述文化创新会在短时间内产生极为强大的话语势能与情感效能。例如,针对俄乌冲突,来自双方的新闻报道均十分注重通过海量的图片、视频、口述叙事等多重手段来制造情感意识、获取舆论支持,这是传统的客观报道很难达成的目标。当然,频繁地通过制造情感仪式的方式来动员大众也有其负面效应,用户可能因此而产生疲惫感和被操纵感,报道本身也有可能为追求文化效应而背离真实性原则。但是,在新的规范和伦理体系不断形成时,相应的约束机制和批评机制也会出现。此处只是强调,人类普遍的情感结构是客观存在的,并且无论新闻业以何种方式再现社会事实,上述情感结构总是要通过某种方式得到抒发，参与对社会进程的塑造（Wahl-Jorgensen & Pantti, 2021）。在这个意义上，无论是新闻还是艺术都没有本质的区别。它们都是人类普遍情感结构的媒介容器，既承载这种结构中包含的文化能量，也为其提供一个基本的约束机制和扩散框架。当然，既然美学化新闻的仪式效应可以服务于不同的意识形态，那么在一些情况下，对它的实践就有可能违背新闻的基本原则，尤其是真实性原则。无论如何美学化，新闻终究是新闻，新闻业的存在合理性和知识权威依赖其文化效应维系，但其根基不是艺术的虚构创作，而是建立在再现事实基础上的公共文化追求。

从价值创新的角度看，美学化趋势指向了一个通过与用户建立亲密关系来践行信息民主与文化公共性理念的未来新闻业。新闻观念和美学观念的互动伴随新闻实践史的始终，如何认识并规范这种互动关系才是价值讨论的目标。毫无疑问，在数字时代，作为审美对象的形式使得新闻更具吸引力和动员性，但作为公共文化档案的本质决定了各种美学元素的存在必须始终服膺于新闻真实性原则，并致力于追求一种更加平等的信息关系。将美学话语融入新闻话语实现的价值创新固然在一定程度上超出了传统新闻伦理法则所能解释的范围，但这一状况应当成为革新伦理体系的动力，而非否定美学化实践的依据。毕竟，发展健全、健康的新闻业的终极目标，就在于通过忠实地再现事实来让大众获得关于社会的基本准确的认识，作出符合人类文明与进步法则的行为选择。美学化的趋势在本质上与这一目标并不矛盾。正如有研究者指出的，视觉文化的勃兴并不意味着多媒体元素将带来更随意的创造性与解释空间，因为行动和理念并不总是奉行同样的逻辑（Klein-Avraham & Reich, 2016）。将新闻接受作为一种审美实践，用户只不过多了一条借由新闻把握历史与社会的认识论路径，在适宜的实践规范与伦理体系构建完善的情况下，美学化完全可以在不违背新闻真实性原则的前提下，极大地提振新闻搭建社会认知与情感网络的能力，为发展一种更加民主的信息文明打下基础。

综上所述，美学化实践既是新闻生产主体对数字时代新闻用户日益复杂而细腻的信息需求的回应，也是我们结合历史条件和行业现实理解主流新闻生产机制的演变规律的重要切入口。美学化的初始动力在于提升新闻内容(产品)的吸引力,以重建社会信任。但随着形式革新的不断成熟与主流化,一种与之相应的文化逻辑日渐丰满,并开始在观念层面改造新闻生产的一般性实践及普遍性的新闻认识论。这条从技术到文化的演进路径又进一步促使我们展开深入的价值追问,探讨美学化趋势之于新闻业价值追求的影响。

二、数字新闻业的情感化趋势

(一)不确定时代的情感问题

新闻业的情感转向为数字媒体平台规则所型构,新闻业与用户的亲密关系也日渐受到用户情感体验的挑战。互联互通的移动网络和精准化的智能算法为用户提供了日渐丰富、更迭速率极大提升的新闻内容。这种加速的内容更新不断突破用户接受的心理上限,使其产生倦怠感。与之相关,在新闻的流通与接受环节,过量的信息内容会促使阅读行为丧失仪式性并逐渐日常化,进而导致用户视角下的新闻内容与娱乐信息、流言逸事越来越难以区分(Bechmann, 2020)。容身于数字新闻生态的用户就更易于培育出直觉式的接受习惯,因此,情感体验成为其核心接受策略,审慎的思辨成为一种"反数字的"行为方式。在这种情况下,用户的情感状态及行动成为新闻内容传播效果的外在指标。用户不仅要在具体的新闻情境(news niche)中保持精神健康,也要在特定情感状态的激发下开展多元的新闻参与行为。因此,用户的接受倾向具有更强的不可预测性,新闻业的情感问题与整个信息网络的演变产生紧密的联系。

虽然情感话语始终伴随着中国新闻业的发展,但由于情感话语与新闻客观性价值的理念矛盾,以用户接受体验为指向的情感化叙事一直受到主流新闻业的质疑,这种状况在数字时代得以反拨。受益于数字媒体技术走向普罗大众,数字新闻用户可以在高度混杂的信息生态中以自身的生活经验为基础评判新闻内容的质量,使得研究者对新闻业的情感转向进行经验考察与理论归纳成为可能。数字新闻的情感转向不仅在实践层面促进了新闻行业的形态演进与逻辑更新,也在理论层面启发研究者对于涵盖新闻生产、流通与接受环节的众多概念进行反思与更新。具体到研究实践中,如何超越传统意义上被引导与被感动的用户角色,探索如何使用户获得良好的接受体验,就成为重要的理论问题。相关的研究议题包括理解主流新闻机构的情感受众观念,立足于数字媒体平台归纳诸种行动者的情感关系如何塑造新的仪式化媒介实践等(陈阳、周子杰,2022;常江、何仁亿,2022)。

当前,世界范围内数字平台上的社会风险新闻此起彼伏,使不确定时代与数字时代有了实践层面的交叠。本书所称的"不确定时代"指用户主观上无法判定社会风险事件的发生规律并进行预期的时代。不确定时代的情感问题在新闻学研究中登堂入室,主要是由于用户的情感激发与消亡显著地依赖数字媒体平台。当前,用户在数字媒体平台上获得了新的主动实践机制。数字新闻业为了重申自己在用户日常生活中的重要作用,就需要依据用户的情感状态进行生产、流通与接受等多环节的议题设置,以提升用户与新闻业的亲密关系。

上述关于情感转向的讨论在不确定时代具有突出的应用价值。在用户个体层面,数字用户在社会风险事件爆发时期保持情绪稳定与精神健康的能力被称作心理韧性(mental resilience)。一般来说,在经历社会灾难事件之后,感知生活满意度(个体对当前生活质量的主观评估)与对未来生活的展望(个体对当地的安全感、可持续性和抗灾能力的认识)共同决定了用户对未来生活的预期(Jung,2019)。如果用户拥有较高的预期,他们就会获得较强的心理韧性,进而保持更加正面的情感状态。在社会层面,由新闻业设置的情感氛围与社会公众的心理体验及行动息息相关。新闻机构对社会风险事件的持续报道会引发社会公众对风险事件的解决与对社会建设工作的关切。倘若社会公众长期接触消极的情感氛围或对社会建设工作丧失信心,他们就会产生持续的精神紧张与情感创伤。推动社会氛围的积极化转型与社会公众的精神健康直接相关。实现这一效果的直接策略就是以积极情感为主要手段,促进个体的心理建设与健康社会氛围的建设。具体到新闻业实践中,就是新闻业如何在生产、流通与接受环节采纳积极的情感逻辑,为用户和社会提供情感支持。对于这个问题的回答,大致涵盖新闻从业者的情感调适、文本的情感倾向和用户的情感话语三个维度。

第一,新闻从业者应当积极地调适自身的情感状态,以特定的情感规范为用户提供富含情感元素与解决方案的新闻内容。不可否认,在社会风险事件爆发时,新闻从业者会产生震惊、沮丧乃至绝望等心理反应。既有的新闻职业规范能为他们提供工具箱以保证自身的心理健康和新闻报道的合规性。这些工具包括从业者群体的互相鼓励、新闻机构的员工关怀等(Šimunjak, 2022)。同时,新闻从业者也是社会风险事件的经历者,面临着家人、朋友或同事的生病、死亡等突发情况。这为新闻从业者设定了一种新的情感劳动规则,并催生了新的生产规范(Jukes et al., 2022)。研究者需要深入新闻从业者的工作流程,以探明不确定时代的情感调适规则,理解新闻从业者如何在实践规范上回应自身与行业所面临的情感问题。

第二,新闻内容生产应当以解决方案为核心,纳入积极的情感元素。如何以推动用户的心理健康与社会秩序的建设为宗旨来选择信息,提升积极元素的优先级排序和呈现规则,是摆在新闻从业者面前的问题(Skovsgaard & Andersen, 2020)。因此,新闻文本的生产和流通环节要将社会公众(社会风险事件的经历者)的心理状态、承受能力与生活恢复方案纳入考量(Hermans & Prins, 2022)。一个代表性案例是,方兴未艾的建设性新闻形态主张将积极情感纳入新闻生产,以引人入胜的报道提升新闻的吸引力,为新闻内容的生产提供了启示(McIntyre & Gyldensted, 2018)。从这一点来看,研究者需要进一步探明不确定时代的新闻业如何通过"文本"这一用户直接接触的载体来承担疗愈个体与社会的功能,即新闻业的文本疗愈功能。

第三,用户会主动借助数字媒体平台提供的表达与评论功能生产情感话语。一般来说,用户会出于对新闻业的信任而积极回应新闻内容并参与社会行动。在社会风险事件爆发的时期,数字媒体平台上具有互动性和富含情感元素的新闻谈论与线上互动能为用户提供获得情感抚慰的可能性(Eisele et al.,2022)。长期参加这种线上互动的新闻用户会创造出个性化的情感话语,其话语型构也将对新闻从业者提出更高的情感化叙事要求。数字新闻用户始终容身于复杂的生产与接受网络,如何深入发掘用户话语的生产潜力,推动数字新闻业叙事模式与情绪激烈、内容多元的用户话语实现良性互动,是不确定时代的新闻研究者需要关注的问题。

总体而言,不确定时代的情感问题的兴起源于用户不稳定的情感状态。如何以积极的情感化叙事提升用户对新闻生态的信任,进而助益用户的心理重建与社会疗愈,成为新闻行业面对的整体性问题。这一问题牵涉新闻从业者、新闻文本和新闻用户等多重要素,其中最为外显的要素就是数字新闻文本的情感化叙事。因此,本书尝试通过考察情感化叙事的主要实践路径来厘清数字新闻业如何实现文本疗愈功能。

(二) 数字新闻情感化叙事的核心路径

全球范围内不断发生的风险事件不断影响着社会生活与私人生活的边界,不确定的用户情绪会为社会行为设定新的逻辑。这意味着新闻业要在数字生态中承担社会疗愈功能,面向用户的情感状态进行内容生产就成为对新闻业提出的新实践要求。这一内容生产趋势就是新闻业的情感化叙事。总的来说,情感化叙事主要包括三条实践路径,即诉诸感官的叙事形态、贴近日常经验的叙事风格和提升代入体验的叙事主体。

第一,诉诸感官的叙事形态。"诉诸感官"意指新闻文本生产过程尽可能采用多种叙事方式,以诉诸视觉、听觉、触觉等感官体验的传播方式提升用户积极的情感体验。与既有的报纸、广播、电视等媒介形态相比,数字媒体平台主张在新闻生产与流通环节融合多重感官体验,为用户提供综合的新闻接受体验。其中,具有代表性的新闻叙事形态就是诉诸视觉的短视频新闻与诉诸听觉的新闻播客(王晓培,2022)。尽管这些新闻形态的应用场景和流通范围尚有差异,但它们在叙事视角与叙事节奏方面均呈现出诉诸感官的特征。

在叙事视角上,诉诸感官的新闻叙事突破了既有的文字规范,以带有艺术倾向的生产逻辑为用户提供了新的表现力与吸引力,为新闻业带来了与客观性、真实性等并驾齐驱的审美与创意价值。以喜马拉雅 App 上的新闻播客"央视新闻"为例,这一流行的新闻播客通常借助传统的新闻播报与随意交谈、模拟对话相结合的讲述方式。其中的《主播说联播》等栏目往往引用真实素材,以第一人称的对话视角为听众提供讲述者的自我披露或主观评价。这种诉诸听觉的报道形式以轻松、公开的主观叙事视角吸引用户,很好地提升了受众与节目内容之间的亲密关系,实现了以亲密性促进良好体验的目标(Lindgren, 2023)。此外,由于多元的叙事视角可以与多种形态、多元内容实现良好融合,央视新闻的新闻播客囊括新闻快报(如《早啊!新闻来了》)、每日新闻(如《新闻联播》)、新闻评论(如《主播说联播》)和音频长文(如《新闻1+1》)等节目类别,并部分继承了新闻调查、新闻评论、新闻纪实等传统形态的生产规范。

在叙事节奏上,诉诸感官的新闻叙事为用户搭建了一种随时间演进的线性叙事,用户通常可以在较短的时间内轮次观看或收听新闻内容的开头、主体和结尾。以封面新闻的新闻短视频为例,短视频内容通常在几十秒内完成呈现。这些短视频往往以极具真实感的新闻视频为基础,添加文字解说或声音旁白,为用户提供解读。其中,新闻记者或新闻当事人通常是唯一的叙事主体。在新闻报道中,这种快节奏、主体突出的新闻形态融合了音视频素材的优势,能够有效地吸引数字时代各个年龄层的用户群体。尤其是在灾难祈福、冬奥时刻等热点事件的相关话题上,新闻短视频能获得极强的流行能力。在一些持续性、追踪性的新闻报道(如聚焦俄乌局势)中,线性的叙事节奏同样发挥了效用。在特定关键词的聚合作用下,新闻用户会保持对同一新闻事实的旺盛兴趣,最终积极参与"新闻追更"。"追更"的结果就是用户与新闻讲述者之间形成更加亲密的联系。

在不确定时代,诉诸感官的新闻叙事能借助音视频素材的吸引力实现对用户情感状态的积极引导。上述效果的实现不仅是因为新闻业将针对社会风险事件的解决方案纳入新闻视觉元素,提升了用户对社会新闻的参与意愿;也源于感官化的新闻叙事方式与建设性的新闻理念进行对话,实现了全面分析问题、准确表述现实和生动讲述故事这三种效用的融合(Dahmen et al.,2021;Midberry & Dahmen,2020)。建设性的感官叙事会不断地改造新闻生产环节,消弭血腥、暴力、低俗等音视频元素给用户带来的不适感,纾解不确定时代的社会问题与建构社会秩序就成为新闻报道的主流逻辑。当然,这一乌托邦式的理论前景在实践层面的效用会受到诸多现实因素的制约,诉诸感官的叙事模式远未稳定地发挥其建设性效用。不过,其在数字媒体平台上的广泛流通已然成为事实。这为本书从用户视角畅想不确定时代的情感化叙事提供了空间。

第二,贴近日常经验的叙事风格。贴近日常经验的叙事风格并非指新闻内容以用户的日常生活为报道对象,而是指情感化叙事的框架主动贴近用户的生活经验与知识水平,为用户提供去仪式化的和简单易懂的新闻体验。这种叙事风格的转型主要表现在两个方面。

一方面,以贴近日常经验的叙事风格适应移动化、日常化的接受场景转型。数字时代的新闻接受场景多种多样,要求新闻报道关注不同场景的区别,根据场景的差异为用户设定讨论议题与对话方式,进而制造一种参与式、沉浸式的新闻接受体验。基于移动终端和多种信息服务应用形成了一种典型的新闻接受模式,即用户在多任务处理的过程中观看(或收听)短视频新闻(或新闻播客),其主要目标是在舒适的、非正式的场景中获得社会中的新鲜事与娱乐信息,用户期待的新闻内容就是不受时间、空间限制的日常内容。以上观新闻、看看新闻 Knews 等机构在短视频平台抖音上的账号为例,它们通常会对内容素材进行与移动化接受场景相匹配的日常化改造,即通过在新闻内容中增加第一视角的用户拍摄的素材及对话和讲故事的元素来提升叙事的情感色彩,进而增强新闻内容的生动性。这在叙事维度上产生的操作性影响是,传统意义上的报道结构被富含情感表达的讨论、漫谈等方式取代,以倒叙、插叙为代表的非正式报道方式更适应数字时代的移动化接受场景,为用户提供了基于生活框架而非事实框架的亲密新闻接受体验。

另一方面,以注重阐释效果的叙事框架贴近用户的日常经验。因应场景的移动化,新闻业通过调遣和排布不同的音视频符号来呈现社会事件成了一种日常的生产行为,新闻从业者为用户提供更具阐释性的新闻内容来降低用户的理解门槛,进而激发用户特定的情感体验。在这种情况下,阐释性的新闻报道方式成为新的叙事风格,其符号选择与叙事语法均以鼓励用户与新闻内容的对话为核心目标。这种新闻报道方式主张突破传统的规范结构,基于个人风格对新闻内容加以解释。在一些议题(如气候变化、灾难报道等)上,新闻记者实际上扮演着专家的角色,其报道话语侧重于讲故事而不是报道。阐释性新闻框架模糊了新闻报道与事件解释的边界,使新闻事实与观点评论融为一体,反而推动了新闻用户在非正式场景中获得与新闻内容的亲密关系。以央视新闻抖音号为例,其中的一些短视频内容以穿着相声大褂和少数民族服饰的主持人为核心,呈现的是主持人对进口车厘子能不能吃、何为意定监护、苗寨乡村振兴工作的现状等问题的认识。这些主持人看似是"相声演员"或"游客",以其非正式性收获了观众的关注与热情评论。这或许与诉诸感官的叙事形态演进相呼应——新闻生产者应当努力在记者与新闻事实、新闻内容与新闻用户之间内置更加丰富细腻的情感体验。

在不确定时代,出于凝聚社会共识与重构社会秩序的需要,贴近日常经验的叙事风格具有极强的应用性。容身于移动化场景的用户越来越乐于接触带有明确情感倾向的观点与主张。这或许鼓励新闻从业者将主观色彩纳入内容生产。但是,对于社会风险事件的阐释性报道实际上对新闻从业者提出了更高的专业性要求,他们的生产实践需要调用更加丰富的叙事手段(如声音、短视频、报道角色、移动场景、对话或报道张力)来开展更复杂的报道,由此发挥凝聚社会共识、引导公共情感的效用。唯其如此,身处不确定时代的新闻用户才能乐于参与价值讨论,并由此获得更加积极的新闻接受体验。

第三,提升代入体验的叙事主体。提升代入体验指新闻报道以各种方式来增强用户代入新闻事实的体验感,进而发挥新闻报道在联系受众、凝聚共识方面的显著优势。用户能借由这种代入体验获得对社会事实更加复杂、微妙的认识,进而以积极的参与行为回应这种叙事层面的创造性变革(Van Krieken & Sanders, 2021)。基于这种考量,新闻报道的情感化叙事既包括将具备戏剧张力的冲突性元素纳入叙事结构,也包括以用户的社会参与意愿激发生动的代入体验。

一方面,适当的冲突性元素可以为新闻用户带来更加生动的代入体验。富含戏剧张力的新闻叙事较之严肃新闻更适应数字时代用户直觉式的接受方式。这就要求新闻从业者在新闻生产实践中设置更加生动的故事,以唤起用户的情感共鸣。这一转型也使新闻用户在主观上与叙事主体产生情感关联,新闻接受环节就成为一种代入与体验的过程。在实践上,冲突性元素的代表性应用方式常见于复杂的大型新闻项目,如系列报道、专题报道或追踪报道等。以"新华每日电讯"的抖音栏目《青春新势力》为例,它以微观的视角表现了电力女工、模特、地震亲历者等人的真实生活,为观众提供了代入体验的空间。不同于日常的突发新闻报道,类似的新闻项目的生产环节经过深思熟虑的设计与构思,将音视频素材纳入内容框架,使新闻内容与情感化叙事融合为一个连贯的整体,为冲突性的故事元素提供了触及用户、感动用户的实践空间。

另一方面,用户稳定的社会参与意愿也会促使他们产生更强的代入体验。在保有信任感的新闻生态中,引发民众广泛讨论的社会新闻往往不是猎奇、骇人的新闻(虽然这些内容天然具有吸引力),而是反复出现的社会痼疾或深入社会肌理的政治、经济或社会治理问题。情感状态稳定的用户将立足于自身完整的生活经验去理解相关报道,积极参与由这些报道引发的价值思辨活动,并获得生动的代入体验。更进一步说,生动的代入体验可以提升新闻用户阅读文本时的愉悦感,也进一步以亲密性提升用户对新闻业的信任感(Romero-Rodríguez et al., 2022)。因此,数字新闻的情感化叙事不仅要求生产者为用户内置更加积极的情感元素,也要求新闻内容提供更多的讨论议题和拓展方向,以实现对社会问题的建设性思考。

在不确定时代,叙事主体的设置不仅指向为用户提供生动的接受体验,也主张在保证个体稳定情感状态的基础上鼓励情感公众开展更多参与社会建设的行动。在这个目标的指引下,情感化叙事实际上是一种在生产环节深思熟虑的呈现策略,新闻生产者根据具体的社会语境选择和排列不同的情感要素,最终鼓励用户开展更具针对性和公共性的社会参与行为。基于此,情感化叙事通过新闻用户的代入体验这一中介性环节,最终提升了用户个体与社会公众的情感联系,社会氛围的构建也由此获得了积极的群体性力量。

从上述实践路径出发,我们很容易看出数字新闻的情感化叙事既受到技术逻辑的激发,也始终与用户这一数字媒体生态中的主动的关键角色关系密切。情感化叙事的兴起以提升数字新闻的公共效用为目标,相关的行业实践也恰恰表明数字叙事形态可以突破传统的生产规范并获得新的效能。这需要研究者立足于我国新闻业实践,进行更加精细的理论化。

(三)情感化叙事的积极效用及实践

数字新闻生态下的情感化叙事对于多元的用户与新闻业的关系有更强的包容性,主张以积极的情感元素与负责任的解决方案来提升用户的心理韧性,最终实现社会层面的介入性效用。这两个方面共同构成情感化叙事的文本疗愈效用,可以用于分析当前中国新闻业应用情感化叙事的代表性报道实践。

第一,情感化叙事在个体与社会层面的疗愈效用。一方面,情感化叙事最直接的文本疗愈效用是通过创设积极的情感体验来提升用户的心理韧性,使用户获得展望未来、参与社会氛围构建的可能性。如同具有良好疗愈效用的艺术产品与影像作品一样,积极的情感化叙事采用与用户日常生活相关的话语来报道社会风险事件,并以更具弹性的生产准则为用户带来共享的情感体验(Perreault & Vos, 2020)。用户得以在积极的情感氛围中思考参与社会建设的可能性。这是传统的严肃新闻难以做到的。对于新闻从业者而言,以共享的新闻价值观吸引用户参与社会实践成为一项自然而然的实践选择(Finneman & Thomas, 2022)。从用户的视角来看,情感化叙事的最终效果就是将他们稳定的情感体验有效地转化为参与意愿(Napoli, 2020)。也就是说,情感化叙事可以将提升心理韧性与构建良性社会氛围连接为前后衔接的两个环节。另一方面,情感化叙事也能在社会层面以亲密性促成建设性。通过不同模式、不同强度的情感化叙事,新闻业可以动员用户参与不确定时代的社会共识的凝聚。有研究者认为,数字时代的情感传播过程以其情感网络勾连起丰富的物质形式,促使新闻业更有效地将用户团结为情感公众(常江、何仁亿,2022)。与之类似,情感化叙事最为显著的效用就是以大规模的情感议程设置在短时间内产生积极的情感效能,消解由负面新闻内容引发的愤怒、焦虑、偏见、仇恨等消极情感氛围,同时,催生更多的建设性思考与行动,以积极的情感要素和解决方案参与社会建设(Overgaard, 2021)。在这个意义上,虽然用户的群体性参与行为始终受制于社会因素与文化背景,但推行情感化叙事无疑具有显著提升用户建设性的积极作用。

第二,中国特色的情感化叙事实践。在我国,情感化叙事与近些年强调积极情感要素的建设性新闻理念不谋而合,在实践层面与以暖新闻、民生新闻和电视问政等为代表的一系列新闻形态彼此相关。以近些年受到关注的暖新闻为例,虽然暖新闻应当被视作新闻报道还是案例宣传仍有待商榷,但这一形态无疑已在主流媒体与机构媒体的日常工作中占据一席之地。例如,"新华每日电讯"抖音账号下设的《每日暖闻》栏目主要聚焦日常生活中的正能量瞬间与暖心故事,尝试通过对日常生活中的微小片段的呈现来树立社会主流价值观,具有显著的情感引领特征。在叙事形态层面,暖新闻实践在文字报道之外广泛地增加了音视频元素。由用户和专业记者生产的音视频元素在短视频平台上产生了积极的传播效用。《每日暖闻》等暖新闻报道主体的特征通常较为集中,视频时长大多为几十秒,叙事往往是线性的。这类新闻以微小、快节奏的暖心小事为焦点实现了传播效用,完成了价值引领。在叙事风格层面,《每日暖闻》等暖新闻报道往往采用与用户日常经验较为贴近的叙事路径,在报道内容方面选择与个体日常相关的暖心小事,并在报道生产过程中增加生动的描绘和讲故事的元素,增加叙事的情感色彩。这能够着力提升新闻报道与用户生活经验的紧密性,为用户提供一种融合新闻事实和观点评论的阐释性框架,推动新闻用户基于自身日常生活经验共情报道内容。此外,进行感官化改造的叙事结构在操作层面不一定会获得用户的青睐,那些忽视用户日常经验与价值的"小作文"与剧本同样会丧失与用户共情的可能性。在叙事主体层面,《每日暖闻》等暖新闻报道一般以人物为主,其叙事结构偏向于人物宣传而非社会事件报道,为新闻用户在主观上与报道主体产生情感关联创造了可能性。基于这种代入与体验的过程,新闻用户能更好地实现与新闻报道主体的共鸣。暖新闻的报道就蕴含呼唤用户参与的建设性与"善传播"的潜力(邹明,2019)。综合来看,暖新闻通过微观层面的叙事视角提升用户的接受体验,在很大程度上与着力探索社会发展等宏观问题的建设性新闻理念有产生对话的可能性(徐敬宏、张如坤、张世文,2020)。

综合来说,前文对不确定时代数字新闻的情感化叙事进行了描述和解释,探讨了情感化叙事在个体层面与社会层面的文本疗愈效用。经分析可知,情感化叙事经由叙事形态、叙事风格与叙事主体设置层面的转型,不仅为用户提供了积极的情感体验,还能凝聚社会共识、催生建设性参与行为。介入性效用为新闻业提供了除传递信息之外的附加值,令新闻成为不确定时代的社会情绪的重要稳定器,并为数字时代的新闻学理论尤其是新闻情感理论的拓展提供启发。

第一,以文本疗愈为目标的情感转向要求新闻业吸纳积极的情感要素,为用户提供良好的接受体验。文本疗愈意指新闻报道需要承担介入社会、引领情感的功能。这一功能包括在个体层面增强用户的心理韧性和在社会层面设置积极的情感氛围。实现文本疗愈功能的实践方案就是数字时代新闻业的情感化叙事。情感化叙事蕴含一种超越传递信息的介入性价值，在行动层面既对用户的接受环节设置了亲密性的规则，也呼吁更多建设性的新闻参与行为。因此，研究者始终要秉持一种以用户与新闻业的亲密关系为主导的思维来考察服膺于用户接受规律的新闻叙事模式，厘清数字时代新闻业叙事如何吸纳情感要素，以实现实践效力上的突破。当然，拥有了积极的情感元素并不意味着新闻内容一定会受到受众的欢迎，进而获得在数字时代的高流通性，而是说情感化叙事对于用户需求的关注应当在数字新闻业的生产规范中占据更重要的地位。至于情感化叙事积极的文本疗愈作用，则是上述生产、流通与接受环节转型的直接结果。

第二，搭建新闻业的情感网络有助于发挥文本疗愈与凝聚共识的效用，有益于数字新闻生态的良性发展。在全球范围内新闻业与用户情感关系日益紧密的当下，进一步拥抱用户的日常经验，以贯通新闻生产、流通与接受环节的情感网络来推动新的新闻意义生产具有更重要的价值。数字新闻业具备的信息传递、文化传承、情感动员与审美激发等综合性作用使新闻业不仅应具有瞭望与预警等功能，也要根据社会发展承担共识凝聚与文本疗愈的介入性功能。这要求新闻业反思何为好新闻、何为健康的用户关系等一系列问题。正是基于对更好的新闻体验和更理智的新闻公众的呼吁，立足于数字新闻业的文本疗愈作用，准确描摹新闻业的情感化实践成为开展新闻学理论化工作的契机。这一系列议题有待更多深入的研究。

第二节 以公共价值引领新闻公众

在数字时代，因为视觉文化与视频政治深刻地介入了人们的日常生活，新闻业又总是诉诸视觉吸引力、娱乐性和戏剧性来建立情感连接，所以数字时代的新闻经验成为一种混合意义要素和情感要素的复杂生活经验。同时,用户的注意力对于新闻业的生存发展至关重要,因此,记者不得不在新闻生产活动中有意识地营造上述混合状态(Oliver et al., 2018; Groot Kormelink & Costera, 2015)。其结果就是,新闻业更加注重情感议程设置,并充分挖掘智能算法的效用,以增强用户的情绪卷入,在总体上营造了一种更加戏剧化(dramatic)的新闻文化(Pelzer & Raemy, 2022)。这带来了一个更加棘手的问题:新闻业究竟应如何在实践革新中锚定一个既可信赖又能满足用户情感需求,并与其建立有效连接的创新路径,同时又不以牺牲新闻的深度、严肃性和公共性为代价呢?(Mcnair, 2017)

近年来,国内外兴起的一些创新生产实践旨在解决上述矛盾,例如以深入和审慎为特征的慢新闻(slow journalism)和求诸积极心理学以推动新闻报道深度介入社会进程的建设性新闻都是业界中有价值的尝试。本书要探讨的剧场新闻及其标志的新闻剧场化趋势是新闻业的一种激进的创新样态,其核心特征是新闻记者被赋予讲述者(narrator)的新角色,并以剧场(theatre)为主要介质完成新闻传播活动。本书通过对目前有影响力的剧场新闻项目和案例的观察,尝试厘清这种创新新闻样态的媒介特征,并基于数字新闻学既有的理论框架,尝试从叙事、用户关系与价值意涵三个维度探索剧场化趋势对数字时代新闻业在克服信任危机、塑造公共信任方面具有的文化潜能。

一、剧场新闻的代表性实践

从现有经验来看,剧场新闻及其代表的新闻剧场化理念的核心要义是将新闻报道与剧场表演结合,以引人入胜的现场表现及互动形式在短时间内吸引用户的注意力,以此来提升用户理解新闻的意愿,并实现积极的共情效果。剧场新闻包含线下和线上两种样式,前者是基于真实剧场的实时现场表演,后者则是在线的表演直播。这两种形式都能让用户与新闻讲述者进行面对面的交流与互动,并从其中获得深刻、崇高的情感体验(Vodanovic, 2022)。

以真实社会事件为主题的演剧形式历史极为悠久。这种特殊的信息发布手段长期被用于宣传、大众教益等,在受教育程度不高的受众群体中尤其有影响力。在新闻史上,这类新闻传播样态的典型代表就是"活报剧"和"新闻报道剧",两者在中国、苏联、英国、意大利均有长期而普遍的实践。以表演为传递新闻的渠道确保了新闻形式和内容的生动性,令现场观众兼获信息和审美体验,达到寓教于乐的效果。随着新闻职业化进程的发展,上述演剧形式的信息发布功能逐渐被专业媒体机构取代,戏剧和新闻最终完全分离,例如戏剧作品对真实事件的艺术加工和夸张表演被经典新闻生产规范视为禁忌(Martin,2012)。不过,数字时代的到来淡化了上述艺术与新闻的分野,两者呈现出再度融合的趋势。

本书关注的剧场新闻指记者或受过专业培训的剧场演员借助表演的形式向现场用户展示新闻事件、阐发新闻意义、组织公共讨论的新闻样态。这种表演最初主要借助现实生活中的剧场完成,因而曾被一些研究者称为"舞台新闻"(news on stage)(Adams,2015)。目前,越来越多的观察者和研究者主张使用"live journalism"这一更具包容性的表述。此处将"live journalism"翻译为"剧场新闻"而非字面意义上的"现场/实况新闻",主要基于两方面的考量:第一,强调这一新闻样态的剧场起源与表演基因,与这一新闻形态的历史传统形成对话;第二,避免读者将其与电视新闻的现场报道或实况报道混淆。需要注意的是,剧场新闻的创作目标既非提升新闻生产的效率,也非(在传统意义上)创造新的生产规范,而是基于一个朴素的诉求,即通过回归口语传统和模拟面对面交流的形式让大众重新信任新闻。数字时代的用户信任并不伴随着新闻质量本身的提升而自然生发。从这一点上来说,本书将剧场新闻视为一项在实践和理论创新两个角度都富有潜质的实验。

顾名思义,所有的剧场新闻都是直播(live)的,信息的传递和接受在同一个时空中密集进行,互动也以(真实或虚拟的)面对面的方式完成。在剧场新闻实践中,记者(讲述者/表演者)的角色十分复杂,不但兼领制片人、编剧、导演和演员多重艺术创作职能,同时也受到基本新闻伦理的制约。一般来说,出于吸引本地观众的需要,剧场新闻的选题普遍具有鲜明的社区属性。在表现形式上,剧场新闻的表演活动比普通戏剧更为简单、直接,往往只由记者(及其他配合演员)忠实地再现事实,极少进行夸张的艺术加工,煽情也较为节制。除了传递信息,表演的终极目标是建立社区或社会共识,而不是引发矛盾或争议。身在现场的新闻观众可以通过与观看戏剧类似的方式,获得文化意义与审美相交融的临界体验,将自身带入新闻当事人的角色,产生情感共振。在叙事结构与形式方面,剧场新闻也与传统意义上的新闻报道迥然相异。一方面,剧场新闻遵循起承转合的戏剧叙事,而非传统的倒金字塔结构再现新闻事件,新闻内容依时间顺序铺陈、演绎,细节丰富且语言精雕细琢,服膺于用户接受的心理和情感规律而非传统新闻专业标准。另一方面,尽管与其他数字新闻样态类似,剧场新闻也主张使用丰富的多媒体技术元素来强化传播效果,但技术元素始终为讲故事本身服务,故事的引人入胜和情感吸引力是技术采纳的最终目标,实践者有意识地避免"为创新而创新"的倾向。

最早获得广泛关注的线下剧场新闻项目诞生于2016年,基于Zoom等平台的数字新闻剧场项目则在2020年以后蓬勃发展。目前,已有多家主流媒体机构(如《纽约时报》)涉足新闻剧场项目,为这一创新生产机制带来了广泛流行的可能性。

根据现有资料,第一个大获成功的剧场新闻项目是2016年美国明尼苏达州电台记者丹·克拉克(Dan Kraker)和报纸专栏作家山姆·库克(Sam Cook)等人联合发起的"同一条河流,许多种故事"(One River, Many Stories)项目。该项目创立了第一个社区新闻剧场,围绕共同的主题邀请新闻记者、社区工作者与新闻用户共同参与新闻讲述活动,为本地居民创造积极、亲密的社区关系。同年,在芬兰诞生了"黑匣"(Black Box)项目。该项目与芬兰国家大剧院合作进行剧场新闻创作,每场表演均呈现一个真实的社会事件,并邀请本地居民参与互动和现场讨论。该项目由芬兰主流新闻机构《赫尔辛基日报》(*Helsingin Sanomat*)创办,具有显著的主流影响,于2018年获得芬兰年度新闻创新奖。截至2022年年中,该项目累计吸引了超过 3 万名观众。2020 年以来，全球新冠疫情的暴发延缓了线下剧场新闻的发展，却带来了基于数字平台的线上剧场新闻的繁荣。在这一年，《纽约时报》推出基于 Zoom 平台的新闻作品《未竟的事业：继续战斗》(*Unfinished Work: Finish the Fight*)，关注美国女性过往 100 年为争取投票权等权益进行的社会抗争，通过新闻展映的形式在社交媒体上获得了大量关注。截至目前，方兴未艾的剧场新闻项目已经遍及世界各地，如美国的《现场杂志》(*Pop-Up Magazine*)、法国与比利时等地的《在线杂志》(*Live Magazine*)、西班牙的《现场新闻》(*Diario Vivo*)等。在中国，诸多主流媒体也推出了基于微博、微信、抖音等平台的专门的新闻直播产品。虽然这些产品具备剧场化的一些基本特征，但由于中外新闻传播制度的不同，它们在形式上更接近传统电视实况报道而非剧场新闻。近些年如雨后春笋涌现的各类脱口秀节目更趋近剧场新闻，它们大多以时兴的社会热点事件为"梗"，具有相当程度的新闻性。需要强调的是，全球各地的剧场新闻实践仍处于探索阶段，普遍具有强烈的实验色彩，尚未形成一致的程式。各类现场新闻集会、新闻脱口秀、在线新闻讨论小组等带有社群化色彩的新闻实践都拥有剧场新闻的某些特征，可在广义上被纳入剧场化的一般趋势。界定剧场新闻的关键依据在于新闻呈现形式的戏剧化、新闻传播过程对制造情感连接的注重、将现场互动视为新闻生产的核心要素。

虽然上述剧场新闻项目的发展和扩张受到制作成本与流通渠道的限制，尚未在数字平台上形成大规模的追随效应，其本身作为戏剧还是作为新闻的定位也言人人殊，但是，即使是作为一种实验，剧场新闻中蕴含的用户中心取向及为社区公共文化服务的价值内核也是显而易见的。可能的反思和批评主要源于这种创新实践究竟在多大程度上符合真实性原则。

二、剧场新闻的媒介特征

将剧场视为一种承载新闻内容和意义的空间媒介，可以帮助本书归纳剧场新闻的基本媒介特征，据此思考新闻剧场化的生产趋势应如何与传统新闻真实观相协商，以及在当下数字新闻生态下具有何种文化潜能。

首先，剧场的存在使新闻内容的呈现具有戏剧的"灵韵"（aura），即本雅明所强调的艺术作品鉴赏的独一性。这为新闻接受活动赋予了审美的维度，全面提升了新闻传播的效能。剧场之所以能给新闻内容带来灵韵，首要缘于其对"在场"（presence）的强制——对于观众来说，无论是具身的还是虚拟的在场都确保其得以在特定时间、空间内沉浸式、高强度地接受新闻中包含的信息、意义与情感。正因为如此，尽管剧场新闻的本质仍是新闻而非戏剧，但它总是比传统形式的新闻更加引人入胜。此外，如同观赏戏剧一样，观众在接受这类新闻时始终处于一种心理和精神上的积极状态，具有显著的情感主动性。这种情感主动性是更深层次的共情和社会参与意愿得以形成的必要条件。如同风格崇高的艺术作品总是令观众感同身受一样，戏剧化的新闻也使新闻事件和社会进程得以与用户的个体经验融合，令新闻接受成为兼具理智、积极情绪、同理心与改变现状意愿的综合性文化体验。这一判断在芬兰"黑匣"项目的相关媒体报道与观众自述资料中得到了佐证，即现场感和共享的情感震荡几乎是剧场新闻留给观众最深刻的印象，观众对新闻事件本身的理解与上述精神体验不可分割。

其次，以剧场为媒介确保现场互动（live interaction）成为所有剧场新闻项目的核心生产环节和叙事要素，使剧场新闻能在生产者（新闻机构、新闻从业记者）与用户之间建立紧密的情感连接和良性的交流关系。这里所说的互动是广义的互动，包括新闻故事本身的戏剧性和感染力，承载戏剧性和感染力的各种情节、冲突和高潮安排，以及现场观众实时作出的各种反应和反馈。正因为互动具有重要性，生产者在对新闻事件进行剧场化改编时会有意识地加强对抽象概念和议题的视觉化呈现，并对丰富的细节进行挖掘和雕琢。互动的重要性不可替代，因其令观众获得了一种宝贵的文化想象——自己的新闻接受活动是自觉的、质朴的、未经操纵的，而自己在表演现场的种种反馈也由此具有了一种崇高的仪式感。在作为生产主体的叙述者（表演者）眼中，观众直观、即时的反馈，哪怕只是微妙的表情变化，都天然地具有未经雕饰的真实性。这会进一步激励表演者提升新闻叙事的感染力，一种良性的循环由此而形成。

最后，剧场作为一种空间媒介对剧场新闻的具体实践作出了一系列限制，只有具有鲜明社区属性的议题适用于这种新样态，无论是在地社区（local community）还是虚拟社区（virtual community）。同时，从事剧场新闻实践的新闻从业者必须接受有别于传统新闻专业的训练，并形成新的专业身份认同。从现有的成功项目来看，关注本地社区事务和社区公共文化发展是大多数线下新闻剧场的共同特征，如"同一条河流，许多种故事"项目对明尼苏达州传统生活方式和价值观的追溯，以及"黑匣"项目对赫尔辛基城市文化的深刻摹写。对于线上的数字新闻剧场来说，基于共同身份政治（politics of identity）的虚拟社区则是首要的目标用户，最具代表性的就是《纽约时报》关注女性权益的新闻作品《未竟的事业：继续战斗》。剧场作为媒介通常只会吸引对某一议题有共同兴趣的主动受众，这一局限性决定了剧场新闻难以被运用于面向无差别大众的时政、国际和大部分社会新闻的传播。剧场新闻的兴起也给研究者带来了一个重要的启发，即社区化或许正在成为数字时代新闻生态的一个基本演进趋势。毕竟技术的赋权既放大了个体经验的重要性，也为个体超越地理障碍、实现彼此连接创造了条件，不同类型和规模的情感社群和趣缘社群已经取代原子化的大众，成为新闻传播活动的目标对象。因此，本书对于剧场新闻的观察和解释具有重要而独特的理论价值。

总体来说，剧场新闻代表了数字时代新闻生态下的一种反拨潮流——被反拨的是互联网环境下人与人的"断连"。借助剧场的空间属性及其包含的文化能动性潜能，新闻得以重新将人组合成社区，重建人与人在亲密感、同理心和价值观等方面的互通性，并培育兼具审美崇高性和文化公共性的交流关系。这些媒介特征的核心在于剧场新闻始终以真实的新闻事件为基础，始终坚持以真实事件为中介感召、吸引用户。从这个意义上看，剧场新闻的崛起预示着一种有机新闻文化的复兴。

三、剧场新闻的创新潜力

在明确了剧场新闻的发展轨迹之后,本书基于数字新闻学既有的分析框架,下面着重从叙事、用户关系和价值意涵三个方面对剧场新闻的创新潜力作出阐释。

第一,剧场新闻如何讲故事?剧场新闻在叙事形式上体现为新闻故事和舞台表演的有机结合,即故事以表演为基本的再现方式,表演则为故事增添了精确度和感染力。传统新闻生产机制下的新闻叙事被分解为发现、讲述、编辑、分发等多个程序,剧场新闻叙事则是一种整合性的传播实践(Matheson & Wahl-Jorgensen, 2020)。整个叙事过程由两个部分接续完成:第一部分,记者(讲述者/表演者)通过戏剧加工、剧本撰写和预先彩排的步骤完成对故事文本的编排;第二部分,所有参与者在集中的时间和空间以表演的形式完成对整个故事的呈现,并获取观众反馈。在这个过程中,记者(或记者群体)实际上被赋予了对整个生产机制的把控、裁量和决定权,身兼报道者、编剧、导演、制作人、演员等多重角色。从现有案例来看,几乎所有成功的剧场新闻项目均有少数几位资深的新闻记者作为"灵魂人物"存在,他们对新闻故事的总体把握和对制作资源的整合调配确保了这类新闻更接近艺术作品而非信息产品。

在剧场新闻的叙事中,细节具有至关重要的作用。对细节的精确呈现和美学雕饰也是剧场新闻区别于传统报道的一个核心特征。对传统新闻伦理的固守决定了生产者必须始终遵循真实性原则,摒弃没有事实依据的艺术加工,因此,对新闻故事感染力的提升重点就放在了故事细节上——观众对细节精确性的感知在极大程度上决定了其对整个新闻故事可信性的判断(Tenenboim & Stroud, 2020)。重要的细节会被表演放大并着重呈现,但在很多时候并不是传统新闻价值标准下最重要的信息。细节重要性植根于其强大的情感唤起能力,而情感唤起是令普通人对远离自己个人生活的抽象议题(如人类的某种共同命运)形成概念和共情的关键(Dale et al., 2017)。因此,传统新闻价值标准的效力被极大地削弱了。几乎所有的剧场新闻都不采用倒金字塔结构和螺旋递进的播报模式，而以线性时间顺序叙事，因为这种叙事方式更能满足观众在短时间内厘清时间线且不错过重要信息的需求。实际上，剧场新闻通过回归传统"三一律"的方式创造了新的新闻叙事时间（Chagas, 2019；Ilan, 2021）。

剧场新闻以舞台为叙事的容器，因此，理论上所有用于舞台表现的技术手段都可成为辅助性的叙事要素，包括灯光、音响、转场、舞美等。在明尼苏达州"同一条河流，许多种故事"的项目中，这些要素的使用尤其为观众所称道，被视为其创造力的集中体现。与此同时，表演者群体的专业性也很重要。运作成熟的剧场新闻项目就如同其他长期运营的舞台剧项目一样，需要有相对固定的表演人员。长期担任赫尔辛基"黑匣"项目表演者的芬兰记者萨米·西兰佩（Sami Sillanpää）便因自己的舞台感染力而获得世界知名度。2022年5月的媒体报道称，她已前往多个国家开展类似的项目，并广受欢迎。假若剧场新闻生产常规化、建制化，表演会不会成为新闻记者"技能箱"（skill kit）中的一个新条目？这是一个令人深思的问题。有一个趋势是显而易见的，即随着新闻叙事形式的转变，记者的工作、职能、角色、身份认同，乃至"记者"这个概念本身的定义，也会经历持续的变化。

仍需强调的是，剧场新闻在叙事的创新本质上仍然是新闻业为了突破桎梏所进行的再专业化（re-professionalization）尝试，但再专业化绝不是传统观念的再度复兴，而是新闻业在新的信息生态中对新闻真实观的创新重构。即使剧场新闻的核心环节（剧场表演）目前仍不具备（观念意义上的）新闻专业特征，但这一实践代表的生产趋势始终遵循（接受者所认可的）新闻真实原则，有意识地服务于一种具有公共文化指向的信息生态。

第二，剧场新闻生产中的用户关系。剧场新闻是因应新闻用户的情感化接受需求而产生的，因而天然地代表着一种新闻业重构自身与用户（受众）关系的努力。对于数字时代新闻业的生存和发展来说，似乎没有什么比更多的访问量与更亲密的用户关系更重要(田浩,2022)。这正是剧场新闻这一深度借鉴戏剧和表演的美学潜能的生产实践的直接诉求,即通过同时满足用户信息和审美的双重需求,重获大众对新闻的兴趣和信任,构建新闻生产和接受良性互动的情感社区。

剧场新闻在建立亲密的用户关系方面具有两方面的显著优势,即对新闻意义的深刻反思和提供高品质的接受体验。目前,几乎所有成功的剧场新闻项目都带有传统意义上的深度报道的特征。这些项目的主题不但关乎社会变迁和日常生活,还往往在讲述和表演中有意识地引导观众对时间、人的局限性、人类共同命运等深刻的抽象概念进行思考——这与数字媒体生态下流行的快餐式新闻形成了鲜明的反差(Peters,2012)。对深度的追求消弭了其他数字新闻样态对时效性"拜物教式"的崇拜,有利于在用户心中重建"新闻是具有反思性的公共信息产品"的认知。这种认知的形成对于新闻业重新获取公共信任至关重要。在接受体验方面,剧场新闻显然具有其他新闻样态难以比拟的优势。以剧本为形式呈现的剧场新闻高度重视观众可能产生的情绪反应,并有意识地迎合或引导观众的情绪状态,戏剧艺术的情感传播逻辑被剧场新闻完整借鉴并充分发扬。例如,赫尔辛基"黑匣"项目单场平均表演时间约为2.5小时,包括中场休息在内,几乎每场表演的节奏都与传统舞台剧(尤其是悲剧作品)类似。参与该项目的17位记者几乎完全将自己的专业身份藏匿于表演者的形象之下,令观众"忘却"自己其实是在接受新闻。此时,观众心中产生的情感更接近于对具体艺术作品和个体艺术家的欣赏,而非纯粹、疏离的信息获取。更重要的是,剧场新闻对这种崇高的沉浸式体验的营造主要是通过故事(表演)本身而非技术手段实现的,因而与采取类似导演机制的虚拟现实新闻有本质上的不同——用户的体验不是源于被动的图像包裹,而是源于主动的情感确认。

在剧场新闻实践中不断形成"准艺术家"身份认同的新闻从业者,不可避免地要重新定位自身与用户的关系。这一过程具有某种内在矛盾性:一方面,各种戏剧化安排和表演活动在本质上都是为了满足用户需求、重获用户信任,因此,剧场新闻终究是一种按需生产;另一方面,一旦新闻成了一种艺术,它就天然具有了更明确的社会教育意义,包括提升公民素养、陶冶大众性情等。这种矛盾心态在几乎所有剧场新闻项目中均有体现:拥有老牌传统媒体从业背景的生产者在各种自述文本和媒体访谈中强调,自己的努力是为了让新闻回归深度与理性,为有机社区的重建作出贡献;但他们在阐述自己的创意时又不遗余力地推崇先进的技术手段和表演技巧,并坚称新闻业应更准确地了解和满足大众的需求。不过,几乎所有剧场新闻的实践者都高度重视与观众的现场互动,认为大众参与意识的形成对剧场新闻的成功至关重要。

第三,剧场新闻与文化公共性。从诞生的那一刻起,剧场新闻就具有明确的文化公共性追求。坚持社区和共同体话语,致力于打破技术对人的区隔和各种类型的"信息茧房",是剧场新闻与时下更流行的各种强调私人化的新闻创新样态的最显著区别。

作为一种慢新闻,剧场新闻尝试诉诸参与主体(包括记者和观众)长期的知识体系和价值观念而非短期、瞬时的信息需求来构建世界图景。这种效果得以实现的保证是剧场营造的同时在场的空间。这个空间确保参与者在同一时刻共享一种高强度的专注,以显著地降低信息碎片化带来的注意力碎片化的破坏性。不过,由于走进剧场是一个主动的选择,因此,选择成为剧场新闻观众的用户可能原本就已经对信息碎片化和新闻生态的恶化形成批判性反思。这种新的新闻接受经验更多是强化而非改变了他们原有的知识和价值体系,剧场新闻公共性的尝试可能并不会带来理性用户的增量。数字剧场新闻似乎在形式上解决了上述矛盾,因为接受活动不受地理因素的限制,很多用户会出于朦胧的兴趣或好奇心而走进剧场一窥究竟,并有可能最终认同这种富含戏剧性、反思性和崇高感的新闻样态。但是,以 Zoom 为代表的主流平台无法真正地令观众"在场",也不具有强求其互动或实时地呈现其自然反馈的机制,因而会在相当程度上降低对于文化公共性至关重要的社区感。如何应对和解决这种"不可得兼"的矛盾,是剧场新闻后续发展需要解决的一个重要问题。

剧场新闻的文化公共性价值也体现在提升公共信息（乃至审美）素养、重申公共道德方面的努力上。这种努力在很多时候超越了单一的新闻理念，成为更宏大的文化发展进程的一部分。例如，《纽约时报》在2020年8月18日推出的《未竟的事业：继续战斗》甚至邀请著名剧作家明·佩佛（Ming Peiffer）和舞台剧导演惠特尼·怀特（Whitney White）加入主创阵营，他们在制作中的话语权与具有新闻业背景的《纽约时报》编辑维罗妮卡·钱伯斯（Veronica Chambers）带领的记者团队同等重要。明尼苏达州的"同一条河流，许多种故事"项目与当地最重要的博雅教育机构明尼苏达大学德鲁斯文理学院合作，充分利用该机构在本地的声望和资源推展公民素养教育。在很多公开的报道和报告中，剧场新闻的实践者甚至会有意识地强调自己的作品是戏剧（theatre）而非新闻（journalism）。这固然不准确，却忠实地反映了这一新闻业先锋群体的文化意图，即用戏剧尚未被技术破坏的崇高感和公共性来修正业已高度琐碎化的新闻认知和新闻文化。与之密切相关的是，剧场新闻得以兴起与被推广的前提是社区文化重获重要性。尽管"记者讲述新闻事实"这一传播方式在以往已有一些尝试（如由知名记者主导创作的新闻纪录片），但其传播意图并非与新闻用户建立连接并探索新的生产规范，而在于绕开机构限制，追求记者本人的主导性和自主性。这是两种性质不同的创新。

数字时代的新闻业还能在多大程度上回归其最初的文化公共性理想，是所有规范理论研究都无法回避的问题，也是新闻实践和新闻学体系在当下必须解决的问题。对此，剧场新闻的创新实践提供了可贵的启发：一方面，以剧场化的艺术规范激发并限定新闻故事中蕴含的情感要素，可以有效抑制信息的琐碎化和新闻生态的煽情化，令用户的情感表达发挥积极的文化作用；另一方面，在媒介融合和文化融合的时代语境下，新闻业完全可以跳出自身的专业认知局限，创造性地与来自包括美学和教育在内的不同领域的认识论深度融合，不断探索既坚守新闻伦理底线，又充分调用丰富创新手段的自我革新路径。

四、剧场新闻与介入性未来

上文细致地考察了剧场新闻的实践形式、媒介特征和创新价值,着重探索了其包含的重申新闻公共性的文化潜能。剧场新闻能够以两种方式重建新闻与大众认知之间的连接:其一,借助成熟的审美和创意手段为用户提供数字时代稀缺的现场感;其二,通过戏剧化叙事和剧场提供的互动要素塑造用户对新闻事件的社会意义的共情式理解。总的来看,成功的剧场新闻实践能够重新拉近新闻业与用户业已疏离的关系,与用户建立积极的情感连接,培育兼具严肃意义和审美快感的新闻接受经验,重建新闻业的社会信任。

新闻研究者担心,将戏剧尤其是表演的要素融入新闻有可能会破坏新闻真实性。从现有的代表性案例来看,虽然剧场新闻项目普遍将表演作为生产要素,但表演行为本身始终被统摄于传统新闻伦理的框架,即表演者的对白和动作并非虚构的创作,而是严格遵循新闻事实本身。从现有实践者的口述资料来看,他们不仅无意挑战(遑论否定)真实作为新闻业核心原则的地位,而且在一定程度上认为可以通过手段创新强化"真实"。

新闻真实关乎新闻业的权威、信任和合法性问题,因而被称作"新闻业的元问题"(白红义、王嘉怡,2022)。正是因为极端推崇真实性,现代新闻业才区别于艺术创作,而剧场表演则被归类为后者。真实性问题在新闻学历史上被反复讨论,无论是主张将新闻事实与社会事实统而视之的本质真实观,还是强调新闻记者如何认识社会事实的再现真实观,都重申了以真实性统摄新闻生产活动的重要性。随着数字时代的到来,海量的社交媒体用户既能凭借便利的移动终端即时获取新闻内容,也能采用多种方式即时上传有关社会事实的视频、音频与文字解说。这带来了一种由新闻用户主导的解释性新闻真实,使新闻真实问题再次成为一个"古老的新问题"(王辰瑶,2021)。对于新闻用户来说,"什么是新闻真实"这个问题实际上已经从"对于新闻业来说什么是新闻真实"转换成"对于用户来说什么是新闻真实"。这意味着对"真实"的界定权已经不再为记者和新闻机构所垄断。基于此,在一些理论探讨中,新闻真实开始被等同于由立体化、全景化、沉浸化的多媒体新闻建构的符号真实,或标示用户对新闻业态度的信任性真实,乃至融通了宏观新闻业各个环节的整体真实。无论采用何种话语,一个趋势已很明显,即数字时代的新闻真实已超越传统意义上的概念设定与规范建构,成为新闻用户理解(乃至批判)新闻业的一套实践话语,学界有必要更好地理解(正在逐渐失去对新闻业信任的)用户的真实观是怎样形成的。这正是本书考察剧场新闻这种规模虽小,但创新色彩浓厚的新闻实践的落脚点。

数字新闻生态的复杂性和其培育的新闻用户的主动性令新闻业呈现出前所未有的混杂现状,包括真实、客观、新闻价值在内的一系列新闻业的基本观念,甚至"新闻"本身,都面临着重新被定义的现状。在这个意义上,研究者对新闻实践创新的考察也需要保持一种反思精神,从新闻业发展的核心价值指向,即维系文化公共性并建构信息民主生态出发,结合有阐释和推广价值的经验材料,重新探讨人们究竟需要什么样的新闻。既然公共信任的流失是当下新闻业面临的最主要的危机之一,那么对于用户(公众)的新闻真实观的准确理解和充分理论化就成为化解上述危机的必要之举,可以推动新闻业与用户建立一种良性互动。事实上,有研究者主张数字环境下的新闻真实实际上表现为一种多元实体共同参与的"有机真实观"。基于这一真实观,具体的新闻实践完全可以"走出舒适区",积极地探寻再现真实、重建信任的方法论(杨保军,2022)。本书探讨的剧场新闻正是在这一脉络下的创新实践。简言之,剧场新闻或许给包括真实性在内的传统新闻观念的实践形式带来了争议,但它主要的价值是令我们思考以手段创新追求观念创新,进而令新闻业重获信任的可能性。

剧场新闻究竟能否被视作一种具有全球推广潜力的新闻形态,仍有待持续而深入的观察。剧场新闻的诞生和实验至少彰显了数字时代新闻生产的一种趋势,即暂时悬置各种本质主义的争论,以带有激进色彩的行动创新应对新闻业迫在眉睫的信任危机的实践论态度。从新闻学理论研究的角度看，一方面，剧场新闻仍处于早期发展阶段，对行业现实保持敏感的研究者应当尽早开展对这一形态的文化创新潜力的探讨，毕竟其代表的社群文化的兴起与用户中心的观念革新原则是数字新闻学体系发展的一个基本方向。另一方面，由于成功的剧场新闻实践对组织者和参与者均提出了很高的要求，因此，广泛的流行与大规模的推广似乎缺乏基础。随着以 Zoom 为代表的数字平台的介入，与当下技术生态协商并调和后的数字新闻剧场形式完全具备被复制的条件。这实际上为新闻学理论研究设定了一个新的议题，即作为对数字新闻生态反拨和反思的创新样态如何基于其成功经验与技术逻辑进行调和，并被纳入数字新闻生态的版图，以及这种"反拨-调和-吸纳"的创新模式将如何渐进地改造传统新闻观念。

对于新闻用户来说，他们可以借由剧场新闻获得的信息经验抗衡高度琐碎化的新闻认知和高度碎片化的文化注意力，重拾理解严肃社会议程的意愿和能力，并与拥有相似知识及价值体系的人组成共享上述经验的阐释社群。从剧场新闻致力于修补碎片化的注意力并打破人与人的隔绝状态的努力来看，这种创新样态具有重塑公共性新闻文化的鲜明意图。更重要的是，其践行者对情感力量的使用是既积极又克制的，体现出主流剧场新闻生产理念在认识论和价值观上的成熟。

当然，技术逻辑自始至终都是十分强大的。倘若剧场新闻从线下向线上的延伸是一种不可逆转的趋势，那么这一趋势可能带来的文化后果必须被反复考察和批评。当剧场新闻通过 Zoom 这样的强大平台可以触达全世界每一个角落的观众时，它营造的现场感究竟还有多大意义？更重要的是，随着以 Zoom 为代表的展示/直播平台的功能越来越强大，规则也越来越繁复，其平台逻辑又将在多大程度上介入剧场对文化公共性的追求和营造？作为一种通过回归线下以逃避技术规训的新闻形态，如今出于种种原因又重返线上，成为数字新闻生态的一部分，对于研究者在整体上理解数字时代的新闻规律意味着什么？对于上述问题的思考应当存在于新闻学对所有新事物的考察之中。

第二部分

经验分析

第六章

数字媒体生态下的用户新闻参与机制研究

新闻接受是一个用户与新闻内容的互动过程,其核心在于作为主体的人如何在与新闻文本、传播媒介、接受情境的互动中产生具体的接受意愿与参与行为。本书主张,数字新闻用户研究应当以用户的新闻参与实践为着眼点,用户新闻参与的机制是数字媒体生态下用户新闻参与研究的关键环节。需要注意的是,用户的参与机制复杂且具有情境化特征,从任何一种路径对新闻用户的参与机制进行探索,最终都只能呈现新闻用户接受规律的某个侧面;对不同研究路径的综合使用和对比考察,将有助于研究者获得对用户新闻参与行为准确、全面的认识。

传统意义上的新闻接受研究大多筑基于效果研究范式,将新闻内容的特征视作影响用户接受偏好的核心因素,并尝试建立起两者的具体关联。这在传统的新闻业态中是可以理解的,因为新闻研究与新闻业之间存在亦步亦趋的逻辑关联,作为一种职业的新闻最先关注的问题是新闻业如何培育用户的接受偏好、如何影响用户的内容选择。这种基于职业角色的驱动力促使学界热衷于将新闻受众的反应作为观察对象,继而推动了大众研究模式的勃兴。新闻传播学界的许多经典研究,如受众调查和两级传播,就立足于此。甚至在一定程度上,效果研究也框定了新闻受众研究的基本问题,即传播效果的区别意味着学术史的差异与分期。

相比之下,针对用户接受行为的研究,尤其是在微观层面用户的新闻参与机制,却长期在新闻传播学界受到忽视。大量的研究尝试厘清社会文化结构对于用户行为的宏观影响,却没有进一步充分地重视用户本身的参与行为。21世纪以来,针对微观层面用户行为的研究日渐兴起,大量集中于用户的新闻选择和新闻参与行为的实证研究尝试探讨具体的新闻类型与用户行为的联系,并建立起具有普遍意义的阐释模型(顾洁、闵素芹、詹骞,2018)。这种努力虽然在新闻传播学界日渐兴起,但尚未成为研究主流。对于数字时代用户行为的探讨大量分布在管理学、经济学、心理学与人类学等学科中,新闻传播学对用户行为逻辑则少有关注。简而言之,新闻传播学研究对行为研究和心理研究中呈现出的个性特征兴趣缺缺。这导致主流的新闻用户研究时常脱离用户生活逻辑,难以与日新月异的数字媒体业态联袂发展。因此,本书主张,新闻学研究需要融合专业新闻研究与用户行为研究,将用户的行为逻辑作为专业新闻研究的核心视角,形成一种立足于用户日常经验的新闻行为研究模式。

前述几章已经表明,在诸多与新闻用户研究相关的文献中,用户参与实践是一个被广泛提及的概念。这一概念的外延较为明确,指用户在接受新闻的过程中所采取的一系列个人行为,包括新闻点击、新闻选择、新闻转发、新闻评论与新闻撰写等。实践上的复杂性往往会招致学理上的暧昧性。在新闻用户研究中,用户参与通常同时具有三方面的内涵。首先,用户参与指在理解新闻内容的过程中,用户对于新闻文本与新闻情境的认知和情感反应。它的核心内涵大致与新闻接受或新闻理解相同,但新闻参与更强调用户的主动性地位,即新闻用户必须主动对新闻内容进行意义阐释,才能最终准确地理解新闻内容(姜红、印心悦,2021;杨洸、郭中实,2016)。其次,用户参与指称用户群体在理解新闻内容的过程中对与新闻内容相关的诸种要素(如新闻机构、新闻记者或新闻平台)的态度与看法,即用户对整体新闻业的态度与看法。有时,新闻用户本身对新闻内容的理解并不完全发挥主导性作用,用户对新闻机构的态度也将进入这一过程,决定着其对具体内容的态度与情感倾向。最后,用户参与也指用户通过与新闻互动而获得的一种与社会的整体性关联。在这种维度上,新闻参与成为用户的一种本质行动,与个人的公共性紧密相连。基于此,"用户参与"这一概念具备将新闻参与行为与用户的社会规范归一化处理的可能性,蕴含着解释信息社会基本规律的潜力。

本书在反思前述理论文献的基础上，主张将用户的参与行为作为新闻用户接受活动的主体部分，以准确描述新闻文本与用户参与行为的核心关联。本书要探讨的新闻接受机制，本质上就是用户如何理解新闻，并最终决定其参与新闻的行动逻辑。用户的接受机制是理解数字时代新闻用户群体的重要议题，主要有两方面的原因。第一，数字时代用户群体的强势崛起在很大程度上颠覆了传统意义上的新闻职业对用户的影响方式。用户的注意力（而非新闻内容）成为当前社会中的稀缺资源。因此，以专业新闻生产为核心的效果研究与用户研究之间的断裂日渐明显（常江、黄文森，2021）。这呼唤学界对新闻用户的参与逻辑进行细致的考察，并归纳出植根于用户日常生活的行动规律。第二，具体到新闻的流通网络中，尽管学界已经尝试在用户的身份特征与新闻类型之间建立诸多解释模型，但这些模型因为其去语境化（decontextualization）的特征而难以指导业界的新闻实践。因此，如何理解用户并从用户的视角出发理解新闻业，已经成为构建数字新闻业与新闻用户的对话机制中的关键议题。

基于此，本章的核心研究问题在于，通过一项探索性的质性研究，说明用户参与新闻内容的具体机制。具体来说，本书将着眼于新闻用户在接受新闻的过程中的行动潜能，探索用户新闻参与的行动逻辑。这一行动逻辑以用户的主动性为基本出发点，以用户的新闻参与行为为直接结果。

第一节　研究问题

一、核心对象

本书将新闻用户在新闻接受过程中的新闻参与行动作为直接研究对象，同时，尝试归纳数字新闻用户的行动逻辑，展望新闻用户行动的社会效应。这一研究对象可被拆解为两个相互联系的部分。

第一，数字新闻用户的新闻参与的行动机制受到用户本身的属性特征和新闻内容的文本特征的激发，这一过程植根于新闻生态而呈现为复杂的、具体的行动体系。本书尝试以用户新闻参与的总体机制为研究对象来探讨用户新闻参与行动的一般性机制，意在说明新闻用户的一般性参与机制始终受到个人知识结构和情感结构的规制，并进一步明确新闻用户的行动逻辑始终植根于其日常生活，以期为后续的研究提供基本的框架与方向指引。第二，从数字新闻用户的主动性出发，借由新闻卷入、新闻体验或新闻社群等一种或多种路径，新闻用户产生新闻参与意愿并采取具体行动。这是一个由"感知"到"行动"的过程。本书将以数字媒体生态下用户的具体新闻参与为研究对象，通过后续三项并行的质性研究，探索新闻用户参与机制的具体作用过程。这些研究意在说明，不同的接受机制既凸显了用户本身的复杂需求，也揭示了媒体平台技术可供性的直接影响，新闻用户的参与机制与普遍意义上的新闻生态能够实现有效的对接。

需要重申的是，研究者同时要立足于具体的社会信息生态，对新闻用户及其参与的行动进行语境化解读，反思新闻用户行动范式的转变过程，探索并说明数字时代新闻用户崛起的必然性与发展方向。这要求本书展开针对研究结果的批判性反思。

二、核心思路

遵循前文的讨论，本书的核心思路是，立足于数字新闻生态理论、"刺激-机体-反应"理论和情感的文化理论视角，考察数字媒体生态下用户的新闻参与机制，进而综合地剖析用户新闻参与机制对数字新闻用户研究的理论发展意义。具体来说，本章将沿着以下思路展开研究。

首先，明确本书所借鉴的理论视角与文献。数字新闻学现有理论文献对新闻用户的研究主要立足于中观层面的关系分析与微观层面的行为主义分析。这主要表现在三类核心理论视角上，即数字新闻生态理论、"刺激-机体-反应"理论、情感的文化理论。研究者尝试对这三条理论脉络进行清晰的梳理,并详细说明相关的理论主张在数字新闻用户的新闻参与研究中的适用性,探析新闻用户在数字环境中接受新闻、参与新闻行动的可能性与必然性。

其次,描述并解释数字媒体生态下用户新闻参与机制的一般性内涵。数字时代,新闻用户的强势崛起在很大程度上颠覆了传统意义上的新闻职业对受众的影响方式。本书通过一项探索性的研究考察数字新闻用户的新闻参与机制,归纳数字新闻用户的行动逻辑,建构数字新闻用户的新闻参与机制模型。这个模型以用户的情感主动性为基本出发点,以用户的新闻参与行动为直接结果。借助这一探索,本书尝试厘清数字新闻用户的一般性参与机制,并在理论上拓展新闻学界对数字新闻用户行为的研究视域。

最后,准确阐释数字新闻用户的新闻卷入、新闻体验与构建新闻社群的作用过程。数字新闻用户的新闻参与机制模型为本书提供了用以解释其缘何获得对新闻内容的关注与理解的框架。这个模型中的各个因素既相互关联,又各有侧重。这些概念脱胎于用户的日常经验资料,本书有必要对其进行检视和分析。上述机制并非完全分离,而是在用户的新闻接受过程中融合发挥作用。模型阐释部分需要说明,新闻内容能为用户提供一种综合的体验状态。这种状态内置了积极的公共性和享乐体验,为用户在个人层面与社群层面提供了关注新闻与理解新闻的驱动力,并塑造了具体新闻行动的基本逻辑。

第二节　研究设计与过程

米约塞特(Mjøset)(2006)曾将社会科学研究中的理论生产模式归纳为三种:其一,理论研究是一种穷尽理想化规律的知识体系;其二,理论是人类思维进行组织实践的知识结果,理论研究则是研究者开展组织实践的过程;其三,理论是实践研究的前沿,理论研究则是观察实践知识的集合。这三种理论的核心关切都是研究的目的和理论发挥的作用。围绕着这三种类别,研究者可以归结出获取理论的三种方法论,即检验理论方法、哲学社会方法与实用主义方法。这三种方法论能在不同的研究领域发挥作用,指导学术研究获得不同取向的理论,进而突破学术研究的前沿逻辑。

检验理论方法论是一种常见的方法论,在自然科学中的应用十分普遍,它要求学者在宏观理论中进行理论假设,并使用经验材料检验理论的真伪。在检验理论方法论的指导下,科学研究(包括某些社会科学研究)往往将研究假设作为先验于社会实践的理论演变规律,并将经验材料作为检验理论正确与否的材料。这种处理方式固然有助于学者发挥学术想象力,却在一定程度上忽视了对经验材料的细致梳理与剖析。

哲学社会方法论在人文学科中的运用十分普遍,其核心主张是生产合理的知识结构与解释现代性,即对社会文化进行诊断性分析,以达成具有解释力的理论规范(Hampton & Conboy, 2014)。在哲学社会方法论的指导下,理论的生产往往被作为研究者评估经验世界的结论,或构建良性社会的想象性成果。因此,经验材料不仅是其阐释的对象,也是检验其结构性想象的材料。这种方法使用的经验材料是一种宏观意义上的经验,与宏观的社会理论生产相适应,但其解释社会的效用始终受到具体社会实践的质疑。

实用主义方法论更重视从经验材料中归纳理论。正因为实用主义方法论始终坚持扎根于经验材料获取理论资源,所以也被称作"扎根理论",它构建出的理论始终具有中观层面的特征。对于这一具有实操性的研究方法取向,研究者始终批评其过于"天真",因为这一取向下的研究方法总尝试通过看似研究者无涉的研究设计进行实证研究。这似乎能将研究者简化为研究工具,并以此获得客观的研究数据。然而,无论是研究数据与研究理论的联结契合度,还是研究理论本身宏大视角的缺失,都受到一定的批判。如果要采用实用主义方法论进行研究设计,研究者必须将其视作一种解释性、回溯性的方法论,不断通过经验材料联系已有的研究成果进行研究理论的生产。

在充分理解上述三种方法论偏向的基础上,研究者必须明确地定位研究的理论地位,并选择恰当的方法开展研究。本书的核心目的在于明确数字媒体生态下用户新闻参与行为的核心特征,并厘清参与行为之于数字新闻研究的独特价值。本书的目标并非以理论推导为基础,只是尝试通过经验材料探析数字新闻用户可能具有的理论潜力。因此,主要的目标是探求基于新闻实践而产生的问题的答案。这就要求研究者在回答这些问题时必须通过经验的而非理论的方法。对于本书而言,理论并非研究的起点,而是研究的终点——研究者要在现有的研究理论的基础上探索具体的研究问题,并通过经验材料检视这些问题的答案,进而推动新闻理论的发展。这种研究视角被米约塞特称作"面向理论的实用参与视角"。

在该方法论的指导下,研究者必须充分考量与新闻用户相关的诸多要素的性质,进而选择适切的研究方法。总体而言,数字新闻用户本身具有数字化、情境化、行动化的特征,对新闻过程的影响在很大程度上受制于概念与理论体制,因而呈现出实践模糊、理论暧昧的面貌。因此,在数字新闻研究中实施围绕着用户行动的深度观察是有必要的(Hermann, 2016)。针对用户行动逻辑的发问有助于研究者准确地梳理新闻参与实践;对研究的批判性认识与对情境的敏感性紧密相关,要求研究者必须扎根用户新闻参与的具体案例进行研究设计。

为了实现上述研究目标,本书开展了一系列研究设计,通过实施这些研究步骤,获取研究资料,开展资料分析,最终获得了研究结论。具体来说,研究者选择质性研究方法探索这一议题,通过焦点小组访谈的方法收集研究资料,借助扎根理论方法进行经验资料的分析工作,以此为基础归纳数字媒体生态下用户的新闻参与机制模型。基于此,本章的研究设计主要包括三个部分,即研究方法、资料收集与资料分析。

一、研究方法

在资料收集过程中,研究者主要采用焦点小组访谈方法获取经验资料;在资料分析过程中,主要采用扎根理论方法进行资料分析,并最终构建起核心理论框架。

选择质性研究方法,主要出于三个方面的原因。其一,数字新闻用户的参与机制研究尚处于发展阶段,缺乏成熟可用的测量工具与分析工具。本章采用质性研究方法助力获取充分的研究资料,进一步助力理论的建构工作。其二,数字新闻用户的行动过程与用户的日常生活紧密相关,其本身具有极大的碎片化特征与模糊性。因此,资料收集过程主要依赖用户的自我表述,研究中收集的数据资料难以被标准化处理。其三,本章的最终目标是尝试建立起数字新闻用户的新闻参与机制理论。质性研究方法的优势在于能够对已有的经验资料进行较为充分的剖析,并从中发掘概念之间的细腻关联,为本书的理论建构工作提供了有效的方法工具。

二、资料收集

一项探索性研究需要尽可能地从不同的角度收集研究资料,获取用户本身的态度、观点和实践资料,并大量激发访谈对象的互动和群体讨论,以获得充分的研究资料。本书在资料收集环节采取焦点小组访谈方法,以期获得充分的访谈资料。

焦点小组访谈法能够较好地应用于本章的资料收集工作。用户的接受与参与行为始终与他们所处的社会不可分割。为了厘清新闻用户的行动逻辑,本书尝试将其置于丰富、复杂的生活情境,探索用户的行动意愿与行动策略。焦点小组访谈能够植根于用户行动的自然情境,为他们提供一个互相交流的论坛,令其有机会就新闻参与的相关经验进行沟通与争论,并在这一过程中对相关的、植根于日常生活的事实进行集体建构。现有的新闻用户研究成果表明,使用焦点小组访谈法对用户的观念、心态和行为逻辑进行探索和解释是卓有成效的。

本研究共招募了 52 名访谈对象，他们被分为 6 个焦点小组。本研究招募的所有访谈对象的年龄均介于 19—36 岁，绝大多数人的年龄低于 30 岁。他们均获得本科学历或正就读于大学本科。在本研究中，所有访谈对象都由研究者通过网络招募和社交关系获取，他们与研究者没有潜在的利益冲突，研究者在研究过程中不会主动表露自身的思想倾向。在本研究正式开展之前，研究者进行了预调查，未发现明显的性别特征与受教育程度对新闻参与行为倾向的影响，因而在正式的资料获取过程中未对其加以干涉。需要说明的是，本研究获取的所有访谈对象均为 36 岁以下的青年群体。这样做的主要原因是，这一群体是当前较为活跃的数字新闻用户，其行动意愿与行动特征能够较好地代表数字新闻用户的主要经验。

本研究借助目的性抽样获取访谈对象，实施了三个核心步骤：首先，明确自身的研究目标，即对数字媒体生态下用户的新闻参与机制进行探索；其次，依据核心研究目标设定抽样标准，即本研究获取的访谈对象必须是数字媒体平台的主要使用者，并曾在数字平台上积极地参与新闻行动；最后，依据上述抽样标准，设计相应的抽样策略，即本研究采用的抽样方式是强度抽样与同质性抽样，抽取的个案具有较高的信息密度和强度。这种抽样方式能够提供较为丰富的信息，让研究者更好地了解主动参与新闻行动的个体的行动意愿和行动轨迹。本研究对于"强度"的界定，主要指新闻用户对于新闻参与行为的认识较为丰富、采取的行动较为多样。在招募访谈对象时，研究者要求访谈对象需熟悉某一社交媒体平台，并曾普遍地阅读、点赞、转发或评论新闻。

在访谈设计过程中，依据个人的时间安排，本研究招募的所有对象被分配到不同的焦点小组，每个小组的人数控制在 7—9 人。选择这一规模的焦点小组主要是为了保证群体规模能获得较为广泛的信息反馈，同时保证每位访谈对象都能参与讨论。在最终的访谈实施环节，所有访谈时间均超过 1.5 小时，每位访谈对象都针对某一问题作出了相关的回应。上述焦点小组的访谈时间主要由访谈对象的时间决定，尤其受到访谈小组成员通勤时间的影响。具体的访谈开展时间分别为2021年8月22日、8月28日、8月29日、9月4日、9月19日、9月25日。

本研究的访谈提纲围绕着研究目标进行设计,主要包括四个开放式问题。(1)你最近一次参与新闻点赞、转发或评论的情景是什么?(2)在阅读新闻时,什么要素最能引起你的关注?(3)你参与新闻点赞、转发或评论的目的是什么?(4)什么原因导致你不愿意参与新闻点赞、转发或评论?在具体的焦点小组访谈过程中,研究者首先对第一个问题进行发问,并收集访谈对象的回应,然后由焦点小组围绕着其他问题展开自由讨论。本研究的研究问题与特定的政治倾向没有明显关联,研究者也会关注与反思因自身的偏见与性别、年龄、社会地位、受教育程度等前设而造成资料收集上的偏差。

在访谈的准备过程中,由于研究问题具有抽象性,因此,研究者对访谈对象进行刺激,以方便其理解研究问题。研究者在焦点小组访谈准备过程中进行的具体操作包括:(1)明确讨论的具体事件,即把研究问题具象化到某一社会事件中;(2)增加事件的细节与情景,即为访谈对象提供具体研究问题的发生过程与真实人物等信息;(3)引导用户回忆自己的举动,即询问用户是否在类似的社会事件中参与了某些具体的行动。通过这些操作策略,访谈对象会更加准确地界定与认识自身的新闻参与行为,进而表露更加丰富的访谈信息。在每次访谈过程中,研究者会作为主持人参与焦点小组访谈。

焦点小组访谈的具体实施过程主要包括安排访谈空间、开始访谈、组织访谈与结束访谈。本研究的所有焦点小组访谈空间均为固定的教室,空间内尽可能保证不存在任何与本次访谈内容相关的文字或图像资料。

在焦点小组访谈开始时,研究者先简要介绍了本研究,包括研究问题、研究目的、处理结果的方式和保密措施等,还对访谈的流程与原则作了说明。在6轮焦点小组访谈中,研究者保证所有访谈对象都有机会发言,所有访谈对象都面向小组内所有成员发言。在访谈开展的过程中,研究者会提示,保证获取的所有内容仅用于研究分析使用,以保障在资料收集过程中访谈对象的开放与信任。在这一过程中,研究者始终保持朴素的衣着和较为克制的谈吐,以降低研究者自身对访谈过程的影响。

在开始访谈后,研究者先主导开展了一轮开放式访谈,由访谈对象回应第一个研究问题,广泛地获取新闻用户的感受与观点。在访谈过程中,研究者将扮演促进者与辅助者的角色,促使参与者较为积极地融入访谈活动。研究者会努力将谈话的主动权交给参与者,不轻易打断群体讨论,也不轻易给出自己的看法,主要进行观察与倾听。经过研究者的努力,焦点小组访谈的讨论话题基本呈现倒金字塔形态,即在访谈过程中逐步收紧。结束访谈时,研究者将不对访谈过程进行总结与说明,再一次向访谈对象强调保密原则,并表达对访谈对象的感谢。

本研究采用现场录音的方式记录焦点小组资料。研究者会在访谈过程中录音,便于后期针对不同用户的各种观点进行集体分类和整理。研究者在现场进行了资料收集与分析工作。每场焦点小组的访谈结束后,录音资料将被转录为文本,研究者会根据不同的发言主体编号,转录工作共形成 6 份质化资料。在进行了 5 组焦点小组访谈后,研究者充分考察了既有的访谈资料,发现多数核心概念反复出现,继而通过第 6 次焦点小组访谈进行饱和度检验,结果发现超过 80% 的核心概念在超过两个焦点小组的访谈资料中多次出现(Guest, Namey, & McKenna, 2017)。至此,本研究认为资料收集基本饱和,可以终止焦点小组的访谈。

三、资料分析

本研究的资料分析工作主要依靠扎根理论方法,通过实施原始编码、主轴编码与选择性编码过程,在原始的经验材料中识别概念与概念之间的联系。扎根理论的资料收集与分析工作实际上是同步进行的(Corbin & Strauss, 2015)。为了行文方便,本研究将在这一部分着重说明资料分析工作的开展情况。

扎根理论方法能够较好地适用于本研究的资料分析工作,原因有两个。第一,学界针对数字新闻用户的新闻参与机制的既有研究虽然较多,但结论较为分散,难以形成统揽性的理论指导。由于缺乏较为适切的理论指导,本研究尝试采用扎根理论方法,通过研究资料获取理论假设,同时,在资料的收集过程中不断凝练研究资料来系统化相应的研究成果,以获得构建理论的可能性。第二,本研究选择的方法导致获得的质化资料切入点较小,但数据的厚度较大,资料与新闻用户日常生活的关联极为密切,只有对资料进行反复考察,才能有效地获得数字媒体生态下用户的新闻参与经验。扎根理论的操作理念要求研究者在整体资料中进行循环阐释,实现对各个部分的准确把握,并且能较好地分析上述研究资料。

扎根理论的分析过程是一个不断演化、重叠与归纳的过程。本研究的分析过程在资料收集、资料转写与资料浓缩间不断循环,最终形成了主要阐释框架。

在分析资料之前,研究者需要先做好准备,即反思自身能否保持较强的理论敏感性。理论敏感性可以帮助研究者对既有的理论资源和自身接触的质化资料保持清醒的认识,进一步捕捉新的理论建构的线索。通过对数字媒体生态下用户的新闻参与机制既有文献的爬梳和分析工作,研究者较好地理解了现有的新闻参与机制研究的理论情况,能够满足本研究资料分析的要求。需要注意的是,本研究是一项新闻用户的行为研究,研究问题设计不涉及政治文化方面的敏感问题,不存在由研究者的价值观念导致的处理偏差。研究者在资料收集过程中与访谈对象达成了解释性理解(interpretive understanding),并在访谈过程中进行反复确认,以确定理解与分析不产生偏差。

扎根理论方法的最终指向是从零散的、具体的原始资料中提炼互相关联的概念,进一步探求概念间的逻辑关联。实施过程的主要逻辑是提取原始资料中的重要概念,并鉴别与呈现这些概念间的相关关系(吴肃然、李名荟,2020)。研究者主要采用的方法是比较法,具体操作就是在概念之间、资料之间、理论之间进行不断对比,进而获得基于质化资料的类属与理论框架。基于此,扎根理论的一般性操作程序要求研究者对获取的原始资料进行原始编码、主轴编码和选择性编码三级编码程序。

在原始编码环节,研究者对访谈对象的原始文本进行编码,并在编码操作中获取现有经验资料中的所有概念范畴。在这一过程中,研究者需要剔除与研究无关的概念范畴,对重复的概念范畴进行合并归类,最终获取33个概念范畴。需要注意的是,扎根理论方法重视质化资料中的多重声音,因此,研究者应在原始编码环节尽可能充分地识别不同态度与行为的矛盾,并归纳其呈现的文化逻辑与理论意义。

在主轴编码环节,研究者对上述33个概念范畴进行了逻辑上的关联和合并,对不同概念之间的联系进行了充分的考察,最终形成了与研究议题相关的核心概念范畴。在这个过程中,研究者最终获得了9个核心概念范畴,每个概念范畴对应原始概念中的一个或多个。在主轴编码环节,研究者着重注意概念范畴与原始概念之间的强关联,尽可能地将与本研究相关的所有概念纳入编码环节,以保证研究理论概念的丰富性。同时,研究者对这些关系中的核心类属和次要类属的级别关系进行了考察,并借助核心类属和次要类属的关系初步建立起理论建构的模型。

在选择性编码环节,研究者将上述核心概念范畴进行了逻辑上的关联,最终形成了关于新闻用户如何选择参与新闻这一问题的答案。在这一过程中,研究者通过不断浓缩理论,剔除关系不够紧密的类属,发掘了核心类属的强关联。经过选择性编码,核心类属必须能与大多数相关类属产生明确的关联,具备意义的阐释空间,成为资料分析的核心部分。这一环节形成了本研究的核心解释框架,即"卷入-体验-社群"机制。这一概念模型解释的主要逻辑在于四个方面:(1)新闻用户本身与新闻内容的卷入度将会提升新闻用户的参与意愿;(2)新闻用户的新闻体验过程有助于用户积极地评价新闻内容,进而参与新闻行动;(3)新闻用户所处的社群是有效地激发和规制新闻用户的新闻参与行为的重要因素;(4)上述三个过程很大程度上是融合发生的,而非单独地发挥作用。

本研究采用的效度检验方法是回溯法,即在分析过程中持续不断地回溯核心研究目标,并在理论框架形成之后一步步地追溯研究的每一个步骤,以保证登录和理论建构的准确性。上述三个编码过程不是一次性的,研究者通过多次循环的编码和归纳,较为充分地考察了原始的质化资料,最终形成了上述研究结论。本研究对上述结果的效度检验过程主要是通过对"卷入-体验-社群"机制不同理论部分的相互关系进行检视,探索其中涉及的核心概念与既有理论和现实新闻环境之间的关联,防止理论概念的无效。经过效度检验,"卷入-体验-社群"机制能够较好地呈现数字新闻用户的总体新闻参与机制。

第三节　模型建构

通过归纳新闻用户接受机制领域内的概念范畴,本研究尝试建立起数字媒体生态下用户的新闻参与机制模型,即"卷入-体验-社群"模型(图6-1)。限于篇幅,此处略去分析过程。研究者将在下文对该模型中的重要概念和概念之间的主要关联进行说明。

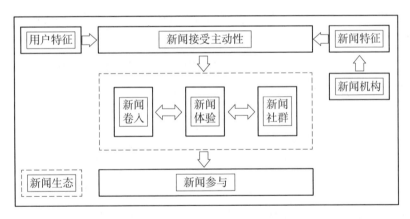

图6-1 "卷入-体验-社群"模型

一、重要概念解释

本研究认为,以新闻用户为核心的新闻卷入、新闻体验和新闻社群机制能够较好地解释新闻用户的参与行为,新闻生态是这一机制发挥作用的主要场景。接下来,研究者将结合研究的原始资料解释数字新闻用户的参与机制模型中的五个重要概念。

第一,新闻用户的接受主动性。接受主动性属于新闻内容的驱动力维度,主要受新闻用户本身的特征和新闻内容的诸多特征的影响。在范畴归属上,接受主动性主要包括情感唤醒度、偏好一致性、价值相似性、经验相似性、新闻内容的感知重要性、新闻评论争议性等维度。新闻用户的接受主动性在表现上是一种用户与新闻内容之间的互动。这种互动超越了用户本身的属性决定机制和新闻内容的吸引力特征,成为两者之间的匹配游戏。随着用户与新闻内容的彼此吸引与互相探寻,新闻用户与新闻内容之间的匹配性成为新闻参与的核心影响因素。

新闻用户会立足于自身独特的审美品位、生活经验和价值偏好,对新闻内容进行初步选择。这种选择是新闻用户主动进行新闻参与的核心前提。在访谈资料中,研究者发现用户本身的属性特征是他们乐于接受新闻最主要的驱动力来源,围绕着这一维度的偏好一致性、价值相似性与经验相似性均是用户以自身为尺度对新闻内容的审视和评价。偏好一致性是对用户本身的喜好与兴趣的确认,价值相似性是对用户的价值倾向和思维方式的反思,经验相似性则是对用户与新闻内容的联系进行的确认。只有上述一个或多个维度为用户提供了积极的反馈时,用户才会积极地评价新闻内容,进一步主动参与新闻行为。也有一些访谈对象表示,自己对新闻内容的关注并非出于新闻内容对自己生活的直接影响,而在于新闻内容是否会导致自身的价值观受到挑战。也就是说,新闻本身是一种文化产品,而非一种生活必需品。

这种接受主动性受到用户情感状态的直接影响。直接影响意味着情感状态对于用户是否乐于继续深入理解新闻具有激发作用。倘若用户能在新闻内容中获得强烈的情感体验,他们就会乐于进一步考察新闻内容与自身的紧密联系,并在这一过程中获得更加积极的新闻参与意愿。也有访谈对象表示,自身的情感状态十分容易受到公共新闻的影响,导致自己会回避某些新闻。

新闻用户的属性特征对接受主动性的影响并不是显见的,新闻用户不能在接受过程中穷尽自身的属性特征,进一步将其作为理解新闻内容的尺度。这一作用机制是用户在"遭遇"新闻内容时对新闻内容的衡量和秩序赋予。为了实现用户的接受主动性,新闻内容也要具备一些属性特征,如新闻内容的感知重要性和新闻评论的争议性。新闻内容的感知重要性是访谈对象提及的重要内容,他们始终相信,重大新闻事件会在诸多维度上与自身的生活产生联系。因此,新闻的重要性成为用户关注的核心价值。一则新闻的感知重要性越高,新闻用户就越倾向于主动地理解和分析其内容。此外,对于新闻内容本身的评价还有一个重要的维度,即新闻评论的争议性。数字时代的新闻评论已经成为新闻内容的重要附加部分,(其他)用户在新闻平台上的评论将会极大地提升用户深入及反复理解某则新闻的主动性。需要重视的是,用户对新闻内容的判断与理解并非一种通读新闻内容和对新闻涉及的多模态新闻元素的通篇考察,而是对新闻内容中的关键元素的感受。这些关键元素包括新闻标题、情感词汇、新闻图片、新闻视频。

与新闻内容相关的一个重要因素是用户对新闻机构的认识。事实上,一开始用户的接受主动性并不能将新闻内容纳入深度理解的范畴,而只是一种浅表的意向。这种表层感受不仅受到新闻内容的诸种内容特征的制约,也在很大程度上受制于新闻发布者的影响。其中,新闻发布者的机构属性(国家/地方/自媒体)、盈利倾向与文化形象是发挥作用的重要因素。

第二,新闻卷入。新闻卷入的核心内涵是新闻用户对新闻内容与自身诸多特征的一致性评价,属于感知层面。新闻卷入是影响新闻用户参与新闻行动的基本机制之一,其核心范畴包括新闻用户的职业经历相关性、年龄相关性、文化习惯、个人偏好相关性、价值倾向一致性与接受框架匹配度。这些范畴大多与新闻用户本身的某方面特征有关。本研究是一项植根于新闻用户日常经验的中观研究,研究者不对这些概念作进一步的抽象处理,只是直接说明新闻卷入在新闻接受过程中的具体作用方式。

研究发现，倘若新闻内容与新闻用户关心的生活问题存在明显的联系，新闻用户就会表现出对新闻内容的兴趣，并积极地开展相关的新闻参与行动。也有访谈对象表示，诸多社会治理措施对生活的影响也会成为引发其更多新闻参与行为的核心因素。这说明新闻与现实生活的关联将极大地提升用户的新闻参与需求。

这种相关性的表现方式十分丰富，其中最为显著的影响因素包括新闻用户的职业经历与年龄相关性。在一定程度上，新闻用户的生活经历与职业经历密不可分，因此，新闻内容也与用户的职业熟悉程度产生了关联。此外，年龄也是影响新闻用户参与的一个要素。不同年龄的用户信息接受偏好迥异，这在社会学研究和传播学研究中已经得到诸多确认。研究资料显示，相近年龄段的用户的新闻接受偏好具有集聚作用。换句话说，年龄相仿的用户往往关心相似的新闻议题，其新闻参与动机也具有较大的一致性。年龄相关性可能并非一个深层的影响要素，因为其本身指称的社会要素与文化要素既与新闻用户的职业经历相关，也与新闻用户的生活经验关系密切。此处将其作为一个影响要素加以说明，主要是因为新闻用户本身的年龄在当前的新闻研究中是一个明确的测量指标，对这一指标的使用有助于本研究进一步对新闻用户进行群体划分，并展开分析工作。

用户的文化习惯与个人偏好相关性同样会对新闻参与行为造成巨大影响，两种影响机制具有逻辑上的关联性。文化习惯主要指称用户与新闻内容具有地理上的相近性和文化上的相似性，尤其是当新闻内容报道与新闻用户具有社区、城市或省份等地理空间上的相似性时，新闻用户将更加积极地接受新闻内容。在一定程度上，这种地理上的相似性并不仅局限在地理维度，也会拓展至丰富的文化领域，形成强烈的业缘、校缘或趣缘相近性。例如，养宠物的群体普遍对动物相关的社会新闻兴趣盎然，具有相同教育经历的群体则对母校的新闻抱以更高的关注度。这种相似性在个人维度上表现为不同的生活偏好，其深层逻辑是新闻内容满足了个人在诸多维度上的不同偏好。因此，新闻内容与个人偏好之间的卷入度就是文化习惯的卷入。这一要素在访谈中表现得十分明确。

价值倾向一致性与接受框架匹配度主要指用户本身的(尤其是政治维度的)价值取向与新闻内容呈现的价值取向的一致性。这种价值取向不仅直接决定了新闻用户是否会回避某些新闻内容,也在很大程度上表现为新闻用户对新闻内容的信任度。接受框架的匹配度更为具体地表明,新闻用户对于新闻重要性与有用性的关注决定了他们更偏好何种新闻内容。当新闻内容与新闻用户本身的接受偏好一致时,新闻用户感知到的新闻相关度就越高,也就越倾向于对新闻进行深度理解与积极参与。

第三,新闻体验。新闻体验的核心内涵是用户对新闻内容和新闻媒介的认知结果和情感反应。新闻体验与新闻卷入都归属于用户的个人接受机制。新闻体验概念具有模糊性,大量的相关研究都将这一概念理论化为新闻用户接受行为的一般性结果。本研究的结论确认了这一既有的事实,同时强调新闻体验也是引发用户新闻参与行为的重要机制,对用户的认知和行为的激发具有重要作用。访谈资料表明,这一作用主要表现在三个范畴,即内容的感知重要性、新闻互动性与多模态满足感。

感知重要性主要指新闻用户对新闻重要性的认识。这种重要性不一定是新闻内容本身的属性特征,也可以是用户对新闻内容重要性的认识。这种重要性与社会的重要议题或用户的生活相联系,都能引发用户的关注,最终提升用户对新闻内容的参与意愿。同样,这种感知重要性也与特定的新闻人物有关,无论是政治人物还是娱乐人物,乃至用户生活中的特殊人物,都与用户对新闻的体验关系密切。

新闻互动性指新闻内容将新闻评论或用户生产内容纳入新闻本身,进而引发用户独特认知和情感反应的过程。虽然新闻研究往往将新闻评论视作新闻内容之外的独立附件,但在新闻用户看来,新闻评论与新闻内容紧密相关,评论本身代表着新闻用户的某些倾向,新闻评论有时也会受新闻机构的操纵。因此,新闻评论能代表部分用户的态度,进而引发其他用户的积极关注与积极参与。在一些新闻报道中,记者乐于将用户生产内容纳入新闻,或将新闻评论作为新闻来源。这种着眼于用户生产内容的行为也能改变用户对新闻内容的认识,使新闻与用户之间形成更加亲密的关系。

数字时代的新闻内容不只包括文本形态,因此,本研究将多模态的新闻内容作为一项基本前提。用户的新闻接受过程不仅包括文字,也包括他们对移动新闻终端与社交平台的直接认识,甚至不同的图片、视频、音频在用户的生活中都发挥着不同的作用。访谈资料表明,不同的媒介形式为用户带来的新闻体验存在差异:文字能带来更多的故事感与信息,会引发用户产生更为深入的思考;视频新闻往往会带给用户更多享受,导致他们往往关注新闻之外的许多信息元素,尤其是与娱乐相关的元素。

不过,本研究发现,用户对于新闻的体验在很大程度上与享乐元素密切相关,导致新闻用户在很多时候难以区别新闻内容与娱乐信息或政治信息。例如,面对某则新闻中的人物形象和新闻故事叙述,往往会有用户表现出与观看娱乐新闻时相似的认识与接受逻辑。这导致他们更为关注一些元素,如新闻人物的特征、新闻故事的戏剧性或新闻价值的有趣性,而忽略了一些新闻元素,如新闻人称视角、新闻价值导向等。这表现出新闻用户在体验维度上难以区分新闻内容与其他文化产品。

第四,新闻社群。新闻社群是用户归属的某一现实群体。本研究将其理论化为一种新闻参与机制,主要是强调新闻社群对用户个体接受行为的重要影响。新闻用户的新闻接受不仅是个体行为,新闻用户在很多时候都是从新闻社群中获取新闻、理解新闻与分享新闻,因此,新闻社群天然地应当成为用户接受新闻和参与新闻的一个核心环节。新闻社群主要涵盖三个范畴,即熟人社群、匿名社群和趣缘社群。

熟人社群指与用户的现实生活紧密联结的新闻社群,如微信上的朋友群。熟人社群意味着新闻用户在其中的新闻接触行为往往受到现实生活中的好友的影响,他们的新闻分享也将影响其他用户。同时,熟人社群也表现为更加细分的好友圈和更加广泛的弱联系圈。前者表现为用户积极地参与好友社群,主动地参与讨论和分享,并最终采取某种类型的新闻参与行为。对于更加广泛的弱联系圈而言,新闻讨论与新闻分享行为最终都会受到现实生活中的职业因素、亲缘因素等多种逻辑的规制,形成与其他社群不同的新闻参与意愿。熟人社群往往能超越地理空间的限制,却经常与地理标签相联系,例如发布新闻时的定位往往能引发相关地区的用户的关注与讨论。

匿名社群指与用户现实生活不甚相关的在线群体,如微博好友等。匿名社群往往为用户提供了较为自由的参与空间,用户在"新闻牧场"上搜寻着自己感兴趣的话题,并按照自身的兴趣和偏好发表观点,最终产生广泛的社会影响。匿名社群为用户提供了一个积极的行动场所。这种行动场所消弭了用户生活的诸多限制,给他们以某种程度上的自由。匿名社群往往导致用户积极地对自身感兴趣的话题发声,并形成具有影响力的新闻参与效果。但是,这也在很多社会议题上导致了不文明新闻评论的兴起。匿名社群并不意味着用户的社群与现实生活无关。在很多现实社群中,如学校、公司或生活社区中,用户总是倾向于采用匿名方式分享生活新闻,并针对社会新闻发表观点与看法。这些匿名的讨论为用户带来极大的自由和满足感,也为他们带来了新的新闻体验和新闻参与机会。

趣缘社群广泛地分布在熟人社群和匿名社群中。用户不仅在现实生活中会围绕自身的兴趣联结成群体,采取对应的新闻评论和现实活动,也会在虚拟平台上参与对诸多事件的讨论。无论是何种平台,新闻用户都会为了提升新闻社群带来的满足感而为自己的日常生活设置核心议程。趣缘社群的代表性群体包括粉丝群与标签运动用户:粉丝群意味着用户以人物为核心节点开展新闻分享和评论行动,标签运动则以人物和事件为核心。在一些数字平台上,有共同关注的用户也能发展出趣缘社群的联结场所,即他们往往会因共同的人物或兴趣而获得共同评论新闻或互动的动力,进而联结成态度、观点趋同的社群。

即使新闻本身的社群属性意味着用户需要面向公共性而获得行动的动力,但研究者无法对上述三个新闻社群进行任何公共性方面的归纳。研究资料表明,用户本身的集体参与仍然基于用户个体的行为逻辑,他们的个体行为是出于对自我生活的满足,而非对公共秩序的维护与公共理念的追求。当然,本研究不能否认新闻社群的公共性潜力,因为新闻社群对于用户接受逻辑的矫正正是公民获取社会公共性的过程。研究者仅能在这一过程中理解新闻用户缘何参与某些新闻行动,而忽略另一些新闻行动。

第五,新闻参与行为。参与行为是新闻用户采取的具体行动形式,属于行动维度。新闻参与行动是前述四种机制的直接结果,不断为用户提供积极的反馈,为用户的接受主动性提供积极或消极的影响。因为行动本身具有可见性与可度量性的操作性特征,所以大量的既有研究从这一视角切入分析用户。本研究发现,新闻用户本身对自身的参与行动也有明确的认识,他们的行动选择受到前述四种机制的激发,并最终受到新闻情境的约束。整体而言,用户的参与行动包括新闻搜寻、新闻点赞、新闻分享、新闻评论和新闻生产。这些参与行动与新闻用户关系密切,并在一定程度上难以归类,原因在于用户本身的行动倾向的复杂性。研究者尝试依据访谈资料,将其按照用户参与新闻的行动成本进行分类。

首先是新闻点赞。新闻点赞在行动维度上的成本最低,因为用户的直接付出只有点击这一行动。成本的低廉导致新闻点赞具有普遍性,它在一定程度上甚至并不意味着用户的积极评价,而仅表现为用户的新闻关注。

其次是新闻搜寻与新闻分享。新闻搜寻和新闻分享都需要用户付出更多的成本,因为用户需要浏览新闻,并被其中的某些内容吸引,进而作出反应。这些行为不仅表达了用户对新闻内容的关注,也在很大程度上表达了用户较为强烈的认知和情感反应。新闻分享行为并不一定是在某一特定的新闻平台上进行的,新闻用户采用多种新闻平台获取新闻,也将在多种平台上搜寻和分享新闻。

再次是新闻评论。新闻评论意味着用户对新闻内容本身具有较有深度的理解,并对与新闻内容相关的社会事件具有某种维度上的关切,因此,新闻评论往往围绕固定的新闻要素展开。新闻评论是用户情感劳动的外在表现,因为激烈的情感反应往往推动用户进行直接的表达。用户的很多评论容易受到其他用户评论的影响,进而与其他用户产生交互。受到新闻平台的功能的约束,新闻评论经常与新闻分享同时发生,但相关意愿经常受到新闻情境的制约。

最后是新闻生产。新闻生产是更为深入的新闻评论。在操作层面,新闻生产是用户围绕新闻事件所提供的新的新闻信息。相关的新闻信息与既有的新闻事件相关,融入了用户极强的个人感受,并为其他用户提供了丰富的信息。这些新闻生产往往是由新闻事件的当事人或相关方进行的。具体的用户生产内容在生产风格上与专业新闻记者略有不同,但包含强烈的真实性特征和情感激发要素,能够引发其他用户的关注和参与。

二、框架解释

上述构成数字媒体生态下用户的新闻参与机制模型的五个重要概念之间存在明确的动态关联,是促进新闻用户主动接受新闻并积极参与新闻行动的核心机制。

一方面,从新闻用户的接受主动性出发,借由新闻卷入、新闻体验或新闻社群的一种或多种路径,新闻用户最终都将采取具体的新闻参与实践,这是一个完整的"感知-行动"过程。这一过程植根于具体的新闻生态,受到用户本身的诸种属性特征和新闻内容的特征的激发,呈现出复杂的具体行动体系。同时,这一过程始终受到用户个人知识结构和情感结构的规制。因此,用户的接受主动性在具体的新闻参与机制中的表现就是其情感主动性。这些接受机制既内蕴于用户本身的知识结构与行动偏好,与用户本身联结为一个整体,为用户带来了非凡的行动潜力;也较好地建立起用户本身与行动之间的解释桥梁,为我们更顺畅地理解新闻用户参与的行动逻辑带来了新的启发。

另一方面,数字新闻用户的参与机制始终是在具体的新闻生态中发挥作用的。这意味着新闻生态本身能够激发和约束用户的情感主动性和新闻参与行为。这种影响也是借由上述三种机制发挥作用的。新闻生态既包括占据极大生产自主性的新闻机构,也包括日益成为主流新闻传播渠道的数字平台，乃至超越新闻业的政治力量、经济力量与社会文化力量。如果要尽可能全面地理解新闻用户的行为，研究者就必然要对新闻生态本身的规律展开摹刻与分析。因为新闻生态中有诸多新闻之外的复杂力量的权衡与博弈，所以研究者才能将新闻用户研究视作真正的"人"的研究，而非针对社会结构与社会要素的研究。基于此，本研究才能对广泛的新闻用户乃至信息用户进行更精细的考察和解释。

总而言之，数字媒体生态下用户新闻参与机制模型为本研究提供的是一个用以解释新闻用户缘何关注新闻内容并参与新闻内容的框架。这一模型中的各个因素既相互关联，又各有侧重。这些概念脱胎于用户的日常经验资料，研究者有必要对其进行学理上的考察，并进行检视和分析。数字新闻用户参与机制的解释力蕴含于对用户群体内部的理解和用户行动的预测。

第一，数字新闻用户的主动性是新闻接受过程的基本出发点，也是用户新闻参与行为的逻辑原点。唯有用户乐于主动地理解新闻内容，并积极地参与新闻转发和新闻讨论，新闻的参与实践才能真正在用户的日常生活中占据重要地位。数字时代的用户主动性较前数字时代有显著提升，主要原因在于用户得到了技术赋能，能够便捷、快速地参与对新闻的接受与讨论过程。只有数字媒体生态下用户主动地关注新闻内容，新闻参与机制才能真正发挥作用。这一结论意味着新闻业的勃兴与重构需要以新闻实践在用户的日常生活中的核心作用为本质标准。这种标准的外在表现形式就是，更加主动的用户在参与新闻实践的各个环节时迸发出的积极性。

第二，数字媒体生态下用户的新闻参与机制本质上是以用户为核心的新闻理解策略。实现这种策略的关键在于建立以用户为核心尺度的新闻评价标准，进而形成一种围绕着新闻用户的新的新闻价值体系。因此，无论是个体化的新闻卷入与新闻体验，还是更偏向集体经验的新闻社群，实际上都在围绕用户的偏好进行一种新的价值重建工作。新闻参与机制实际上是一种用户新闻价值体系建设机制。数字环境下用户地位的崛起必然要求传统意义上的专业新闻转向用户新闻,从而在数字时代焕发新的活力。

第三,数字媒体生态下新闻卷入、新闻体验、新闻社群三种机制的最终结果是用户的新闻参与行为,这意味着对新闻的参与行动的深入考察能帮助研究者理解新闻用户的参与意愿和行动逻辑。但是,本研究的解释模型表明,如果仅对新闻参与行为进行考察,而不对具体的行动逻辑进行细致的辨析,研究者仍然无法洞察用户本身的偏好,并产生极大的误读乃至倒果为因。数字新闻用户研究要求研究者对新闻参与行为进行积极的考察与分析工作,并严谨地建立新闻参与行为与新闻用户意向之间的强关联,进而借由多种不同的新闻行动分析来预测新闻用户的意向与偏好。这也启示我们,任何对于用户的考察最终都要回归用户本身,而不能将其定位于去语境化的群体行动,因为这样的结论始终缺乏语境的考验,不具备阐释力度。

第四,数字新闻用户的行动始终是在其与数字新闻生态的交互中进行的。数字新闻生态理论主张将用户视作与其他复杂的非人类要素同等的行动者,但此处仍要强调,技术影响始终要在用户本身行动逻辑的支配下发挥作用,哪怕数字技术极大地拓展了人们的经验,并在一定程度上框定了人们的决策方向和行动逻辑。不过,显而易见的是,用户始终拥有与数字世界断联的行动潜力,而这种行动始终植根于用户的生活需求(周葆华,2020)。

第四节 模型阐释

因应上述概念阐述与关联说明,本研究以经验资料为基础,通过焦点小组访谈和扎根理论方法,获得对新闻用户的参与机制的基本资料,进一步尝试理论化以数字媒体生态下的用户为核心的新闻参与机制。

一、新闻卷入机制

新闻卷入指用户在感知层面与新闻内容的联系程度。它既可指称用户对某些知识的熟悉程度，又可说明用户在心理上对某些内容的感知度，也可用来衡量用户对某些社会议题的参与程度。新闻卷入机制的存在意味着，由于数字技术显著地扩大了人的信息视野，故而新闻用户与总体数字社会之间的联系更加密切。这使他们始终对社会动态保持着旺盛的好奇心，进而萌发出更强劲的新闻参与驱动力。对于新闻参与机制的探索须先将新闻用户视作与数字社会中的全部要素产生联结的积极行动者。如果说不同类型的卷入是促进用户参与新闻行动的具体的驱动力，那么新闻卷入则是用以聚合这些驱动力的中层概念。本研究发现，在新闻卷入机制中，用户的新闻参与行为往往借由三个互相关联的环节实现，即议题识别（issue recognition）、个人卷入（personal involvement）和约束识别（constraint recognition）。

首先，在议题识别的过程中，我们能看到在新闻实践中，人的知识结构与价值框架是紧密结合的，用户的新闻接受过程不可避免地也是认知卷入与价值卷入相融合的过程。因此，用户的新闻卷入并非单一的认知过程，也是一个价值反思的过程。既然不同程度的新闻卷入意味着用户在不同水平上对于具体新闻议题的关注度和行动力，用户对于某些议题的熟悉程度与关心程度就始终代表着某些特定的认知方式与价值倾向。进一步说，用户的新闻卷入程度可以通过一系列的指标加以衡量，但其基本逻辑保持恒定，即新闻卷入的程度始终沉淀在用户的日常生活经验之中。新闻卷入既体现于个体的内省活动，也体现于积极的公开表达。用户正是借由这种卷入机制而主动、深度地介入新闻实践。

其次，情感卷入对新闻用户的参与行为有直接的刺激作用，用户能在某种特定的情感状态下获得对新闻实践的参与意愿，进而在具体的传播情境中选择特定的参与方式。在新闻卷入中，用户的认知、价值与情感结构浑然一体、无法分割。情感卷入机制要求研究者以一种融合式的整体观来思考新闻用户的参与行为。这种整体观实际上暗含对新闻生态与新闻用户之关系的认识,而这种关系是复杂、混沌、高度语境化的(彭兰,2021)。在用户的情感卷入机制中,用户既能获得特定的感知情感价值,从而与新闻生态产生积极连接,明确新闻之于自身幸福生活的重要意义;又能感知特定的情感氛围,以及新闻内容与自身生活经验之间的动态关联,重构自我对社会认识的路径。认识到这一点,对于研究者重新思考新闻接受过程中的用户与新闻生态的关系,总体地开展新闻用户的参与机制研究具有重要的意义。

最后,新闻卷入机制强调的始终是用户缘何获得新闻参与的意愿,而非如何实施新闻参与行为本身。事实上,新闻参与的意愿具有导致某些具体新闻参与行为的潜能,但具体行动的实现受到复杂的情境性因素的约束。在数字环境中,用户参与新闻的目的也并不一定是单一的,而是交融了自我服务、利他动机和社会动机。用户分享新闻以获得声誉(和追随者),引起其他用户的关注,从而获得心理和生活维度的满足感;利他动机表现为新闻参与行为是用户为了给自己的好友提供帮助,其目标是维系良好的社会关系;社会动机表现为用户尝试通过某些社会参与行为推动某些社会价值与社会环境的转变。当上述目标无法得到满足时,用户就倾向于消极地参与新闻。

总体来说,用户的卷入度能催生其对特定新闻内容的关注,进一步推动具体参与行为的实施。本研究将其发生过程的刺激性因素归为新闻用户与新闻内容之间的关系。由新闻卷入导致的新闻参与行为主要源于新闻用户认为自身与新闻内容存在着强关联。无论是依赖新闻机构获取新闻,还是依赖社交关系获取新闻,新闻用户始终期待对新闻获取保持积极的态度。这种感知选择是一种有效的接受方式,因为用户的精力是有限的,所以他们倾向于采用成本较低的行动。这种接受方式也进一步验证了一点,即用户的新闻卷入始终植根于用户的日常生活。在数字新闻学研究中,虽然新闻卷入机制的存在得到了广泛承认,但尚未有深入的经验研究对其具体作用方式加以描摹和解释,因此,这方面的拓展是本研究的一个理论创新。数字新闻生态本身催生的诸多概念和关系在用户的日常生活语境中被不断更新与重新赋值，或许对研究者反思新闻学研究的概念体系与理论体系提出了新的要求。

二、新闻体验机制

新闻体验主要指用户在接受新闻内容时产生的价值、认知、情感、偏好等生理和心理维度的状态。新闻接受过程不仅能给用户带来认知维度的功能性满足，也为用户提供了情感维度的幸福感，因此，用户积极获取新闻内容的一个内在驱动力就在于获得更丰富的体验。用户体验是用户新闻接触行为带来的认知和情感两个维度的直接后果，并最终催生了用户的新闻参与行为。用户体验是一种过程、一种状态，而非一个静态的结果。在数字新闻实践中，用户是一个稳定的、长期的积极角色，他们对于自身体验的决定性影响使体验本身不是一个孤立的心理状态，而是一个流动的、反思的心理过程。这种过程受到用户的知识结构与价值要素的影响。可以认为，用户和新闻内容的交互行为与用户体验质量之间存在着本质性的联系。这种联系超越了简单的工具论，为用户对生活的理解提供了更加适切的解释效用。

首先，新闻用户获得的体验来源于自身的知识结构，即新闻用户能借由新闻内容获得认知层面的新近性、重要性与接近性体验，并在获得感的支配下主动地参与新闻实践。用户的新闻认知并非来自主动搜寻，而主要来自用户日常所接触的微型新闻生态。其次，情感体验呈现为用户身心的独特享受感。享受感主要表现为数字新闻形态为用户带来的沉浸感与参与感。这是我们理解数字新闻接受行为的外部征候。用户在两类情感状态中不断获得喜悦、悲伤、兴奋乃至愤怒等多种具体的情感体验，进一步促成了用户的新闻参与意愿。最后，用户的新闻参与意愿受到其情感主动性的激发与制约。尽管参与意愿转化为新闻参与行为的过程中还有更多的情境性因素在起作用，但维系这一过程的基础逻辑始终是用户关于获取积极的新闻体验的主动性。

新闻用户始终在追求新闻体验的过程中扮演着一种积极的角色。一些研究首要地将数字技术作为外界刺激来解释这种积极性,在一定程度上于刺激与应激反应之间建立了一种顺畅的假设逻辑。但本研究发现,所有的新闻体验都是以用户本身的主动性为基础的。用户的行动逻辑并非简单的线性逻辑,而是复杂的多线程逻辑乃至循环逻辑。在数字时代的新闻阅读过程中,人对于新闻内容的采纳与应用永远是一种以"我"为主的主动活动,而非一种可以被数据化的应激式反应。研究者需要对这种新闻行动进行细致的摹刻,并对其中的逻辑进行更丰富的阐释。更进一步说,数字新闻用户不会因为新闻机构的特征而成为其意义和价值的附庸,而是始终以自身的生活需要为衡量标准来获取新闻。因此,用户对于优质新闻的要求发生了变化,能满足其日常生活的认知与情感需求的新闻就是数字时代的优质新闻。

三、新闻社群机制

新闻社群指基于数字媒体平台的,由好友、关注对象、被关注对象组成的数字新闻用户群体。作为一种半公开的新闻空间,数字新闻社群具有极强的社交性,面向某些新闻用户开放。成为社群成员的用户的新闻参与行为可能比此前作为个体时受到的限制更多,但他们生产的内容也随时可能因"出圈"而成为公共议题。这给新闻用户带来了数字时代的"成名的想象"。

具体来说,首先,新闻社群半公开的特征联结了用户的私人生活与公共生活,为用户的转发、评论与生产等参与行为提供了广阔的场景。社交性是用户在新闻社群中参与行为的基本逻辑。这种逻辑要求用户重视社交关系超越新闻本身。用户在特定逻辑的支配下,对新闻的转发、评论和再生产等活动都以自我展现为目标,从而形成一种与自身形象紧密相关的个人策展流。其次,新闻社群是新闻用户本身的延伸,诸多兴趣相似的用户共同搜索着感兴趣的新闻,并在新闻社群内进行讨论。这一过程能创造新闻社群内部共享的意识形态。最后,新闻用户能经由参与行为满足认知与情感等维度的不同需求,因此,用户在新闻社群中实施的诸多新闻参与行为被赋予了超越个人维度的公共文化价值。

总的来说,在数字新闻生态下,用户能在一个半公开的新闻空间中参与新闻行动并较好地满足自身的信息需求与情感需求的主要原因是,主动的新闻参与以社交为主要目标,推动新闻社群更好地实现新闻搜寻和知识把关的作用,并在一定程度上推动新闻内容与好友特征相融合,进而形成一种新的社交性认知框架。新闻社群扮演着用户和新闻生态互动中的"窗口"角色。所谓"窗口",指用户在与其他用户互动时,新闻社群是一个实时的、便于进出的、有公共性潜能的交往空间。主动的用户拥有加入和脱离新闻社群的自由。他们如果试图获取一种稳定的社群归属感,就会积极地运用社交性策略,通过主动的新闻参与活动打造良性的社区氛围,以维持社区的长期运转。

四、一般性语境

尽管存在复杂而灵活的作用机制,但数字新闻用户的新闻参与行为拥有一个一般性的语境,即数字新闻生态。简言之,数字新闻参与的所有行为都受到总体性新闻生态的制约,构成总体生态的力量既包括仍然拥有相当产能优势和专业权威性的新闻机构,也包括日趋基础设施化的数字媒体平台,以及在大多时候都隐形的、超越新闻业的政治经济结构。数字新闻用户是积极主动的,却不是完全自由的,至少在当下,其参与行为仍要在新闻生态预设的行为框架中完成。这一框架包括但不限于传统新闻认识论、主导性平台文化、通行的数字媒介伦理及现行的新闻政策与传播制度等。用户必须对新闻生态有基本的把握,并不断与其交互和协商,才能获得其追求的满足感。不过,从另一个角度来看,正是由于构成新闻生态的诸多要素是非新闻甚至是超越新闻的,研究者才能在研究中意识到新闻用户这一概念的复杂性和理论潜能。新闻生态不仅关乎新闻自身,新闻用户也不仅关乎简单的新闻接受。在数字时代,对新闻用户的研究其实也就是对网络化的"人"本身的研究。因此,新闻学理论拥有更显著的阐释价值。

具体来说,本研究发现,受到数字新闻生态培育和约束的用户新闻参与行为是一种与其日常生活紧密相关的实践。用户的日常生活既能为其参与行为提供基本的行动框架,也在很大程度上承载着其参与行为的目标。不同的数字媒体平台允许用户参与转发、点赞、评论、转发并评论、私信、转载、添加弹幕、协作等多种行动。相关行动就是用户与新闻生态展开互动与协商的基本途径。用户在采取这些行动的过程中感受来自新闻生态的反馈,并选择下一步的行动方案。用户新闻参与的三种机制,即新闻卷入、新闻体验与新闻社群,完全依托数字新闻生态而存在。正是数字新闻生态的技术可供性令卷入的实现、体验的形成和社群的构建成为可由用户的情感主动性主导的过程。这些发现提示研究者,对数字新闻用户行为的观察和解释必须立足于新闻生态,数字新闻学研究必须保持对环境与行为互动关系的敏感度(常江,2021)。

第七章
"智识公众"与新闻卷入机制研究

在数字媒体生态下,传统意义上的受众在新闻传播活动中拥有了更大的选择权,因此,有效触达用户(受众)就成为各类新闻机构和信息平台致力于实现的目标。这导致获取与解读个体新闻经验成为推动新闻学理论发展的一项关键议程。过去二十年间,主流学界对受众的新型新闻接受与阐释实践极为重视,迄今已形成一些理论和经验层面的共识,包括:新闻受众作为积极的行动者已具备全面介入新闻业的生产与流通环节的潜力(Schmidt et al.,2022);将用户视角纳入新闻业与新闻研究成为重新定义新闻的前提(Costera Meijer,2020);用户的日常新闻接受行为应当被视作复杂信息体验的有机组成部分(Moe & Ytre-Arne,2022);等等。在这一背景下,越来越多的研究者将注意力集中于新闻内容与接受行为之间的关系问题,尝试从用户的新闻关注与新闻参与行为出发,探析新闻学理论可能的发展方向。

基于对现有理论文献和研究经验的把握,本书认为用户的主动性是理解数字新闻生态与规律的关键概念。高度平台化的数字新闻业极大地降低了各类新闻行动者生产和使用新闻的成本。在这个意义上,无论是新闻记者还是普通的网民,都可被视为"主动用户"(active users)而被纳入用户行为分析的框架。一般认为,主动用户最典型的参与性行为就是介入新闻生产,以积极的姿态践行技术赋予他们的新闻生产权。这一行动的直接产物是用户生产新闻的流行(刘鹏,2019)。用户生产新闻不仅体现为用户直接通过智能手机等设备在新闻现场发布第一手见证资料,也包括用户与建制化新闻机构建立关联的各种实践(Andén-Papadopoulos & Pantti,2013)。这种关联的表现形式多种多样,比如积极转发与评论新闻机构账号发布的内容、在社交媒体平台上声援新闻机构等。虽然非专业的用户生产的内容能否被界定为新闻仍然是一个有争议的话题,但学界与业界都关注到,主动的用户乐于在数字媒体平台上感受(feel)新闻。这导致新闻生产者往往尝试在新闻内容中预置新闻体验,以唤醒用户特定的新闻接受框架(何天平、付晓雅,2022)。这一观察表明,在数字时代,用户不单接受新闻,更卷入(involve)新闻,即用户在主观维度上认为新闻内容及其生态与自身存在紧密关联。

在实践层面,提升用户的新闻卷入度能帮助新闻机构夺回日渐疏离的用户。用户疏离新闻的原因在于用户主观上感觉新闻与自身的经验关联性不强,在行动维度上的直接表现就是新闻回避(Villi et al.,2022)。近年来的一种理论化思路表明,与用户紧密相关的社区新闻能有效地反拨这种趋势。社区新闻指以社区为基础,以社区成员为传播对象,同时借助线上和线下渠道传播新闻,最终服务于社区发展的新闻形态。这种新闻形态能以逸闻传播与故事讲述促进社区团结,推动社区成员形成亲密关系(刘于思、杜璇,2022)。近年来受到国际学界关注的"超强本地新闻"(hyperlocal media)被视作社区新闻的新发展。这一形态凸显了互联网的积极角色,在覆盖范围与报道主题方面极大地提升了传统社区新闻的影响力(Metzgar,2011)。社区新闻受到学界关注的原因在于,在现代化、城市化和工业化的进程中,社区日渐成为人们参与公共生活的基本单元,但"消逝的地方感"成了都市新闻业发展的重大挑战(王辰瑶,2022)。提升人们的社区归属感是现代社会发展的题中之义(王倩、黎军,2015),"社区化"也成为新闻业发展的一个基本趋势。关于社区新闻传播实践的研究也表明,社区媒体能发挥为成员提供知识与发声渠道并调动成员参与本地事务积极性的作用(陈娟、高静文,2018)。由于社区新闻始终与用户的日常生活和新闻参与行为密切相关,因此,对于构建社区新闻业的呼吁实际上有助于回答用户如何通过新闻业而与地方产生联系这一关键问题(陶文静,2021)。如前文所述,如果我们将数字新闻的接受活动理解为一种卷入体验(Peters,2011),那么用户对社区新闻的接受显然具备更加优越的卷入条件——与遥远的全国或全球媒体相比,本地新闻机构生产的内容因与用户日常生活贴近而更具亲密感和可信任感(Tandoc et al.,2020)。社区新闻的用户获得了借由新闻业与地方产生联结感的可能性,主动参与构建社区公共文化氛围的用户及其行为特征也就成了数字新闻研究的重要问题。

基于此,我们尝试开展一项细化的经验研究,通过考察新闻用户缘何关注社区新闻,以及如何参与社区新闻的点击、分享与讨论活动,探讨主动的社区新闻用户所具备的行为特征,进一步分析这种特征对于数字新闻业发展的独特价值。

第一节 新闻卷入的内涵与实践

长期以来,新闻业都将最大限度上的流通性与优质新闻的生产作为行业建设的核心工作,因为这两项工作能够吸引用户的注意力,使新闻业保持其权威性。数字新闻业沿袭了这一传统。同时,在面对日渐流失的用户时,新闻业尝试通过内部的业务革新来满足新闻用户的信息需求,以构建用户与新闻业的健康关系。一些研究观察到,新闻机构尝试通过议题设置、叙事选择和价值引导与用户产生情感共鸣,并在传播过程中发挥良好的动员作用(陈功、蔡舒敏,2022)。也有研究从新闻生产的建设性意义出发,呼吁新闻业应当内置一种介入性价值,以解决社会问题与推动社会发展为要义,为用户提供纾困策略与安全感(常江、田浩,2020)。这种倾向将满足用户的新闻获知需求作为新闻业发展的主要目标,具有明显的服务与满足色彩。传统的社区新闻研究也将这一点作为核心切入点。有学者观察到,社区新闻的突出特征是在较小的地理空间内形成良好的传播关系,以满足用户的信息需求,进而发挥社会黏合效用(张咏华,2005)。

数字时代的新闻用户获得了更强的行动能力。快速普及的智能终端允许用户通过简单的操作接入大众传播系统,与社会新闻共振,并即时地发表评论。因此,一些研究者主张采纳用户视角,从用户的动机与行动规律出发重新认识新闻业,进而推动新闻业与用户的亲密关系(Swart et al.,2022)。例如,社区新闻(超强本地新闻)往往采纳第一手新闻素材,通过报道与用户社区生活相关的新闻内容提升用户的信任度,进而培育一种与用户紧密相关的、参与性的新闻文化。剧场新闻以新型的新闻接受实践为用户提供沉浸式的良好新闻体验,并帮助用户在更深的层次上理解新闻事件。新闻用户也广泛地借助好友网络与新闻策展方案来管理自身的新闻剧目,以满足自身的信息需求。上述实践都以良好的服务协助用户主动地发现新闻和参与新闻,以获取新闻用户对新闻业的积极评价。在数字环境下,新闻用户总是对新闻业抱以多维度的期待。类似的期待均与"为用户着想"有千丝万缕的联系(Banjac,2022)。因此,新闻业理应为用户提供包括更亲密的联系在内的优质体验(Costera Meijer & Bijleveld,2016)。一系列实践都表明,因为主动的用户能依据自身的生活经验参与新闻转发与评论,并在具体的生活实践中生产新闻意义(Ziegele et al.,2018),所以新闻研究应当将尊重新闻参与的需求作为发展理论的前提。

数字时代的新闻用户所拥有的强大技术操作能力与社区新闻的深度数字化趋势共同作用,使社区新闻的用户需求由新闻获知拓展为新闻参与。究竟用户会关注何种新闻?这种选择动机十分主观与微妙,一些研究者尝试从产品与用户之间的关系入手对其加以解读,卷入研究就是这一脉络下的成果(Peters,2011)。卷入研究主张以用户对新闻内容的主观感知为切入点,考察新闻用户的选择偏好,继而厘清用户行为的动机。这也正是本研究的主要视角。

用户对新闻业的卷入可以溯源至20世纪20年代约翰·杜威(John Dewey)和沃尔特·李普曼(Walter Lippmann)的思想辩论。杜威认为,倘若要实现民主社会的善治,就必须确保公众拥有具体的权力,加强公民教育与宣传,实现民众的自治。20世纪中叶蓬勃发展的公民新闻运动

(public journalism movement)接续了杜威的公民思想,将公民个体与社会整体联结起来,并在"公民-社会"之间绘制了一条新闻专业规范。这条逻辑主张,传统的新闻记者无法将目光普遍地发散至整个社会的各个角落,因此,记者与某些社区总会存在脱节的现象。因此,一些社会问题总是无法成为社会议题,不能进入公共讨论的范畴。但用户本身与新闻业存在紧密的联系,用户应当积极地成为社会新闻的参与者,而不仅仅作为消费者。这种积极参与的逻辑基础正是用户对社会的卷入。

正是由于新闻用户对社会始终存在卷入的需求和倾向,用户在适宜的技术环境(数字新闻生态)中会萌发诸多新闻参与意愿,进而采用多种新闻参与行为。20世纪60年代以来的社会环境提振了用户在社会事件中的参与感和发声动力,新闻业发生了许多前所未有的变化。用户对新闻业的介入性越来越明确,他们的行动对新闻业的改造也越发明显。进入21世纪后,这种介入性在数字环境中发生了更多的变化。数字新闻环境中的新闻发布主体纷繁多元,致使新闻真实、新闻客观性、新闻信任等诸多议题的内涵发生了变化(石力月,2019)。在这些变化中,用户对于新闻的卷入作用变得越来越明显。

在诸多卷入实践中,用户的认知与情感要素受到学者们的格外关注。最显见的特征就是,新闻用户的行动越发受到特定的日常知识与情感要素的影响与催化而日益激进化。这种由认知和情感要素融合而成的情理结构推动用户更为积极地感受新闻。这种新的感觉结构也意味着新闻本体发生了本质变化,即传统意义上被新闻研究弃如敝屣的"小报"所蕴含的耸人听闻与猎奇等要素,在数字时代迸发出前所未有的吸引力,成为数字新闻生态中日渐兴起的主流风格。交融的情理结构表明新闻能为用户提供一种卷入体验。特定的卷入体验又为用户提供了关注新闻与理解新闻的驱动力,并成为新闻参与行为的基本逻辑。

一、新闻卷入的分类

本研究的核心目标在于厘清用户参与新闻行为的具体机制,新闻卷入能帮助研究者阐明用户缘何主动关注新闻、感知新闻进而参与新闻行动。在新闻传播学研究中，新闻卷入指用户与新闻建立的个人层面与心理层面的联系(Perse, 1998)。用户或对新闻事件具有一定的熟悉度，或对某些社会价值有偏好，或对某些情感的敏感度较高，这些都将影响用户面对具体新闻内容时的关注度和将采取的具体行动。这一概念本身的指向较为明确，并在不同的研究语境中生成了不同的分支概念，形成了较好的阐释效果。

在既有的研究中，新闻卷入研究主要围绕着不同的逻辑形成了五种不同的概念类型，即认知卷入(cognitive involvement)/情感卷入(affective involvement)、印象卷入(impression-driven involvement)/价值卷入(value involvement)、议题卷入(issue involvement)。这些概念共同关注用户与新闻的联系，以及影响相关作用的不同要素。

认知卷入强调用户倾向于将对新闻的关注和评价与已有的知识结构、生活经验和兴趣倾向联系起来。其基本的作用过程是，如果新闻内容与新闻用户的知识结构、生活经验或兴趣相关联时，用户对新闻内容的感知相关度(perceived relevance of news)会得到提升，会更倾向于积极阅读新闻，并依据新闻的内容做出进一步的行动。在数字媒体平台上，用户的在线评论行为往往是由认知维度的目标驱动的(徐开彬、万萍，2018)。用户通常对自身熟悉的行业信息较为敏感，或对某些生活知识的新闻兴趣盎然。对于数字时代的新闻内容而言，认知卷入度成为一种与用户知识结构相匹配的重要标准。新闻生产者需要观照这一标准来有效地触及用户，即吸引更多用户的目光，并推动他们在线发表新闻评论(万旋傲、刘丛，2021)。

情感卷入指用户倾向于根据文本的情绪倾向决定是否接受新闻内容，而所有新闻内容都会在不同程度上激发用户的情感体验。这种情感可能是对自身生活方式的检视，也有可能是对社会苦难的共情与恐惧(Hasell & Weeks, 2016)。这既源于情感要素在数字媒体平台上日渐"可见"，进而形成了一种情感氛围；也与政治文化因素以前所未有的姿态介入了用户的日常生活,并引发了用户最普遍的情感反应有关。用户总是倾向于对快乐、悲伤、愤怒等多种情感产生独特的偏好(刘念、丁汉青,2020)。如果数字媒体平台上的新闻内容能激发或抑制个人的特定情感反应(如愤怒),就会促使积极的新闻参与意愿形成(Peacock et al.,2021)。

不仅用户的知识结构与情感状态会影响他们对新闻内容的理解,用户的某些社会价值与人际关系也会先验地发挥作用。其核心表现是两组互相融合的卷入维度,其一为印象卷入,其二为价值卷入。印象卷入强调用户对新闻参与行为对人际关系的影响的关切程度。也就是说,新闻用户关注的是对于新闻内容的接受与分享是否会影响他人对自身的看法。倘若用户个体拥有较高的印象卷入度,他们便会主动采取符合群体期待的新闻参与行为(廖圣清、李梦琦,2021)。一般情况下,印象卷入度高的用户往往倾向于分享积极的社交媒体新闻,因为他们倾向于相信消极的社交媒体新闻有损于自己的人际关系。价值卷入强调新闻内容与用户价值观念的契合程度能激活用户的某些行动倾向。个人的社会身份与价值观念是构成自我的重要部分,并能有效地影响用户的个人行为意愿。当新闻内容契合用户的价值观时,用户会主动推动这种联系转化为在线行动(Johnson et al.,2020)。

议题卷入的核心内涵是用户对新闻内容的感知价值。倘若用户认为新闻内容具有更重要的感知价值,他们便会给予新闻文本更多的关注,并采取更多可能的新闻参与行为(刘强、李本乾,2020)。议题卷入意味着数字新闻用户的主动性始终在回应新闻内容。用户的认知卷入和情感卷入逻辑是受到事件的激发而产生的。有研究表明,媒介形式变化很难改变用户理解新闻的方式,而用户本身的知识结构与事件卷入度对用户的新闻感受具有主要影响(Lee & Kim,2016)。

上述卷入机制的核心区别在于用户对新闻参与行为的目标认识。认知卷入与情感卷入分别强调用户对新闻内容在知识层面的熟悉度与情感上的共鸣感影响着用户的行动积极性;印象卷入与价值卷入分别强调用户的新闻行动主要是出于用户对群体认可与自身价值确认的追求;议题卷入更强调具体的新闻事件与用户的联系。这些不同的卷入机制都是概念层面的区分,用户的具体接受过程并非在这些卷入机制之间进行抉择,而是并行不悖地采纳这些机制。如果说不同类型的卷入是促进用户参与新闻行为的具体驱动力,新闻卷入则是用以解释这一驱动力的中层概念。我们可以从感知(perceptual)与行为(behavioral)两个维度继续厘定新闻卷入对数字媒体生态下用户新闻参与行为的核心影响,并建构本研究的核心研究框架。

二、新闻卷入、新闻关注与新闻参与

当前,中国民众的生活社区既包括地理意义上的空间社区,也包括在互联网平台上的虚拟社区。如何在数字时代以社区参与来联结新闻业与新闻用户,使得新闻业能够与新闻用户共享话语体系,是新闻业与新闻研究所面临的共同问题。从用户的视角来看,这一问题实际上等同于新闻业如何提升用户的卷入程度,进而鼓励用户参与新闻点赞、分享与讨论。

用户已然习惯于将数字媒体纳入日常生活。例如,中国的城市居民积极地运用数字媒体进行维权,为社区治理体系带来了新的变量(陈福平、李荣誉,2019);以微信逸闻为基础的信息网络能有效提升社区居民的邻里归属感(刘于思、杜璇,2022)。总的来说,数字媒体能够为用户提供构建在线社区、获取社区信息与转化线上线下生活等可能性,继而促进情感认同、邻里交往与公共事务参与(周骥腾、付堉琪,2021)。问题的关键之处就在于探明用户出于何种原因会亲近数字媒体。具体到新闻业来说,就是用户缘何主动关注社区新闻,并积极地参与对社区新闻的点赞、分享与讨论。

卷入理论认为,当新闻内容与用户在认知与情感层面产生关联时,用户会在主观层面获得对新闻内容的亲密感。这带来了两条主要的解释进路。第一,如果新闻内容与新闻用户的知识结构、生活经验或兴趣关联时,用户会产生更强的认知卷入(cognitive involvement),导致他们更倾向于积极地阅读新闻,并依据新闻内容选择参与行动(Ziegele et al., 2018)。与此同时,用户的知识结构也会影响他们对新闻内容的理解效果(Lee & Kim, 2016)。第二,新闻内容总会不同程度地激发用户的情感体验。这种体验可能是对自身生活经历的检视,也可能是对社会苦难的共情与恐惧(Hasell & Weeks, 2016)。倘若新闻用户对新闻内容产生更强的情感卷入(affective involvement),他们将形成积极的参与意愿(Peacock et al., 2021)。一旦用户对社区新闻具有某种层面的主观关联,那么积极的新闻参与意愿就能被激发,用户就可能主动地参与对社区新闻的点赞、分享与讨论。研究者需要进一步探明这种主观关联的具体表现。

可以明确的是,社区中的新闻参与行为的产生机制极为复杂。虽然用户能通过点赞、分享与讨论社区新闻关切同一社区问题,增加了社区归属感,但他们的社区意识与关注动机的关系仍然难以厘清(王斌、王锦屏,2014)。本研究尝试聚焦于新闻关注动机与新闻参与行为的关系,探析新闻用户缘何对社区新闻感兴趣,并以此为基础,探讨新闻参与行为的激发要素与约束条件,进而说明主动的新闻用户如何在社区内联结为公众,以说明社区意识的生产可能性。

简单来说,由上述新闻卷入机制引发的用户新闻参与行为主要包括两个方面:其一为用户的新闻关注,其二为用户的新闻参与行为。这两方面的界定在一定程度上是出于数字新闻实践的天然分层,对新闻内容的关注度导致了新闻用户在意愿上的区别和在行动上的不同选择。这为研究者理解数字新闻用户的行为提供了基本的逻辑起点。

新闻关注概念主要描述了用户在新闻生态中有意识地理解新闻、接受新闻的现象。新闻关注是新闻用户曝光在新闻环境中而进行的主动行为,因而是新闻用户的行动原点。用户的新闻参与行为始终是以心灵维度为起点的。新闻卷入的影响过程联系起了新闻生态与新闻用户,推动了用户主动地关注某些新闻,进而选择新闻和参与新闻。倘若用户更多地关注某一议题,他们就会频繁地思考这一事件,并在生活中获得更强的感受。这种感知影响来源于新闻与用户的关联（袁野、万晓榆，2019）。但是，当前数字媒体平台上的新闻数量庞杂，用户面对的是海量的新闻内容，而有限的个人精力实际上约束着个人用户的新闻获取行为，因此，用户不可能同等关注所有的新闻内容。新闻用户必然会忽视某些卷入度较低的新闻。研究者将相关行为称作新闻回避。

数字媒体平台不仅可以供用户获取新闻，还允许用户重新理解新闻与重新表述新闻。如果说新闻平台推动新闻事件能够迅速触及用户是传统新闻传播过程的深化，那么用户的崛起实际上得益于另一个环节，即新闻用户可以在数字新闻平台上进行全方位的互相交流。这将新闻接受过程重新概念化为用户与用户的关联。这种延长作用产生的突出影响是，用户能在理解的基础上深度体验新闻内容，进而获得更强烈的新闻参与动力。

本研究在此处进一步引申新闻参与行为的外延。用户的新闻参与行为包括新闻点赞、新闻转发、新闻评论与新闻生产。这些行为大多受限于新闻平台所能提供的功能（张志安、冉桢，2020）。但因为互联网平台是商业平台，其功能设置始终是为了满足用户的需求，所以类似的功能最终指向的正是用户的参与需求。本研究主要植根于具体的新闻参与行为，目标在于解释新闻卷入机制对新闻参与行为的激发和约束作用。所涉概念并非来源于新闻理论的演绎，而是来自新闻用户的日常实践。

本研究主要强调数字媒体生态下用户新闻参与的三种行为类型，即新闻分享、新闻评论与新闻生产。新闻分享主要包括用户对新闻内容的转发行为，既包括在同一平台的新闻转发行为，也包括将一则新闻转发至其他平台的行为。新闻评论主要包括两种行为：一种是对特定新闻的点赞，另一种是对特定新闻的评论。对新闻的评论既包括新闻文字评论，也包括使用图片或表情包的评论。本研究将新闻点赞视作新闻评论的一个主要原因在于，点赞本身代表着用户对新闻的某种情感倾向，在很大程度上与用户乐于评论是相似的。有的新闻平台将点赞细分为点赞和点踩，其核心逻辑也是一样的，即用户有权对新闻内容表达自身的好恶与评论。

点赞其实是一种简化的新闻评论。新闻生产的逻辑较为简单，就是用户对某些新闻内容的自述与表达。这种生产不仅是用户对身边的新闻事件的观察，也涵盖其在使用同一标签时所进行的生活见闻的表达。事实上，后者才是在互联网平台上新闻生产的核心组成部分。

用户的新闻参与行为始终与新闻卷入机制息息相关。这种关联是一种较为明确的激发关系，即新闻卷入能有效地提升用户的新闻参与意愿，用户的新闻参与行为则受到更多环境因素的制约。对于新闻卷入与用户不同的新闻参与意愿之间的关联，我们可以初步地归纳如下。

新闻分享既包括用户对某一新闻的转发，也包括用户针对某些新闻内容个人感受的抒发。用户的新闻卷入程度越高，他们就越倾向于主动搜寻新闻并分享新闻。这种关联可以被概念化为某种特殊的感知倾向，比如对朋友网络的依赖、对自身搜寻能力的认识、对社会事件的认识动力。一般来说，越依赖朋友网络的人，越倾向于不主动进行新闻搜索（Lee, 2020），因为他们相信重要的新闻会通过朋友网络与推荐算法"触及"自身（Gil de Zúñiga, Weeks, & Ardèvol-Abreu, 2017）。

用户的新闻评价始终是某方面态度的集中体现，而这些态度可能与用户的价值观念、知识结构、情感逻辑有关。例如，新闻的情感要素与新闻评论的情感要素存在关联，即用户对新闻的情感卷入度可能会导致用户评论的情感化。认知卷入度使用户发表评论的可能性降低，情感卷入则使这一可能性大大提升。也就是说，他人的新闻评论对于用户的评论积极性有巨大的影响（Ziegele et al., 2018）。

新闻用户对于新闻生产的介入意味着用户能够以自身体验为基础生产新闻内容。这些新闻内容具有高情感性、去专业化等特征。同时，用户对新闻内容的情感卷入能有效地促进公民对新闻内容的生产意愿。用户获得了数字技术的赋权，其生产的内容具有明确的个人特征与日常生活导向。用户无论是主动生产新闻，还是围绕新闻披露自我故事，他们的表达动力都有以情抗争的特征。但是，用户生产的新闻内容距离专业的新闻内容较远，因此，学者们较为认可用户很少直接参与新闻生产的观点

(Jönsson & Örnebring, 2011)。

三、数字新闻生态中的新闻卷入机制

数字新闻媒体生态为用户进行新闻关注与新闻参与提供了基本的环境,新闻卷入则有力地促进了用户与新闻之间的联系与互动。这种作用的技术基础体现在社交媒体平台的核心属性,即可交互性、推荐算法与迷因化(meme-lized)。

数字新闻的可交互性意味着新闻用户在去中心化的新闻传播生态中的新闻接触主要依靠新闻偶遇。新闻偶遇允许用户每天接触新的新闻内容,并即时地获取其他用户对新闻内容的反馈和评价。新闻机构与新闻用户的即时互动引发了新闻用户对新闻内容的交互意愿,形成了发表言论的需求。新闻平台的可交互性作用的核心逻辑是,以简单的操作推动新闻用户介入新闻内容生产。新闻参与行为(评论、点赞、转发等)始终在新闻用户的生活中扮演重要角色,新闻用户则更愿意参与新闻交互。在智能算法的影响下,无限的新闻推荐和偏好中介的内容流致使数字新闻用户的新闻接受行为与传统的固定新闻布局全然不同(毛湛文、孙曌闻,2020)。因此,可交互性同时意味着人们可以依靠自身的兴趣爱好对新闻接触行为进行高度控制。

新闻媒体平台的推荐算法在很大程度上决定了用户与新闻内容的卷入度。推荐算法的核心指向就在于新闻媒体平台可以令不同兴趣爱好的用户获取不尽相同的新闻内容(周葆华,2019)。例如,有较高政治兴趣的用户将会获取更多政治新闻,热衷生活新闻的用户则会接触更多生活信息,每位用户都有个性化的新闻卷入体验。由于大多数用户都是出于与日常生活相关的目的来访问新闻平台的,因此,用户在互动的过程中往往会不断驯化推荐算法,形成围绕着自身的高卷入度的新闻生态。

数字新闻的可见性不仅与新闻机构或新闻用户的偏好有关,也对新闻本身的特征提出了要求。数字新闻平台能将新闻推荐给新闻用户,前提是数字新闻用户必须具备较好的可传播性。数字时代的可传播性的核心表征是迷因化。数字时代的新闻故事往往具有更加明确的情感色彩，因而呈现出多元的"梗文化"与搞笑风格。对于用户来说，简单快捷的点赞与分享按钮能推动新闻迷因的快速传播与大范围普及，这就推动新闻信息更为有效地触及用户。无论是何种新闻内容，不管它们是新闻事实还是假消息，只要具有迷因潜质，总是可以迅速成为互联网上重要普及的新闻内容(Tandoc et al., 2020)。

经由这三种技术特征，新闻用户对于新闻内容的关注和参与往往体现在其对与自身相关的一系列内容的选择上，即与自身认知卷入、情感卷入或价值卷入度高的多种内容。综合来说，拥有更高的新闻卷入度的用户更有可能关注某些新闻，并在生活中花费更多的时间观看这些新闻，而回避与自身无关的新闻内容。同时，新闻卷入机制确实能对用户的新闻参与行动造成明确影响。这种影响机制的具体过程需要我们进一步探索和分析，以说明主动的用户如何经由新闻卷入机制而获得积极的新闻参与意愿。

第二节 资料收集

借助移动化、智能化终端，接受新闻内容已成为用户在数字时代的日常惯习，较之前数字时代，用户的新闻卷入具有更强的阐释力。在综述现有研究的基础上，本研究采用卷入理论作为主要视角。这一理论视角的观点包括：新闻用户与新闻内容(或新闻机构、新闻业等)之间存在一种主观的关联；新闻用户的个体决策是一个复杂的过程，用户的认知、情感与价值倾向均可能会影响新闻卷入的最终结果；新闻卷入是个体层面的概念，对于描摹新闻用户的行为动机具有重要作用。基于上述认识，本研究尝试通过探析新闻用户关注社区新闻的动机，说明社区新闻用户卷入机制的主要特征和理论内涵。

研究者可以依据卷入机制与社区新闻用户的关注意愿、参与行为的关联,提出本研究的核心问题:第一,用户关注社区新闻的主要动机为何?第二,新闻用户的情感状态是否会影响其新闻参与行为?第三,何种因素影响了新闻用户将关注意愿转化为新闻参与行为?

为了回答上述问题,本研究实施了一项半结构式深度访谈,调查了34位青年用户对于社区新闻的关注意愿与参与行为情况,并借此探索不同类型的新闻卷入机制的作用路径。

第三节 资料分析

通过对访谈资料的整理和分析,本研究认为,数字媒体生态下用户对新闻的卷入是促使新闻参与行为发生的重要机制。这种机制以知识获取和价值验证为主要目标,以情感状态为直接因素,用户的新闻参与行为也受到一系列情境性因素的制约。总而言之,在数字媒体平台上,用户对新闻内容的卷入并非一种主动的展露行为,而是一种随着新闻内容变化的反复验证性过程。新闻参与的过程始终是一种围绕着用户主动性的行动体系。经由反复的意愿生成与情境约束,高度卷入社区新闻的用户具备了智识化特征。

一、"我想知道这个事情是什么":新闻用户的生活需求

研究者在访谈中发现,用户主要出于满足自己的生活需求的目的而关注社区新闻,其获取结果受到用户知识结构和价值框架的约束。同时,用户获取信息的过程也是进行人际交往并产生参与意愿的过程。

首先,用户关注社区新闻主要是为了满足生活需求。这种需求天然地带有一种与用户相关的亲密感,因而催生了用户的新闻关注意愿。为了获得有助于生活的新闻内容,用户会积极地关注与社区生活相关的机构账号与信息发布平台。例如,访谈对象 S02 表示:"我肯定会倾向于去看跟我的工作相关的内容,有时候看一眼就知道自己可能要多些什么工

作了。"从结果上看,由于社区中的生活信息必然会加深或挑战用户的某些认识,因此,用户关注社区新闻的深层目标是更新自身的知识结构,这使他们产生了主动搜寻相关新闻的意愿。例如,访谈对象 S29 表示:"其实加入这个群之后,我经常不知道同楼的人讲的事情是什么,但我觉得这种事情肯定是……我能搞明白的……所以我就会主动去搜相关的信息,或者找人去问,就为了搞明白这个问题。"无论是关注社区媒体,还是主动搜寻相关的新闻内容,都表明用户对新闻内容的亲密感会促生用户的生活需求,进而使新闻用户产生关注意愿。也就是说,当用户在认知层面越多地卷入某个议题,他们就越有可能乐于理解和解释该问题并传播新闻(Krumsvik, 2018)。

其次,社区新闻也是用户赖以验证生活经验的工具。这一过程往往受到用户本身的知识结构与价值偏向的约束。访谈结果表明,新闻用户对社区新闻的"解码"过程并非一种稳定的结构。由于用户总是倾向于借助专业知识与价值偏向来理解新闻,因此,不同个体对于同一则社区新闻的认识可能截然不同。这导致了两种情况。第一,当用户具备较为丰富的专业知识与稳固的价值偏向时,他们能在以自我为主导的情况下理解新闻,在关注新闻内容时评判内容的优劣之处。例如,访谈对象 S30 表示:"那个时候我觉得很离谱……他的观点完全是错的,所以我就很认真地写了很长的评论来回应。"第二,当用户对某则新闻内容不具备评判能力时(或缺乏深入了解的动机时),他们更容易受到常识的影响,形成以价值倾向为核心的理解路径。但无论如何,用户关注社区新闻是为了满足生活需求。倘若用户认为新闻内容对于自身的生活极具影响力,他们就会对新闻内容保持充分的关注,并更加主动地进行知识结构与价值偏向层面的验证。

值得注意的是,社区新闻的传播主要以用户之间的分享为渠道,用户接触的"新闻事实"也常包含大量的用户生产内容,尤其是其他社区成员的态度观点与经验陈述。这意味着社区新闻的传播超越了一般的"用户-文本"路径,而将行动者之间的知识交换与价值验证引入用户的新闻接受过程。具体来说,用户对新闻内容的关注意愿有时与新闻内容无关,而是源于其他社区成员的评论。例如,访谈对象 S07 表示:"我一开始看到这个通告的时候其实没什么波澜,就觉得有点意思……他们在群里聊了几百条。我有朋友跟我私聊说群里炸锅了,我就对这件事有了兴趣……从头往后认真看了一下。"但是,其他社区成员的评论并不一定会提升用户的关注意愿。有研究表明,如果新闻用户的评论中出现人身攻击或辱骂等不文明行为,用户对于新闻内容的亲密性就会降低(Prochazka et al.,2018)。本研究也发现了相似的结论:倘若其他社区成员发表了不文明的评论,用户会认为这是对自身价值倾向的一种威胁,进而降低关注社区新闻的意愿;相反,如果其他社区成员提供了更多的与新闻内容相关的知识,新闻用户则更愿意加入新闻讨论。

二、"我当时很受鼓舞":新闻用户的情感卷入

通常来说,知识获取与情感激发在用户的新闻理解过程中相伴而生。本研究发现,用户的情感状态能直接促使用户产生参与意愿,并在识别约束条件后选择新闻参与行为。情感状态的作用机制主要包括氛围激发和效果确认两条路径。

氛围激发,指用户受到社区情感氛围的感染而产生参与意愿的情况。这种体验不仅与新闻内容相关,也与社区内的人际关系密切相关。直观地说,新闻用户对某则社区新闻和新闻评论的整体感受就是他们所感知的社区情感氛围。身处特定情感氛围的新闻用户往往会被激发出积极的情感状态,进而在主观感受上形成对新闻事件的卷入感。这种卷入感对于新闻用户的参与行为,尤其是新闻用户的分享行为,具有至关重要的影响。这主要表现在两个方面。其一,新闻内容或其他社区成员的情感表达越激烈,用户越容易关注到某些新闻内容,进而产生在社区内部分享与讨论的意愿。也就是说,新闻的获取与分享是一种植根于共情或共鸣的行为。例如,访谈对象 S10 表示:"能写出这样的话,说明她真的受不了了,可能心理上已经崩溃……所以我会愿意跟她一起发声……况且事情

也不难解决。"其二，用户的新闻接触在很大程度上依赖于其他社区成员所设置的新闻剧目(Peters et al., 2022)，这为他们的分享与讨论行为提供了人际交往的意涵。用户带有情感偏向的评论会影响其他用户对情感氛围的识别，进而激发用户的参与意愿。例如，访谈对象 S20 表示："有时候觉得不大的事情，都没必要。……但群里有人引战的话就不一定了，那些阴阳怪气的发言很容易惹人生气……我也跟一个人论争过。"

效果确认，就是用户对于情感表达行为有效性的直接判断，最终会影响用户的参与意愿。这意味着用户针对新闻内容的情感表达并不全然是一种不受控制的行为，而是一种附着于理性的情感机制。用户不是非理性的个体，他们的情感表达始终存在一种理性维度的主动性，使得用户的新闻参与行为具有某种审慎性。从访谈中可以发现，传统新闻业所期待的冷静、客观、具备公共性的用户群体在社区生活中很难存在，因为用户始终是饱含情感且具有理性的复杂个体，总是努力"解决生活问题"。例如，访谈对象 S31 表示："大家有时候吵吵嚷嚷是有作用的，管理员看到这种情况会尽量安抚大家的情绪。……一般情况下，问题会在私下解决。……要是不解决问题的话，大家肯定会选别的表达方式。"如果情感表达不能收获预期的效果，用户就不会选择这种方式。情感表达的有效性维系了新闻用户对社区公共事务的注意力，进而具有使用户获得与新闻业亲密关系的潜力(Hermans et al., 2014)。

三、"我觉得这样不太合适"：新闻参与的情境性因素

用户对社区新闻的卷入机制虽然被命名为不同的路径，但始终内蕴用户的生活需求，并最终推动用户产生新闻参与意愿。用户的参与意愿一般会经由更多的情境性因素的约束而转化为具体的参与行为。在访谈中，这一因素主要表现为社区内的人际关系。

首先，主动的用户始终在积极地确认社区环境是否允许将参与意愿转化为参与行为。换句话说，在参与行为的生成过程中，用户与社交圈存在密切的关联。从访谈资料中可以发现，不同社交圈的呈现能力决定了

用户对新闻分享内容的选择。例如，访谈对象 S14 表示："我在朋友圈分享的东西一般都比较积极，因为朋友圈里的人都是同学关系。……是打造一种人设。"一般来说，借助新闻分享进行社交的用户会花费大量的精力来管理他们的公开剧目，也有不少人选择在不同的社区（如微信朋友圈与匿名群组）中发表不同的新闻评论。作出不同选择的主要原因是新闻参与行为是否"合适"，即"会不会对生活造成影响"（访谈对象 S19）。这充分说明了社区环境对用户参与行为的约束性作用。有研究表明，倘若用户认识到新闻参与行为的积极影响，他们将会保持较强的主动性（Guo et al., 2019）。但是，如果人际关系发挥了约束作用，新闻用户的参与意愿就很难转化为参与行为。

其次，积极的人际关系会提升用户对社区新闻的参与意愿，使用户对社区公共事务具有亲密感，但如果人际关系较为疏离，社区成员的新闻参与意愿就会明显下降。访谈资料表明，一些新闻用户希望借助新闻参与获得社交影响力，倘若他们发表评论时获得了其他社区成员的积极反馈，他们就能获得更为强烈的心理支持。例如，访谈对象 S12 表示："我当时也是随口一说，没想到有很多人支持我。……我觉得自己做了件正确的事情，后来别人每次提起这件事我都很受鼓舞。"但如果用户的评论很少或几乎不能获得其他用户的回应，他们的参与意愿就会难以维系。例如，访谈对象 S25 说："我们那个群太久没有人说话，就基本上处于沉底状态。……主要还是功能性的群，不太有回应的必要。"人际交往的不同结果能明显地影响用户的新闻参与行为。

总而言之，由于用户的知识结构、情感状态与人际关系都能激发或约束用户的关注意愿与参与行为，这种作用过程会依据用户情境化的生活需求与约束识别而变化。成功的卷入机制最终指向由社区成员们的"共同生活"（刘娜、黄顺铭、田辉，2018），由社区新闻将新闻事件与用户的日常生活有机地联系起来，这会显著提升用户群体对于"共同生活"的参与感。同时，社区中的用户呈现出显著的智识化特征。

四、新闻卷入的具体机制

至此,本研究通过上述三个环节的分析明确了数字媒体生态下用户的新闻卷入对于新闻参与行为的影响应当被纳入一种情境化的过程加以考察,因为新闻卷入的作用机制并非线性的,而是一种围绕新闻用户本身所产生的多维激发机制。在新闻卷入的作用下,用户往往通过三个环节实现由新闻卷入驱动的新闻参与行为,即议题识别、个人卷入和约束识别。这三个环节对应的行动可以分别被理解为新闻的接受主动性、个人的情感主动性和新闻参与行为。

议题识别意味着新闻内容提供了用户所关注的某些社会问题。用户对新闻内容的关注是一种暂时的、浅尝辄止的获取,而非深思熟虑的思考。个人卷入是用户衡量个人知识结构、情感状态与新闻内容之核心关联的过程。首先,只有用户确认新闻内容与个人之间存在明确的相关程度时,用户才会继续关注某些消息。其次,只有用户与新闻内容之间存在较高的卷入度时,新闻用户才会更加频繁地理解新闻内容,并主动地搜寻更多的社会新闻与自我态度呈现(张学波等,2020)。约束识别意味着用户对于新闻环境的识别,他们可能会因为当前所处的信息环境的有利与否而决定是否进行新闻参与。最后,用户必须在一定的新闻环境内获得对新闻内容的卷入主动性,并对其进行心理层面的确认之后,才能最终决定是否进行新闻参与。经历了上述三个环节的新闻用户就成了深思熟虑的公众。

上述卷入机制并不能在所有的情况中发挥作用。倘若新闻卷入度不足或新闻情境中存在诸多负面的影响因素,新闻用户就有可能选择回避新闻。由于新闻卷入度可以推动用户将新闻视作一种与自我紧密相关的信息表述,因此,当新闻用户感知到风险时,将会启动自我保护,回避或改变新闻参与行为的潜在风险。一方面,当新闻用户认为新闻内容导致自身与社会风险之间存在直接关联时,他们会更乐于与新闻产生共鸣,主动介入社会问题与社会危机的解决过程;另一方面,当包含同一风险信息的新闻报道反复出现在用户面前时，他们可能会形成"认知过载"，并在认知维度上降低对新闻信息的理解意愿，并回避一切新闻参与行为。

五、归纳与讨论

经过对深度访谈资料的分析，本研究得以描摹数字时代社区新闻的用户卷入机制。概而言之，满足生活需求是用户关注社区新闻的主要目标，情感卷入是用户新闻参与意愿的直接激发机制，但参与意愿转化为参与行为的过程需要更多的情境性因素的支持。根据以上认识，社区新闻的用户实际上是以"审慎的主动性"（deliberative proactiveness）为基本行为逻辑的复杂个体，体现出明确的智识化特征。我们需要以此为基础理解数字时代的新闻用户。

用户能在充分评估自身的知识与情感需求后选择新闻内容，并在心理层面反复验证与确认社区新闻与自身的亲密程度，同时根据自身所处的信息环境来决定是否参与新闻的点赞、分享或讨论活动。这种审慎的主动性意味着新闻用户既不是受社区新闻灌输的对象，也不是被群体情绪轻易鼓动的"激情分子"，而是具有自主选择意识和自主决断意愿的新闻行动者。在新闻业社区化的发展趋势下，数字新闻用户可能具有联结为"智识公众"（intelligent public）的文化政治潜能。他们不仅能理智、主动地获取社区新闻，还能审慎地评估社会情境，并与不同的社会机构互动。从理论发展的角度看，智识公众似乎可以作为核心要素参与构建一种更为有机的新闻社区。这进一步促使我们反思数字新闻业究竟以何种方式、在多大程度上有助于协商民主和文化公共性体系的建设。当然，受限于诸多结构性力量（包括新闻业既有的政治经济结构等），社区新闻用户的参与行为仍然受到诸多限制，真正意义上的全面卷入往往需要满足更加苛刻的主客观条件，而审慎的智识公众不仅会积极参与，也会主动拒绝新闻业。因此，如何营造一个更具包容性的新闻生态，使智识公众的积极文化效应得到充分发扬，是未来的研究可以深入探讨的议题。

对社区新闻的卷入机制及其培育的智识公众的界定和认识有助于我

们从微观角度探索如何构建健康的数字新闻生态。生态是一个嵌套式的体系化概念和复数概念，只有当各类新闻行动者在秉持公共参与精神的情况下构建各自所容身的"小生态"时，总体的新闻生态才能呈现良性的发展态势。正如本地的社区新闻是宏大的新闻业的基本构成单位一样，本地的新闻生态也是宏大的新闻生态的基本构成单位。本研究发现，新闻用户在社区中体验到的亲密感和参与感，与宏观新闻生态为用户预置的混沌感受并不相同（Edgerly，2022），它更加具体可触，并且更具介入性和驱动性。因此，在数字新闻学的认识论中，将智识公众视为一种审慎而主动的主体身份或许能激发更多关于新闻意义生产的理论思考。至少在社区维度上，无论是新闻接受、知识获取还是情感体验，都为智识公众的审慎力量所规制，并最终可能转化为积极的社会参与行为。这无疑能激发我们去设想一种更富建设性的新闻文化。

受议题与研究进路所限，本研究在两个方面具有较大的拓展空间。第一，本研究将视角置于微观层面，立足于具体情境对个体的日常经验和参与行为进行理论化，未来的研究可以将影响新闻业与新闻文化发展的组织、社会、文化等结构性因素纳入分析框架。第二，数字时代的社区形态产生了剧烈的变化，本研究仍然将社区界定为地理文化意义上的概念，未对超本地的虚拟社区（如共享文化身份的在线社区）给予充分关注。对于虚拟社区新闻的卷入和参与的关注有待未来的研究深入推进。

第四节　进一步讨论

在传统的新闻学研究中，由效果研究主导的理解范式往往占据着主流地位。理解范式认为新闻文本对用户的说服作用是一个理智的、客观的过程。数字新闻的卷入机制则主张用户与新闻之间存在一种天然的关联。这种关联是用户主动理解新闻，进而主动参与新闻的动力机制。

新闻业的发展不断突破着具体的技术形式的约束，新闻的形态也不断进行着报纸、广播、电视、互联网等的更新迭代,但研究者对优质新闻的讨论似乎难以与新闻业的发展相匹配。在数字时代,什么才是真正的优质新闻?

为了回应这一问题,新闻业将新闻价值提升至一个理想的高度,通过优质的新闻内容吸引用户。正如卡尔森(Carlson)(2019)所说,新闻业实际上陷入了一种情境悖论:为了在数字时代获取充分的合法性,新闻记者主张将其工作作为社会存续的基石,并将新闻业视作社会真理的仲裁者,但这种理想在任何历史阶段都不可能成为现实。无论如何定义,数字时代的新闻都很难被清晰地界定为一种职业,而只是人们生活中的一个混沌概念——人们始终在使用一种常识性的认识来界定新闻,并将之运用在自己的生活之中(胡翼青、张婧妍,2021;自国天然,2019)。这要求研究者在用户的日常生活逻辑中重新定义何为优质新闻。

对此,本研究的答案是:用户的新闻卷入机制表明,数字时代的新闻用户并不期待新闻理念的崇高与宏大,更多需要的是与自身生活相关的新闻内容。这也是受众研究为我们存留的最主要的观念遗产,即新闻不仅应当优质,而且应当成为有价值的事物,因为用户既希望享受新闻,又希望新闻能满足他们的日常需求(Costera Meijer,2010)。新闻用户的情感主动性意味着新闻用户对新闻本身的影响是一种内生的本质影响,研究者需要认真考察将用户的偏好纳入新闻价值的可能性,使满足新闻用户需求成为新闻的核心价值。从这一点出发,优质的新闻与令用户满意的新闻在很大程度上是兼容的(Costera Meijer,2013)。只有将情感要素视作数字时代新闻本体的核心组成部分,并将其对用户的吸引力视作新闻的核心目标(之一),新闻业才能在数字时代拥有公共性价值。

新闻用户的主动性成为当代新闻生态中的积极要素。诚然,传统的新闻编辑室规则无法对用户生产内容造成直接的影响,用户生产内容虽不能借助专业的新闻传播渠道获得最广泛的影响力,但其本身的传播轨迹远超专业新闻传播渠道的规范和控制。在实践中,研究者理解用户生产内容的核心立足点应当是,用户生产内容的内涵远超专业新闻,并且与广泛的公共领域产生了紧密关联。新闻业对于用户生产内容的关注与借用,是新闻业介入公共生活的重要突破点。用户生产的面向个人与日常生活的内容是流行文化取向的文本,而非新闻内容。这些内容对公共领域的影响是对新闻内容的积极补充,成为新闻业介入私人心灵与文化习惯的主要途径。我们对"私人"的强调并不是说新闻试图控制用户的私人领域,而是说以往被学者们视作私人领域的事物已经被新的技术条件重新界定,成了公共领域内受到权力干涉与文化影响的重要范畴。用户的新闻生产实际上是他们借助某种工具重申文化品位。这进一步表明,新闻用户的参与行为是一种融合了公共性取向的主动生产行为。

数字生态的快速普及为用户的新闻接受与新闻参与提供了极大的便利,也为用户成为主动性力量提供了基本的可能性。基于此,新闻用户研究才能蓬勃发展,日渐成为数字新闻学研究中的显学。本研究立足于数字生态中的新闻用户对新闻内容的参与行为,对诸种新闻卷入机制进行了验证性的研究,并尝试探讨数字时代新闻用户的参与实践的逻辑。这一方面启示研究者要通过不同维度的卷入贯通数字新闻用户的参与机制,实现对新闻用户参与机制的全面考察和分析;另一方面也要求研究者必须将数字新闻用户视作复杂的个体,在情感主动性的基础上理解新闻卷入机制的作用路径。无论采用何种解释方式,研究者都必须立足于数字新闻用户的主动性基础,将主动的新闻用户作为新闻接受分析的前提。

本项研究能在以下两方面为数字新闻用户研究提供启发。一方面,数字新闻用户的卷入过程不仅是一个由知识结构与价值框架介入的过程,也受到用户本身情感状态的深度介入。在这种认识论的指导下,新闻用户研究始终应该对用户本身进行情境化的处理,将日常经验作为核心范畴纳入新闻用户的概念,以回应"量化用户"(quantify users)带来的外部处理的适配性问题。用户本身的参与意愿的生发和参与行为的发生不仅受到其本身的情感状态的激发,也在广泛的情境中受到诸多要素的约束。因此,研究者必须放弃将用户视作均质群体的视角,而应该在研究中应用尽可能细微的颗粒度,以准确定位在用户生活中发挥作用的主导性因素。新闻文本中的情感要素能促使用户针对新闻内容发表评论及与其他用户在评论中进行对话。倘若新闻文本中包含更多争议性的内容,新闻用户则更倾向于发表新闻评论。如果其他用户的评论能提供更多知识性的内容,新闻用户的评论意愿将得到提升,其卷入体验也会变得更加多元化。数字时代的新闻环境提升了情感要素的可见性,并最终使用户参与新闻的行动变得普遍化(Peters,2011)。因此,对数字时代的新闻情感进行充分的概念识别,将更复杂的生态因素纳入数字新闻用户研究的视域,对当前的数字新闻用户研究具有积极的价值。

另一方面,用户参与新闻行为的核心前提是用户的接受主动性。用户接触的信息形态复杂多样,便捷的数字媒介系统使用户极大地接入极为丰富的信息生态,用户的接受对象融合为一种混沌的客体。无论是用户的新闻接受、知识获取还是审美体验,都在数字生态中成为一种综合的意义接受与理解行为。对于新闻业来说,如何唤起用户对新闻业更为积极的关注,并使其在数字环境中更频繁地参与新闻行动,是相当紧迫的议题。数字媒体生态下用户的新闻卷入机制启示我们,要更加有效地吸引新闻用户,就必须提升新闻业与用户日常经验的紧密感,以更加积极的姿态调动新闻用户的认知、价值与情感等方面的主动性,提升用户参与新闻和生产新闻的潜力。

第八章
"感官新闻"与新闻体验机制研究

从新闻的社会功能出发来理解新闻内容的本质是现代新闻业与新闻学研究长期以来的共同逻辑,其核心锚点在于信息传递是新闻业存续的根基。因此,参与信息传递环节的传者、媒介与受者等关键对象就成为新闻传播学的核心理论对象,内容传播的有效性与受众解读的准确性就天然地成为传播过程的两个基本面向。基于此,新闻学研究长期对生产者的行动规范与行业价值、如何提升新闻内容对用户的引导力、何种媒介创新可以提升新闻传播的有效性等问题兴趣浓厚。盖因新闻业发展的关键是附着于内容文本的信息,洞察了专业内容的生产与流通环节就能把握主流新闻环境,而接受新闻的过程被简化为用户对新闻内容的阅读与对信息的解码。

数字媒体平台的勃兴极大地丰富了用户接受的可能性。除了已受到学界普遍关注的多模态视觉创新,增强现实技术、虚拟现实技术也显著地拓展了用户的使用体验,为用户的信息生活带来了一种与传统的阅读模式全然不同的体验模式。新闻业概莫能外。社交媒体平台日益成为人们获取新闻的主要场景,各类沉浸式视听产品、电子游戏与互动艺术手段等关注用户体验的传播形态得以触及人们的新闻接受过程,围绕着视觉、听觉、触觉乃至味觉的新闻体验在人们接受新闻的过程中显示出极强的行动潜力(常江、朱思垒,2023;Monzer et al.,2020)。其中,最受关注的创新形态莫过于由视觉创意引发的诸种用户接受体验形式的转换。在实践层面,各类静态或动态图片、表情包、视频图像的视觉元素选择,内容排列设计、文字的间距或字体等方面都为用户带来了全新体验,使传统意义上居于专业新闻生产环节中的排版、配图与发布等具备审美要求的环节在数字时代具有了重新主流化的趋势,数字记者的专业能力也有了新的内涵(徐笛、胡雅晗,2023)。在理论层面,植根于视觉创意的新闻生产规范虽然尚未在观念层面进入新闻价值体系,但受到数字新闻业持续的形式创新要求,创意视觉生产在新闻业数字化进程中显示出的潜力已然受到重视(王晓培,2022)。这两方面的变化均与日渐兴起的主动用户研究相呼应:用户对新闻业的体验化、审美化的呼唤表明他们对积极的用户体验的追求,一种感官逻辑介入的意义生产逻辑已然进入用户的接受过程。因应这一点,新闻学研究必然要开展行业内部的用户体验研究。

用户体验方式的普遍转型要求研究者更新对新闻本质的认识,以服膺当前数字新闻业态的现实特征。如前文所述,新闻内容的审美趣味与视觉创意能为用户设置具体的体验(Aranyi & Van Schaik, 2015),用户在与新闻内容相遇的过程中,获得了一种主观感受与独特的心理状态。新闻用户总是倾向于根据视觉风格来建立对新闻内容的初步印象。倘若一则虚假信息成功地借鉴专业新闻生产的视觉创意,用户便毫无疑问会将其认定为"逼真的"(Tandoc et al., 2018)。这种新型意义的生成过程与信息传递观念所秉持的传递观不同,它强调用户的主观感受与独特性,因而具有明显的参与性、阐释性特征。在这一框架下,研究者对新闻意义的阐释必然要涉及视觉设计和创意视觉为用户设置的体验逻辑。这或许能帮助学界理解为何用户会基于体验风格而选择相信假新闻(Mourão et al., 2019)。但显然,当前学界对基于新闻体验的意义生成过程的研究仍然不充分,尤其是对新闻业视觉创意的审美特征如何满足用户的体验需求并最终影响新闻用户参与意义生成的研究仍然较为稀缺。

基于此,本研究的核心切入点是感官新闻视角下新闻意义的生成过程。本研究期望通过一项针对用户体验的探索性研究,理解数字新闻的视觉创意对用户体验的影响路径,以探明由新闻用户参与的新闻意义的生产方式,最终实现对感官新闻、新闻体验与新闻意义生成的理论归纳。

第一节 新闻体验的内涵与实践

一、两类数字新闻中的用户体验

本研究明确了将用户新闻体验作为理解数字新闻用户行动的核心机制的可能性。在承认这一可能性的前提下,本书将进一步探讨如何理解用户新闻体验,以及新闻体验如何促进数字媒体生态下用户的新闻参与行为。诚然,不同的新闻类型拓展了用户对新闻内容的体验类型。这些新兴的新闻类型从不同角度说明了新闻体验的多元取向。现有的研究主要围绕着不同的新闻类型开展,包括算法新闻、虚拟现实新闻、数据新闻等。此处研究者以算法新闻和虚拟现实新闻作为代表,阐释数字新闻体验的主要特征。

第一,算法新闻。人工智能技术的进步为新闻业的发展带来了新的可能性。算法这一新兴的数字技术在新闻的生产、流通与接受环节深刻地影响着传统新闻业。算法逻辑不仅使新闻的生产更加便捷、快速,也推动新闻更精准地触及用户。

算法新闻的核心特征是:生产者运用算法生成新闻;新闻的收集、生产和发布环节都基于算法,而非基于人工。智能化、自动化的编辑手段被应用至新闻生产和新闻分发阶段,为新闻的生产和消费带来了新的场景。新闻生产者、传播者与接受者不能简单地将数字技术视作一种技术,而需要主动拥抱由算法设置的新闻逻辑(方师师,2021)。算法新闻隐含的价值逻辑是,它能快速地生产新闻内容并将其推送至用户处,但用户本身的情感反应与价值反应并非算法所能控制的。研究者必须理解用户如何感知算法,用户是否厌恶算法,用户如何体验算法新闻。

算法新闻究竟能给用户的新闻体验带来何种可能性?这一问题的答案是信任感。算法可以在满足用户期待的同时提升透明性。如果做到了这一点,用户就会信任算法,并接受算法取代个人成为自身新闻生活的来源(郑越、杨帆,2019)。在一定程度上,这种信任是超越用户对新闻从业者的信任的,因为用户相信算法是客观的、无价值偏倚的。例如,传统新闻业时常受人质疑的一点是,新闻价值始终是一种无法被衡量的操作理念。而在不少人看来,算法具有价值无涉的特征,从新闻源头到新闻产品的生产过程中最大程度地消弭了人为干预,因此,算法新闻能为用户带来客观性体验。对于用户而言,客观性体验能提供一种积极的心理暗示,即算法能带来人类无法实现的新闻价值。倘若算法本身呈现出某种价值倾向(如种族歧视或性别歧视),用户就会对采纳算法的新闻机构产生更强烈的负面印象。

算法新闻为用户带来的新闻体验并非简单的对新闻价值的确认,而是一种复杂的感知现象。相关现象不仅与新闻价值相关,更与新闻用户对新闻业本身的信任感有本质上的联系。用户对算法的态度可能比算法本身的发展更为重要,因为算法体验的复杂性在于技术与人类的交互过程(崔迪、吴舫,2019)。这启示研究者,算法技术实际上为人们提供了更多维的用户新闻体验。

第二,虚拟现实新闻。虚拟现实新闻是另一种受到业界与学界关注的数字新闻类型,其核心含义是专业的新闻生产者通过虚拟现实设备提供新闻内容,用户可以通过特殊的设备实现第一人称视角的新闻体验。新闻生产者是在数字世界内重建了一个虚拟的新闻场景,将新闻事实重现在用户眼前,为用户提供了身临其境的可能性。用户以一种数字身份观看新闻,能极大地拓展感官体验,进而形成一种沉浸式体验。

沉浸感指用户在完全意义上"重新经历"新闻事件,能让用户具身化地感受新闻事件,而非仅局限在认知与理解层面(申启武、李颖彦,2021)。沉浸感是新闻行业的持续性追求。从莎草纸到互联网的新闻形态不啻为一种颠覆式的体验变革,互联网能让远在千里之外的声音与画面传入人们的视听感官,这比传统意义上的"见字如面"更加真实,因为同步的声画更具沉浸感(金圣钧,2021;孙纪开、刘涛,2022)。近二十年来,专业的新闻记者探索了诸多方式拓展新闻中的沉浸感,其中具有代表性的就是虚拟现实新闻。虚拟现实新闻要求新闻记者通过视觉捕捉实时发生的新闻事件,并将其处理为受到剪辑和编辑的 360 度的视频和 3D 动画。在接受环节,虚拟现实新闻要求用户使用特定的设备(如移动手机或虚拟现实眼镜)观看新闻,以获得沉浸式的新闻接受体验。

关于沉浸感能否转变用户的新闻体验,有研究发现,沉浸式新闻重新定义了媒介体系,拓展了用户对信息环境的感受(李沁,2017)。用户更加积极地理解新闻实践的各个行动者,并积极地参与社会新闻的推进过程。虚拟现实新闻对用户体验的激发和塑造是一个复杂的系统性工程。有研究者认为认知、情感和行为因素共同造就了沉浸感(Shin & Biocca, 2018)。具体来说,虚拟现实新闻为用户提供了一个沉浸式场景,而这种沉浸感的最终效果受到用户自身的认知结构和情感经验的支配。进一步说,用户本身的认知和情感要素对用户的新闻体验造成了巨大的影响,也推动了用户与新闻内容共情,并积极地参与社会新闻行动。

上述两种新新闻形态对用户体验的探索与拓展直接说明,用户的新体验是数字新闻兴起过程中极具标志性的侧面。诸如算法新闻催生的信任感、虚拟现实新闻催生的沉浸感等,相关新闻体验看上去是用户受到数字技术的刺激而产生的直接应激反应,实际上始终是在用户的日常生活逻辑的支配下发挥作用。因此,用户对新的新闻形态始终具有积极的态度(蒋忠波,2018)。日常逻辑受到数字技术的激发和制约而使用户对自身的时空定位有了新的认识,传统意义上对于他时、他地、他人的新闻观看行为在数字时代转变为此时、此地、此人的体验范式。研究者需要对数字新闻体验进行更深层次的归纳和探析,才能真正理解数字新闻体验的本质属性。

二、创意视觉与新闻体验

基于以上讨论,由新技术、新平台带来的新闻体验是研究者理解用户视角下的新闻意义生产的现实起点,因此,围绕着数字新闻生态下的新闻体验开展文献梳理是本研究的一项重要工作。整体而言,数字时代的新闻用户作为主动的接受节点,其新闻体验因受到视觉创意的统摄而呈现出明显的仪式性色彩。在这个基础上,针对新闻意义的生产出现了一种共享与共创的参与式进路,新闻业开始采纳创意设计逻辑而生成了新的感官形态。

作为一个从日常生活中引申出的学术概念,新闻体验指用户在数字媒体平台上充分调动视觉、听觉与触觉等多重感官来接受新闻的现象。相较于传统意义上的新闻阅读、新闻收看等概念,新闻体验的核心拓展在于对用户多重感官的强调,尤其是对虚拟信息与虚拟形象的感知(黄雅兰,2023)。新闻体验的描述对象主要包括用户对视觉元素的观看、对听觉元素的聆听和对振动效果的接触等。新闻业的视觉创意是最受学者关注的感官新闻类型,盖因视觉逻辑已逐渐成为用户个体数字生活的基本运行逻辑之一,而调用与创作视觉符号也是新闻内容创新的一项核心工作(黄文森,2023)。

数字时代的新闻体验的核心场景是移动智能设备(尤其是智能手机),这使得各类视觉设计对用户的接受心理与审美倾向造成了实质性影响。无论是新闻网站或机构账号的外观、功能布局、字体等结构性要素,还是新闻内容的颜色、图像、视频长短等,都会显著影响用户的体验方式(Flanagin et al., 2007)。因此,新闻机构将创意视觉作为一个核心要素,以提升新闻内容在数字时代对用户审美倾向和意义获取的吸引力。相关的创新策略多种多样,既包括以统一的视觉风格为用户提供认知线索,也包括面向细分受众群体开展垂直内容生产,还包括围绕特定主题开展专门的视觉设计等。

用户对于各类视觉创意的理解与反应过程是一项与用户的审美倾向和生活经验密切相关的文化活动,其理解过程也并非单一的信息解码行为,而是由艺术感受力与个体生活经验参与的体验过程。一方面,以沉浸感、享受感为代表的用户体验不仅要求音视频元素为用户提供沉浸式场景及完整的感官符号,也要求上述环境要素与用户的认知、情感和行为倾向互相作用。只有这样,用户的体验感才能真正形成(Shin & Biocca, 2018)。另一方面,传统新闻业长期关注的信任感也受到新闻内容与个体生活经验的互动过程的影响。倘若新闻的视觉风格看上去不专业,用户就很容易将其判定为虚假新闻(Metzger et al., 2013)。当然,假新闻与假新闻机构也可以运用特定的色彩、符号、形象创造出专属的视觉创意系统,以提升用户的信任感(Billard & Moran, 2023)。

基于上述创意视觉元素的新闻传播过程究竟是"信息的传递"还是"意义的生产"? 这是传播研究中的一项经典议题。其中,代表性的讨论莫过于詹姆斯·凯瑞(James Carey)对"传递观"(a transmission view)与"仪式观"(a ritual view)进行的比较。他倡导作为文化的传播观念,主张在信息传递之外探析意义生成的文化意涵。这极大地影响了学界对新闻意义的讨论。

传播的传递观将信息的流通过程视作特定秩序内信息的单向传递过程,其核心议题在于探索信息传播的有效性。在新闻研究领域,遵循由内而外的视角探析新闻编辑室如何开展新闻生产就是这一观念的核心体现。在这种观念下,新闻意义是被缝合进新闻文本的,新闻用户需要经过细致的阅读与审慎的辨析才能获得对新闻的准确解读。但在数字时代的新闻生产速率与极大丰富的信息生态之中,这种细致的解码对于用户来说不啻为一种奢望。同时,用户日渐提升的主动性也赋予了他们在解读之外的创造能力。用户倾向于以自身的文化逻辑为基础来体验视觉创意与新闻内容的直接关联,并主动参与由视觉创意构建的数字时代的意义生产活动(Haenschen et al., 2020)。这具有明显的仪式观倾向。

传播的仪式观将意义的生产与信息的传递等同视之,主张新闻的接受环节以生产者与接受者共享的文化观念为核心,新闻因其仪式性而具有维系文化关系与凝聚社会共识的文化意义。这就要求研究者将基于新闻过程的仪式分析作为研究进路,以新闻意义的阐释为核心目标(郭建斌、程悦,2020)。在数字时代,主动的用户凭借数字技术带来的便利性,积极地参与各类新闻点赞、转发、评论与再生产活动。这些接受实践因其复杂性与具体性而具有独特的参与性文化价值,与仪式观主张的传播活动对参与者的感召或吸引不谋而合。因此,仪式观的"以富含审美价值、具有阐释功能的文化产品团结用户,进而实现更加复杂的社会功能"的主张尤其适用于数字时代的新闻业(刘建明,2017)。其基本的研究逻辑是,以各类新闻行动者共同参与的共享过程为切入点,从用户的日常新闻接受行为出发,探索用户的文化习惯与社会行动潜能。这一认识也应用于学界从政治美学的视角探索视觉创意与新闻意义生产的关系(Schindler et al., 2017)。

我们对数字时代视觉创意的探索也遵循这一逻辑。数字时代视觉创意与新闻意义生产的关系更加密切,因为主动用户参与的复杂网络行动使得新闻内容的呈现与用户参与行为都呈现出激烈化、极端化的色彩,数字时代的新闻用户的接受体验必然与多重主体产生的张力产生关联。立足于创意视觉、新闻体验与新闻意义的互相作用,以用户对特定视觉创意的体验为切入点,探索新闻意义的生产与价值的确认成效,就是一条畅通的研究思路。

针对视觉创意与新闻体验的关系这一议题,学界近些年兴起的感官新闻研究也从生产端为我们提供了启示。

一方面,以视觉创意、新闻播客、沉浸式新闻、新闻游戏为代表的众多诉诸感官的新闻生产趋向搭建了感官新闻与用户审美偏好之间的桥梁,具有提升新闻业与用户亲密关系的行动潜力。以创意新闻生产为例,视觉创意作为新闻可信度与良好的新闻体验的启发式线索,使新闻用户在参与审美体验的过程中得以理解新闻意义。新闻的生产、流通与接受过程在感官维度上呈现出更强的包容性,感官新闻必然面临新闻内容与娱乐产品、文化产品的边界模糊问题(黄雅兰,2023)。基于此,研究者对数字技术(如人工智能技术、深度伪造、推荐算法等)与经典新闻价值的互动表现出强烈的兴趣(Lewis et al., 2019)。例如,新闻价值观与新闻伦理驾驭数字技术的应用过程、新闻记者如何借助数字工具重塑新闻生产流程就是其中的热点领域(Gutierrez Lopez et al., 2023);对专业记者如何采纳数字技术解放自身的生产力,开展更多报道方面的创新实践的研究也日渐普遍(Schapals et al., 2020)。

另一方面,感官新闻内置的用户意识也催生用户基于积极的新闻体验而主动参与生产与内容文本相关的意义体系,使感官新闻的生产与流通环节具有了政治美学的意味。新闻用户可以经由对视觉创意的体验而与新闻业产生更多的联结关系。联结关系的表现形式多种多样,包括参与新闻业的讨论、分享优质的新闻故事、开展参与式报道、批驳虚假新闻等。近些年受到关注的介入式新闻对此开展了卓有成效的考察。然而,对于视觉创意如何嵌入用户的新闻体验,新闻体验如何与用户的审美偏向、文化经验与价值观交织,给用户带来介入式的行动潜力等方面,仍是异常复杂且未得到充分考察的领域。

三、感官体验与新闻参与

感官体验如何促进新闻参与行为,是本研究关注的核心问题。根据前文所述,新闻体验既是用户阅读新闻的主要目标,也是用户阅读新闻的直接后果。用户在获取新闻体验的同时,也将获得更大的新闻参与行为的可能性。这表现为新闻用户为了获得更好的新闻体验而积极参与新闻点击、新闻分享、新闻评论和新闻生产等多种在线行动。

数字时代的新闻点击在一定程度上成了新闻偏好的代名词。一方面,新闻学界和业界都普遍认为,频繁点击意味着用户对某类新闻题材具有很强的兴趣,新闻机构就能据此推断用户的新闻偏好。有研究发现,新闻内容的新近度、重要性乃至个人相关性都是决定用户点击新闻的主要因素(Tenenboim & Cohen, 2015),与用户的认知维度紧密相关。另一方面,类似于社会灾难与战争等的新闻会极大地调动用户的负面情绪,使用户产生诸如沮丧、失望、恐惧等多种心理反应。这些反应能激发用户的自我保护机制,促进他们以更加积极的姿态成为新闻参与者。情感体验也是促进用户点击新闻的重要因素(Kormelink & Meijer, 2018)。

良好的新闻体验将会激发用户进一步探索新闻的兴趣和意愿。这种意愿包括积极的新闻分享。用户的分享行为往往受到地位获得和信息获得两种动机的驱动(Lee & Ma, 2012)。无论是新闻体验的个性化或数字化特征,还是新闻分享对社交网络和同伴关系的维护,都突出说明了新闻分享这一行动的功能性,即广泛的分享是出于对娱乐体验、社交关系、身份认同或信息搜寻的追求。这些目标不仅与数字媒体平台本身有关,也与数字新闻用户本身的特质息息相关。

新闻评论既能为用户提供良好的新闻体验,也成为用户表达意见的重要渠道。新闻评论为用户参与新闻事件提供了公开讨论的机会。这些讨论能对新闻事件的发展造成影响,也能够转变其他用户对新闻事件的认识和看法,是当前数字新闻生态中不可或缺的重要组成部分。巴恩斯(Barnes)(2015)发现,虽然用户并不主动参与新闻评论,但他们总会阅读评论,并认为新闻讨论对新闻业来说至关重要。具有争议性的新闻事件往往能吸引用户深入阅读新闻,并在这一过程中获得更为丰富的新闻体验。类似的兴趣或与用户本身的价值倾向有关,或与新闻事实蕴含的情感要素有关。

构成无所不包的环境新闻的基本要素还包括用户主动参与的新闻生产。用户本身对于日常生活的体验和经历是其参与新闻生产的核心动力。例如,在受到不公平待遇时,用户能够进行社会性求援,或在他人受到不公平待遇时积极地应援。去中心化的互联网分布结构使新闻脱离专业新闻记者而普遍存在,导致把关的功能为新闻机构、新闻平台与新闻用户所共同拥有。其中的参与式新闻则凭借其"以个人为中心""自下而上"的特征推动着整体新闻业态的转型。从实践上来说,用户生产的内容能形成多角度的新闻表述,表达与专业新闻媒体不同的新闻价值和新闻理念,为其他用户提供了一种新奇的新闻体验。

传统新闻学研究主张数字新闻形态的变化导致新闻体验的变化,是一种"刺激-反应"的思维模式。这种理解模式认为,数字新闻形态的变化是一种不言自明的外在变化。这种变化在与用户的相遇过程中会产生不同的后果。本研究将特定过程中的核心逻辑拓展为一种本质变化,即新闻业本身的变化带来了新闻用户接受对象的变化,并造成新闻体验的变化。但是,新闻用户本身并不是一成不变的,用户的状态变化是其中最复杂的要素。因此,研究者要展开更加细致的思辨。

第二节 资料收集

本研究关注的核心问题在于感官新闻视角下新闻意义的生成过程。我们可以将这一问题操作化为特定视觉元素对用户体验感和参与行为的影响。对这一问题的探讨应用的主要理论资源是新闻的仪式观。这一理论的核心观点包括:用户须作为新闻意义生产的核心参与者之一;用户的意义感知不仅源于新闻的内容文本,也源于用户的介入式行为。本研究尝试立足于具体的实践语境理解用户的新闻体验,进而探讨数字时代新闻意义的生成机制和理论意涵。具体来说,本研究尝试回应以下三个核心问题:第一,视觉创意如何影响用户的意义理解过程?第二,视觉创意是否会影响用户对新闻机构与新闻业的认识?第三,视觉创意是否会影响用户的新闻参与行为?

本研究主要通过一项质性研究设计来回答以上问题,选择27位数字媒体生态下的用户作为访谈对象,针对他们在数字媒体平台上的新闻体验和新闻参与行为进行半结构式访谈。本研究的抽样过程采用目的性抽样,采取的效度检验方法是回溯法,以保证登录和归纳的准确性。

第三节 资料分析

本研究的基本发现是,视觉创意能明显提升用户对内容的预期,并在激发用户的阅读兴趣和参与意愿方面具有积极作用。总体来说,视觉创意的核心吸引力在于感官风格对用户审美趣味的满足,其核心作用方式可被归纳为沉浸式氛围;用户在良好体验作用下开展的仪式性参与行为进一步提升了新闻意义生产的复杂程度。经由这一过程而生成的新闻意义与内容文本形成了较为明显的融合,而非竞争的关系。

一、感官风格:用户的注意力捕捉

从访谈资料可以得知,包括文字呈现形式、配图与搭配视频等在内的视觉创意能以其视觉吸引力捕捉用户注意力。由视觉创意激发的体验效果与关键词触发线索的作用较为相似,其呈现方式可以被归纳为两个方面:其一为审美经验,其二为视觉新奇性。

审美经验是用户个体获得新闻体验的核心依据,其基础逻辑是用户对自身接受偏好与审美倾向的清晰认知可以使他们倾向于体验那些自己认为制作精良的视觉创意。从访谈资料中可以获知,审美经验能显著地简化用户的新闻接受流程,使之成为一种快速的感觉过程。这导致用户对内容风格的接受过程往往是模糊的、体验式的,而非具体的、审慎的。访谈对象 S19 的表述很好地说明了这一点。他表示:"每个平台的风格都不一样,所以每个平台我都会看看,基本上更新的新闻都差不了太多,但看新闻的感觉不一样。"一些嵌入网络流行语、表情包或"梗"的视觉创意会明显地提升用户的观看兴趣,但这种观看兴趣并不会因媒体机构本身的权威色彩而受到影响。例如,访谈对象 S12 表示:"有一阵子澎湃新闻的配图都很(有)反差……很搞笑,这让我很有进去看看的兴趣,但其实那个配图跟内容关系也不大……后来有(别的)机构也用这种方式了。"此外,从访谈资料中还可以得知,网络直播、谈话节目、播客等视觉形式也能显著提升用户的观看兴趣,即使其中一些内容并未被新闻业大规模地使用,但用户的审美经验却使他们期待新闻业主动采纳这些形态,以满足自己在刺激、趣味与情感方面的需求(Brown et al., 2018)。

与审美经验相伴而生的外部因素是视觉创意的新奇性。虽然主流新闻生产对数字技术的感官特征具有理念上的重视,但受制于技术创新,大量具有开拓性的新闻技术尚未能面向大众实现大规模应用。这导致专业新闻报道对用户日常生活的占领明显无法适应数字时代的审美需求。这在访谈资料中表现得很明显。访谈对象 S17 表示:"可能是因为这些技术的成本太高,感觉除非是专门点进网站,否则……我不会主动去看的。各类问题都有,可能记者对新闻技术的使用也不熟练。"访谈对象普遍表示,令他们印象深刻的创意新闻产品均与自身日常浏览的平台紧密相关,如微信、微博、小红书、抖音平台上的视觉内容都被频繁提及。需要指出的是,用户不会将这种创新形态与前数字时代的新闻拓展进行对比,而会在横向上与其他产品类型(如影视剧或视觉艺术产品等)进行比对。用户对新闻内容的视觉创意的评价往往会采用与各类视听内容产品评价相似的话语,对新闻的形式评价也主要采用诸如"玩梗""搞笑""反差"等文化取向的评价话语,因而未能形成一整套新闻业专属的评价体系。

二、沉浸式氛围:意义生产的场景

几乎所有的访谈对象都表示,他们每日获取新闻的渠道就是手机。这意味着互联网平台与用户之间存在着较为固定的接受中介,即手机屏幕,用户的新闻体验被框定在一种沉浸式氛围之中。沉浸式主要指用户单次浏览屏幕时视觉创意对手机屏幕的占据。用户对多个视觉创意的浏览与切屏行为构成了其在不同场景的"巡视",其中的联结感则是用户获取意义的主要机制。

第一,在单一的沉浸式氛围中,用户的各类情感反应与代表性的新闻内容之间形成了鲜明的接受规范。例如,有研究表明,生产维度的策略性情感仪式会为身处特殊类型的视觉风格内的用户设置明确的情感氛围(Wahl-Jorgensen, 2013)。用户的心理反应与视觉创意的风格之间有了稳定的唤醒关系。访谈对象 S21 针对一则灾难新闻表示:"这类内容基本上看一眼配图就知道大概内容了,我基本不会点开看,因为点开之后我肯定会很难受。"访谈资料也表明,这种在单一沉浸式氛围中的体验并不只存在于用户与新闻内容之间,用户的情感表达行为往往也会受到新闻评论区的影响。虽然用户并不一定会积极地自我归类或产生群体认同，但用户的新闻参与行为会在很大程度上与评论区的主要情感氛围相似。访谈对象 S02 表示："尤其是有人讲了我那段时间很担心的情况，我就一下子紧张起来了。……那阵子我一直在小红书上刷相关的信息。"

第二，几乎没有访谈对象会基于一则新闻内容就获得稳定的新闻体验，在不同新闻内容（尤其是不同的新闻解说）之间切换是新闻用户的基本生活方式，这在重大新闻报道中尤其明显。用户总是倾向于反复观看同类的视觉元素，并将其与新闻文本进行比较，形成一种日常的重要体验。例如，访谈对象 S20 表示："我看到不同的平台都会发类似的内容，但它们的排版方式差别很大，我就会点开每一个都看一下。"由这种互动引发的持续性新闻接受行为还包括用户的跟进策略（follow-up），即用户持续地关注同一个社会事件，并从中不断地获得知识更新。例如，访谈对象 S11 表示："我有时候看到之前看过的风格，还会在别人的内容下面'指个路'……也不是为了什么，就是随手'@'一下。"

通过多种静态的沉浸式氛围及其之间的切换，用户获得了一种对单条新闻内容的综合意义探析结果。虽然受制于技术手段的发展，当前的沉浸式氛围尚无法为用户提供触觉、嗅觉等全方位的感官信息，但用户受到视觉氛围的影响而获得的更加丰富的个体感受已经使新闻体验成为接受环节不可或缺的组成部分（Nielsen & Sheets, 2021）。唯有对沉浸式氛围中影响用户体验的各类驱动因素进行细致的考察与把握，由感官参与的意义生产过程与用户的参与行为之间才能直接表现出明确的逻辑关联（王晓培，2022）。这与下文中对参与的理解有极为紧密的关系。

三、仪式性参与：意义生产的行动维度

认知科学研究认为，意义生产的过程是一种有机体与外部环境互动与适应的过程（刘宣力，2020）。用户对于新闻内容的体验同样存在相似的逻辑。访谈资料表明，通过特定维度的情感表达行为，用户得以参与（泛）群体内的身份确认，也在客观上参与（泛）群体内情感氛围的构建。

因此，在解读新闻内容时，用户参与的各类行为都承载着个体价值确认与共享文化生产的功能。

用户的新闻参与行为是新闻体验的一种积极后果。这种后果比新闻体验的参与程度更深，因而必然融入了用户对文本内容的解读。如前文所述，当个体经验介入新闻体验时，很少有用户仅基于单一的视觉创意开展新闻参与活动。用户大量的参与行为主要基于对新闻事实的情感判断。其中一种具有代表性的情况是，个体情感倾向与极端化的态度观点会使用户在观看新闻视觉符号时获得一种激烈的情感体验，而这可能会催生他们激烈、持续的情感表露行为。例如，访谈对象 S15 表示："我们这儿要是能上个新闻，那肯定没什么好事。所以一上新闻我就会关注一下，说不定还会去骂几句。"这种情感表露行为并不遵循特定的规范与一致的行文规范，而是灵活地与用户的日常生活结合在一起。网络流行语、表情包或其他用户的评论都成为用户新闻参与的重要内容。例如，访谈对象 S08 表示："感觉网友的回复都很有趣，我自己说得没有这么精准。所以我一般都是在点赞，不会评论……有一次我就是有感而发，说了相似的一件事，结果被很多人转发了。我感觉比较有参与感。"

值得注意的是，在上述参与行为的生成过程中，用户受自身情感逻辑的影响尤其明显，几乎每位用户都在访谈中提及视觉风格所创设的体验场景对新闻体验的影响，并表示这一过程与私人的新闻体验关系极为密切。访谈对象 S04 表示："我基本上看的都是我关注的发布者转发的东西，这基本能满足我的需求。他们的评论都跟我的比较像，也让我看着舒服点儿。"匿名情况会对用户的新闻解读活动造成影响，公开的新闻转发、评论和生产活动始终与用户的生活状态有明显的规制关系。正如访谈对象 S12 所说："我经常能看到发布者刚发了评论，我喜欢马上回复，基本上都能获得回应。这很有成就感。"在公开的及时通信群组中，用户的情感表达倾向与新闻内容的情感倾向会趋于一致，而这种效果的出现并非单纯地受到视觉创意的影响，甚至在一定程度上，视觉创意所设置的情感氛围的影响力远不如用户对表达环境规范的感知。例如，访谈对象 S19 表示:"这种话公开说不太好,所以我会转给我的几个朋友吐槽一下。……可能会用小号回复一下。"

四、体验与阅读:新闻意义的一致性

感官体验始终为用户提供了一种与"理解"不同的意义获取进路,基于此的新闻意义解读过程具备了多维的阐释可能性。访谈资料表明,新闻体验引发的用户对新闻意义的理解与新闻内容的作用是融合的而非竞争的。研究者采用"一致性"这一概念来描述用户基于新闻体验与新闻文本所获得的意义的相似性。具体而言,相似性越强,用户的接受过程就越顺畅;反之,用户的接受过程就越困难,其对新闻意义的解读就倾向于诉诸生活经验、机构信任感、第三方评论等外部因素。

首先,用户经由新闻体验与新闻文本所获得的意义分别遵循明显的仪式参与和信息解读模式。前者意味着新闻用户借助共享价值观来获得对新闻视觉创意的体验,后者意味着新闻用户解读新闻内容的主要目标是获知信息。倘若两者较为一致,用户理解新闻意义的过程就会很顺畅,用户会在这一过程中将视觉创意与文本意义的关联结晶为稳固的文化习惯。正如访谈对象 S03 所说:"基本上这类风格的新闻都是同样的内容,虽然区别不大,但每次看起来也有点细微的差别。……我自己的阅读兴趣不大。"一旦感官体验与文本意义不一致,用户通常就会选择诉诸外部因素来开展对新闻意义的解读。解读的后果是一种超越新闻内容本身、融合超越文本和感官体验的综合性新闻体验。这类新闻体验虽然来源多样、状态多变,但影响更为长效。正如访谈对象 S15 所说,其中的代表性实践场景是"语焉不详的报道与评论区丰富的信息差别很大的"情境。

其次,用户的意义解读过程极大地受到评论区的影响。用户的评论同时参与了对其他用户体验氛围的设置。氛围会为用户设置参照物,协助用户开展新闻意义的生产。在很多时候,用户对新闻内容的理解是基于其他用户的评论的。在一些允许用户使用表情包、图片或动态图片进行评论的平台上,这些视觉符号是用户表达情感的重要方式。正是基于

用户的参与行为与其他用户的新闻体验之间的参照关系,新闻用户才能产生与新闻内容相关的意义的延异与拓展,并最终形成某种规模层面的新闻意义的讨论。例如,访谈对象 S06 表示:"很多新闻本身其实很常规,但评论区有'玩梗'的人的话就会超级欢乐。……我基本上会浏览所有评论数比较多的评论区。"这种表露通常是为了获得与自己情感结构相似的个体的共鸣,因而具备了价值确认的功能。

五、归纳与讨论

通过对上述深度访谈资料的主题分析,研究者明确了新闻体验的主要内涵和对新闻用户参与行为的影响机制。总体来说,新闻体验涵盖用户对新闻内容的认知体验和情感体验,维系用户新闻体验的核心要素是用户的体验主动性。基于此,研究者尝试从两个方面归纳用户的新闻体验机制。

首先,用户新闻体验的情感主动性是研究者理解体验机制的核心。新闻体验主要指用户在接受新闻时产生的所有价值、认知、情感、偏好等生理和心理维度的变化。综合性的理解进路意味着新闻体验是一种植根于用户日常生活的心理反应。日常性导致新闻内容的类型划分和新闻内容的对象划分在数字时代日渐失效。情感主动性指向用户如何在生活中通过实际关注新闻本身而获得对生活的满意度。这种满意度或来自用户对新闻频繁地、长时间地使用,或来自用户在新闻中获得的沉浸感。虽然这些外在的指标(如使用时长)并不能完全与用户的新闻体验画等号,但研究者始终要对与这些指标相关的一系列内容保持敏感,因为新闻用户的新闻使用行为和新闻使用习惯及与此相关的技术属性和情境特征,都是研究者理解新闻用户体验维度的重要侧面。

认知与情感维度的共同作用意味着新闻体验是一种意义体验(Oliver et al., 2018)。意义产生于用户与新闻机构的互动过程:它不是瞬时的情绪激发,而是一种更为持久的享受体验;它不是一种反射式的单向满足,而是一种在语境中产生的新闻体验。奥利弗(Oliver)和巴奇(Bartsch)

(2010)曾将这种状态表述为"一种对更深层次的意义的感知,一种被感动的状态,以及一种被启发的思想"。本书接受这种说法,并认为这种体验是用户主动获得的满足感。用户在使用新闻的过程中始终保持着某种特定的价值倾向与清晰的意志。新闻体验并非一种简单的娱乐体验,也是对更深层次的人类生活本质和终极哲学问题的省思。用户始终对影响自身生活的性别、种族、年龄、阶层等方面的问题在日常生活中的表现有极强的敏感性。

其次,新闻用户的体验主动性成为用户的新闻参与行为的基本动力。数字新闻生态为用户探索新闻体验创造了可能性。用户的新闻体验是一种用户与数字新闻平台相遇时所发生的反应,是一种由身体状态和心理状态组成的综合状态。它始终被孕育在数字生态之中,也将在数字生态中发挥作用。因此,数字新闻体验的核心特征就是数字性。一方面,数字生态极大地提升了用户的主动性。与新闻体验关联的情感和认知要素并非完全受到个人生理结构的制约,它们是用户日常生活经验的一种积淀。用户在反复接触新闻的过程中留存下来的经验能被意识保存并重复,随后在新的情境中被自主地激活并发挥作用。另一方面,任何技术属性都强调用户在新闻业态中的重要性。用户占据了新闻研究的主动位置,并在新闻业态中扮演着积极的主体性角色。如果新闻业忽视了新闻用户的声音,它就会失去用户的注意力,并在很大程度上被绝大多数用户憎恶,这关系着新闻业的存亡。更全面、更有层次的社会图景需要良好的新闻业态,对此,新闻业要准确地满足新闻用户的体验主动性。

上述研究表明,数字时代的用户能够基于视觉创意而非新闻文本获得一种新的意义生成模式。我们可以将其归纳为参与性新闻意义,其代表性形态即为感官新闻。建立于感官体验基础上的数字新闻意义生成过程让我们得以从内容的接受端出发,重新理解新闻专业文化。具体来说:第一,用户的审美经验与情感体验极大地参与了新的新闻意义生成过程的构建;第二,新闻权威的确立不再单纯建立于新闻的告知和劝服功能,更取决于新闻的视觉创意与文本内容建立的共享的感觉结构(structure of feeling)的效用；第三，新闻业应当更加有意识地追求对日常新闻体验的介入与引导，以推动良性公共社会的发展。

首先，新闻意义成为由感官介导的一种参与式结果。从感官新闻的作用过程来看，新闻意义的生成过程远非深思熟虑的，而是源于基于日常生活享受的文化实践。诸如算法新闻催生的信任感、虚拟现实新闻催生的沉浸感等新闻体验看似是用户受到数字技术的刺激而产生的直接反应，实际上始终在用户的日常生活逻辑的支配下。虽然不同的新闻内容与新闻意义并不存在稳固的关联，新闻内容也难以通过复制而生产出完全一致的新闻意义，但特定的风格特质总是能吸引细分的用户群体，帮助他们建立特定类型的新闻体验，最终产生积极的实践效果。综合来看，秉持一种参与式的新闻意义生成理念能帮助我们从新的进路上理解用户缘何喜爱新闻内容、如何信任新闻机构、如何参与数字时代的社会公共生活。

其次，新闻权威的确立不仅源于其内容的稀缺性与信息传递功能，也极大地受到新闻的视觉创意对用户感觉结构的满足情况的影响。一方面，对于特定的新闻媒体机构而言，机构形象与某种特定的风格存在明显的关联性，能为用户提供较为明确的心理亲密感。这种亲密感既包括源于技术生态的视觉元素的丰富程度，也包括用户针对客观性、即时性、透明度等新闻价值的反思。后者在用户信任的建构过程中表现得极为明显。另一方面，即使是同一视觉符号体系在不同受众的感官体系中也会指向不同的读解，但倘若要理解用户的新闻体验与新闻参与动机，新闻机构的视觉创意与设计风格是其中不可或缺的一环。这种认识的实践潜力在于，由于视觉创意的动员功能同样会被应用于传播极端思想与某些意识形态，因此，用户的新闻体验始终指向具体的、实践中的日常生活。在由数字技术深度介入的当代社会中，新闻生产者始终要将推动新闻用户的向善与强化新闻内容的助益型社会功能作为核心伦理，促使一种行动主义的认识论的落地。

最后，上述实践潜力主要表现为新闻业与用户的介入性关联。既然数字技术能推动新闻超越地理空间的限制，唤醒用户内心的情感反应，增强用户与新闻内容的关联，那么将这种效用应用于提升新闻用户的体验感，让用户重新确认（或模糊）自己的社会身份，感受到自己与社会新闻的紧密联系就具有显著的行动潜力（田浩，2023）。数字时代用户的新闻体验并非简单的用户与新闻的互动，而是一种复杂的，包含用户、新闻事件、新闻记者与数字媒体在内的共有体系。在这种混杂的新闻生态中，用户形成了趣缘社群，接触各类视觉符号，表达自己的喜欢和不满，进而使自己的参与行为在认知、情感与情景等维度上呈现出明显的众包（crowd-sourcing）色彩。基于此，感官新闻的社会角色也并不仅是单一的人机交互与体验设置，而是基于良好的接受体验发挥着动员与涵化社会群体的作用。因此，感官新闻的公共性就在于这一生产取向具备以参与式的意义生产过程来培育优质公共社区、动员用户参与公共实践的实践潜力。然而，数字社会中的不平等现象、网络暴力与观念极化愈演愈烈，主动、平等的仪式性参与关系难以普遍开展，这一目标仍然具有某种理想主义色彩。

第四节　进一步讨论

本书认为，数字时代的新闻意义生成过程是一种由用户个人经验深度参与的仪式性过程。这一过程受到新闻内容的文本特征与审美特征的共同影响，是一种在数字生态下日渐常规化的新闻接受实践。因此，由感官介导的新闻意义生成过程要求研究者采用一种以新闻体验为核心的意义解读框架。这种框架主张用户的文化经验与新闻内容的视觉风格应当融合起来发挥作用，实现在良好体验基础上的用户与新闻业的亲密关系，并最终指向积极的新闻参与实践。

从理论上来说，参与式意义生成代表着一种新兴的新闻业与用户的互动实践关系。这为数字新闻业的发展创设了一条以感官创意为基点的路径,即新闻业应当以多模态视觉创意介入用户的体验过程,为用户提供良好的体验,从而提升用户与新闻业的亲密关系。在这一观念的指引下,数字新闻业具备了以一系列数字功能来满足用户的体验需求,进而实现以专业内容生产拥抱用户日常生活的宏大目标。这种观念体系将新闻业在数字时代产生的形态变化视作一种非本质的变化,即拒绝承认新闻形态的更新是一种独立的技术进步,而将其视作由用户体验引致的感知变化。正是基于用户对感官体验更加细腻的追求,新闻业才能拥有面向新闻感官体验的发展动力。这或许为新闻业提供了一种由用户需求定义的新型边界。

据此,本书认为,用户对数字技术的采纳与应用永远是一种以自我为中心的主动行动,他们不会因生产新闻的机构定位而成为其内容的附庸,而是始终以自身的生活需要为首要依据来获取新闻。无论是严肃的还是娱乐的新闻内容,只要为用户所接受,其数字新闻生态下的地位都是平等的。它们都满足了用户在某些方面的需求,而这些需求始终与用户的日常生活紧密联系。用户在新闻体验中的主动、积极的角色进而又给研究者提出了一个新的问题:对致力于追求良好新闻体验的用户来说,优质的新闻应该拥有何种特质?

研究发现,优质的新闻必须能带给用户良好的新闻体验。用户选择新闻的主要目标是在认知层面学习新事物、在情感层面获得支持、在人际关系层面增进与他人的相互理解。因此,优质的新闻必须让用户感受到自我的需求得到满足,让他们的价值倾向和思维逻辑得到确认;或让用户感受到社会公共性和启蒙性,让他们对社会和知识有更多的认识;或让他们与其他社会群体产生情感和体验上的共鸣(牛耀红,2018)。只有用户被满足,他们才能反复体验到由新闻内容带来的愉悦感,进而给予新闻内容正面的评价。从实践层面来说,让用户乐于点击、主动搜寻、愿意花大量时间来体验的新闻,就是优质新闻。正如有研究者强调的,在数字时代,新闻的品质就是商品属性与公共属性的统一(De Maeyer, 2020)。

此外,优质新闻还必须同时满足用户对深层意义体验的需求。

一方面，由上述机制导致的用户体验在时间维度上表现为，数字新闻作为外部的刺激，经由情境和认知两条线索影响用户对新闻的体验。这种影响路径主要包括两种维度的作用。其一，时间作为用户体验所置身的结构性要素，通常与社会中的诸多要素有关。诸如新闻组织、政府规章、媒介文化等，都将对数字新闻用户的新闻接受情境产生巨大影响。因此，研究者必须理解用户本身的日常生活结构，并尝试探析数字新闻如何被分散在用户的日常生活中，或厘清数字新闻如何嵌入用户的其他活动。其二，时间是新闻的核心构成维度之一。数字新闻给用户对即时性的认知带来了巨大的挑战，无论是用户对新闻内容的理解，还是用户在浏览新闻上花费的时间，都极大地凸显了他们对时间的认识与在前数字时代截然不同。

另一方面，新闻用户永远在某种空间中体验着新闻，无论是东方传统意义上的讲坛，还是西方传统意义上的公共广场，甚至当前的移动终端，都与一定的地域和空间密不可分(Gutsche & Hess, 2020)。这样的案例在新闻学研究中俯拾皆是。甚至在一定程度上，新闻本身就是一种空间体验。新闻产品长期以来一直对观众具有重要意义，作为人们生活和工作的有形场所的信息门户，它们在连续性中提供了一种舒适感，如广播、电视、电脑与手机，以不同的空间感介入了我们的生活。因此，今天的空间已经成为一个嵌入新闻业的核心体验要素。

随着越来越丰富和前沿的数字技术被应用至新闻实践，学界与业界对数字新闻用户因应上述时空特征而产生的变化要抱有持续的兴趣。新闻用户确实获得了诸多维度的新闻参与可能性，并能够积极地成为由数字新闻带来的公共潜力的一部分。具体来说，公共新闻和新闻的个性化策略(news personalization)在新闻机构和用户的关系中引入了新的变量，协商性的新闻生产和普遍化的新闻参与成为既定的事实(Monzer et al., 2020)。新闻个性化可能会影响媒体的效用、用户与媒体的互动方式、用户行使自己接收信息的权利。

因此，上述观念要求数字时代的新闻业应当围绕以视觉创意为代表的感官新闻开展更多的创意实践。在新闻生产维度上,数字新闻生产者应当在充分理解数字技术之于自身工作流程的积极作用的基础上,将审美维度纳入新闻内容的生产环节,以更好地在变动不居的新闻生态中发展出新的工作行动体系。在组织形态上,产品式的新闻创新逻辑与创新思维的落地应当在数字新闻业的发展过程中占据更加核心的位置,新闻业需要一个更具综合性的产品经理的角色来统筹新闻业的生产与传播流程,以实现对新闻用户的有效团结(Royal & Kiesow, 2021)。

第九章
"关系型新闻"与新闻社群机制研究

随着新闻业日益深度数字化,大众的信息经验不断被新闻内容赖以传播的技术工具塑造。在公开的社交媒体成为新闻接受重要场景的同时,越来越多的网络用户依赖私人化的即时通信工具获取新闻。这促使学界和业界反思曾经受到推崇的公共讨论模式,对更加丰富多元的新闻接受行为加以理论化。在这一背景下,一些研究者开始关注新闻生态的私人维度,持续发掘隐秘的新闻流通与新闻接受程式,尝试阐明以即时通信工具与以社交媒体为载体的新闻接受实践之间的异同与张力,据此探析新闻受众基础行为逻辑的变化,进而自传播链条的末端出发,重新理解上游的新闻生产和流通的规律(Swart et al.,2019)。

有研究指出,越来越多的数字媒体用户逐渐依赖私人即时通信工具接受新闻的原因在于,不受约束的信息获取自由和日益极化的互联网舆论结构很容易令个体陷入"语境崩溃"(context collapse)的状态,制造强烈的不安全感,进而导致日益普遍的新闻回避与自我审查行为(Davis & Jurgenson,2014)。回归私人场景是应对这一问题的稳妥方案。在功能上,即时通信工具允许用户与朋友、家人等亲密社交对象分享新闻并获得反馈。同时,无论是分享的内容还是引发的讨论都不会被公开在社交媒体上,这会进一步强化交流者间的亲密感。在更多的情况下,新闻分享与讨论活动是以群组为单位进行的,其规模不一而足,成员数量较多或成员中有一定数量公众人物的群组(如特定行业内的微信群)甚至带有"准公开"色彩。但是,至少在形式上,即时通信工具的预置功能限定了其群组用户的新闻接受边界,从而塑造了一种既有别于传统媒体环境,又有别于社交媒体环境的新闻阐释空间。此外,从数字媒体技术的演进规律来看,移动化和智能化这两个基本趋势均推动着转向私人的接受模式的日益主流化。这导致人们的新闻接受实践日渐内嵌于其日常人际交流活动的总体框架,新闻经验与其他信息经验交相混杂。在具体实践中,由于数字媒体用户大多同时使用多个即时通信工具,其线上与线下的社交网络往往存在不同程度的交叠,因此,由它们构成的网络群组往往超越单一的数字平台,兼容数字与现实两重空间。

虽然在前两个研究中,用户的个体特征都是核心概念,但事实上,用户并不一定是在绝对孤立的情况下作出决策的。相反,用户本身所处的新闻网络为用户的参与行为提供了一种积极的关系情境。容身于新闻网络的所有行动者彼此连接,并对彼此的新闻接触、新闻分享和新闻评论活动造成重要的影响。如果用户的新闻参与是一个机体受到外来刺激而产生行动意愿的过程,在这一过程中发挥作用的外在刺激就不仅包括新闻内容,还包括广泛的关系因素。这个问题早已在传播学中受到关注,两级传播就是描述这一过程的理论资源。研究者将"意见领袖"这一概念引入传播过程,认为一些特殊个体在其他人的信息接受过程中扮演着重要的角色。伊莱休·卡茨(Elihu Katz)和保罗·拉扎斯菲尔德(Paul Lazarsfeld)在 20 世纪 50 年代就敏锐地感知到,大量用户对于政治事务不感兴趣,新闻媒体无法与选民产生直接的联系,导致了一种普遍存在的传播模式,即新闻信息必须对意见领袖产生影响,继而影响普罗大众(Katz & Lazarsfeld, 2017)。相关的实践框架在数字环境下仍被学者们广泛探讨。无论是娱乐新闻、政治新闻还是经济新闻,任何一种类型的新闻内容总是仅能吸引一小部分受众(用户)。随着越来越多的用户接入数字生态,他们如何借由身边的意见领袖获知和理解新闻内容就成为一个重要问题(徐翔、刘佳琪、靳菁,2021)。无论是朋友、家人还是在社交媒体上偶遇的陌生人,都会对用户的新闻接受产生巨大的影响。有研究者发现,社交媒体允许个人便捷地阅读新闻内容,而好友之间的讨论对于用户的新闻接受行为的影响极为显著。这种影响被称作"新的个人影响力"(Anspach, 2017)。

在中国,当前最普遍的信息分享类网络群组包括微信群、QQ 群,以及一些平台上的同城群、同好群等。这些基于即时通信工具的网络群组虽然形态和组织方式各异,但都允许用户在其中转发新闻外链和相对私密地讨论新闻内容,因而富含新闻阐释活动。在具有链接分享协议的平台之间,一些新闻用户完全可以在某一平台上聚集群组成员,同时"搬运"另一平台上的新闻内容供群内好友讨论,具有极大的自由度和灵活性。尽管群内的交流活动是多元且驳杂的,但对建立于既有社会关系网络之上的群组(如同事群、同学群、朋友群、同行群等)来说,成员间对新近发生的新闻事件的讨论往往是一项维系其人际网络的重要活动。

在基于即时通信群组的新闻分享与讨论活动中,有一个很值得关注的现象,即一部分专业新闻记者以个人身份参与这些社群,并借助与其他成员的日常性互动来创造某种原创的信息流或新闻议程(Kligler-Vilenchik & Tenenboim, 2020)。这种在接受端与生产端之间直接建立沟通管道的交流方式改变了原有的新闻流通秩序,令新的新闻认识论(epistemologies of news)的出现成为可能。通过与专业记者建立更为平等的群组好友关系,积极的数字媒体用户获得了参与新闻生产活动的体验或想象。这令新闻记者(及其背后的新闻机构)与受众之间形成了一种既鼓励合作又富含冲突的交往模式(Engelke, 2019)。不过,目前,大量关于网络群组内部新闻接受活动的研究仍主要关注普通用户的互动,而普遍忽视了一个事实,即传统意义上的新闻记者无论是出于获取信息源或与受众建立连接的目标,还是仅仅源于某些偶然因素,本身也往往是某些群组的成员,并直接地参与群组内日常的新闻讨论。在这一过程中,他们固有的职业身份认同与普通成员因技术赋权而获得的文化能动性之间存在持续的张力。这一张力或将对整个新闻内容的意义流动机制产生影响,进而具有重塑当代新闻文化特质的潜力。

基于对以上问题的关注和思考,本书主要从新闻学中的阐释社群理论及其当代拓展出发,通过会话分析与半结构深度访谈相结合的方法,尝试完成如下三项工作:第一,描述基于即时通信群组的新闻阐释实践的基本表现形式;第二,探索记者与用户的阐释性互动对普遍的新闻意义流通机制的影响;第三,归纳以即时通信群组为分析单元的新闻阐释研究路径所具有的理论意义和实践价值。

第一节 新闻社群的内涵与实践

一、新闻社群的定义

新闻社群指在数字媒体平台上由好友、关注对象、被关注对象组成的数字新闻用户群体。新闻社群不一定是固定的、强联系的线下群体,也可能是流动的、不排他的虚拟社群。新闻社群在实践中不一定表现为实体的社群。只要用户之间存在互相关联,能互相讨论新闻内容,本书都将其视作社群。用户可以随时选择加入或退出多个数字社群,并在新闻社群中选择性地获取新闻、分享新闻与评论新闻。

新闻社群的诞生由数字新闻生态催化。新闻社群植根于新闻用户容身的社交媒体平台。无论是在移动新闻端还是在社交媒体平台上,用户都具有较强的社交意愿。新闻用户既能在社交媒体平台上时刻观察到其他新闻用户发布的信息,也能借助公共榜单(如新浪微博平台的热搜、Twitter 平台的趋势等)等了解热点新闻(王茜,2020)。社交媒体平台往往借助智能算法面向公众推动新闻内容,吸引用户主动参与新闻内容的评价与分享(蔡骐、岳璐,2018)。新闻社群是一种在用户的新闻接受过程中发挥重要作用的普遍现象。这一现象扎根于日常数字生活,与用户的新闻参与意愿和新闻参与规范深度绑定,并为用户塑造了独特的新闻接受规范。

新闻社群并不一定意味着强社会关系。虽然在新闻用户的实名制社交网络中,亲缘好友与业缘好友是最重要的角色,但在匿名的新闻用户的关注列表上,亲密的社会关系却销声匿迹,用户倾向于参与更多的趣缘社群(张杰,2016)。即使是在实名的社交网络中,用户的好友也大多是有过关联的同学、朋友、同事或远亲。这些好友能够集结为社群,主要是因为他们之间存在着超越陌生人的亲密关系,他们的新闻参与行为总是可以对其他用户造成明确的影响。虽然这些好友可能不频繁地互相联系,但他们之间存在一项核心的关联,即他们发布的新闻内容能够被其他用户看见,他们的新闻评论也能影响其他用户的兴趣。这种社群关系呈现为弱连接的特征,为用户的社交网络引入了较强的异质性,推动了用户日常接触新闻的多样性(许德娅、刘亭亭,2021)。用户的新闻选择与新闻接受行为是受到社会文化的激发与规训的。弱连接被引入新闻用户研究中,意味着用户行为受制于复杂的好友弱关联。在社交网络上漫无目的地游牧是一件让人疲劳的事情,用户降低新闻获取行为的成本的方法就是通过自己熟识的个体进行新闻筛选。在前数字时代,类似的新闻获取途径可能是茶馆、集市或政府公告;在数字时代,这样的新闻获取途径演变为各色好友。不同行业、不同兴趣的好友代表着对某类新闻的话语权。因此,新闻接受就与社交网络产生了不可割裂的关联。

数字新闻社群主要具有两方面的实践特征。一是交互,即新闻社群中的用户能够自由地阅读、分享和评论对方的言论。当前的大多数数字新闻媒体都内置了互动的功能,使用户可以便捷地交流自己感兴趣的新闻内容(郑满宁,2018)。二是议程设置,即数字新闻社群是面向公开的新闻平台的,但其用户之间具有极强的互相影响的特征。用户能选择自身感兴趣的新闻内容,并在自己的社交平台上分享和重新表述,社群好友则扮演着审视与评论的角色(王炎龙、王石磊,2021)。基于这两个核心特征,新闻社群为用户选择新闻内容带来了巨大的便利,表现在海量的新闻内容在社群好友的中介下呈现为一种特定的"新闻流"(news flow)。当某一领域的意见领袖分享新闻时,其他用户往往更偏好去阅读这些新闻,并对这些新闻持积极的评价。新闻社群的优势就在于此,即它能超越新闻机构与新闻风格等,成为用户选择新闻内容的重要指标。

二、新闻社群的参与行为

总体而言,新闻社群能形塑用户的新闻接触可能性和用户的新闻接受框架。新闻社群的作用是一种复杂的把关过程,能为新闻用户提供特定的新闻接触可能性,用户在不同的社群中获得的新闻内容不尽相同。基于此,新闻社群也为用户提供了理解新闻的独特框架,这一框架因受到社交好友的影响而具有极强的偶然性。

在实践中,新闻社群往往通过两条路径影响新闻用户的新闻参与行为,即互动型影响与归属型影响。互动型影响指新闻社群以实际互动对新闻用户的行动所造成的影响,包括新闻用户采取的新闻标记、新闻纠偏与新闻评论等。其核心逻辑在于,社交好友的行动能直接引致用户的新闻关注与新闻参与行为。归属型影响指新闻用户因某种身份感知而将自己归类为某一群体,进而采取集体性行为,包括新闻分享、新闻评论与新闻生产等(谢新洲、黄杨,2020;庄曦、董珊,2019)。这类影响是新闻用户基于自身想象而主动采取的行动选择。这些行动既是新闻社群内的好友采取的新闻参与行为,也是新闻用户采取的新闻参与行为,在行动逻辑上具有循环作用的特征。本书将详细阐述新闻社群的新闻标记、新闻分享、新闻纠偏和新闻生产行为的实践特征。

第一,本书第七章详细地论述了新闻卷入对于新闻参与行为的核心影响,这一影响机制在新闻社群中同样存在。倘若新闻社群在用户的日常生活中扮演着重要的角色,用户就会获得与新闻社群较高的卷入度。这导致用户更加关注新闻内容,进而乐于参与与其他用户的互动行为。新闻社群中的代表性行动就是数字媒体平台上的标记(tagging)。

新闻标记指新闻用户以标记的功能提醒其他用户阅读新闻的行动。这种行动在不同的数字新闻平台上表现不同,大致可以分为两类,一种是公开标记,另一种是私密标记。例如,在新浪微博上"@"某人,这种标记行动能够被所有用户看见,是一种较为公开的标记。在抖音平台和快手平台上也是如此。在微信朋友圈中,这一行动表现为"提到某人"。标记行动只为双方互见,是一种较为私密的标记。上述两类标记行动都对用户的新闻阅读有直接的影响。数字媒体平台的智能算法可以将用户感兴趣的话题推送至他们面前,以维持用户的黏性和参与主动性。这种新闻参与植根于用户对于新闻本身的兴趣,而不能凭空生成用户的兴趣(Kümpel, 2019)。标记行动同样影响着用户的新闻网络。用户的日常新闻接触行为始终在一种策展流(curated flows)中。尽管用户每天面对的新闻内容高度个性化,但新闻流是由其好友决定的。也就是说,其他用户能够通过每日新闻行动的不同,选择和塑造用户接触的新闻内容。新闻网络中的每一个用户都是新闻的过滤器。主动的过程被称为个人策展(personal curation)(Thorson & Wells, 2016)。用户本身的新闻选择(至少是用户的新闻注意力)始终受到其他社群好友所分享的新闻内容的制约。尤其是社群好友标记他们时,用户就会着重关注那些新闻内容,并对这些内容进行细致阅读和采取进一步的新闻参与行为。新闻标记的对用户的新闻获取过程的影响可以被视作一种个人化的议程设置,有学者将这种角色称作"微议程设置者"(汪雅倩,2021;Wohn & Bowe, 2016)。这种角色强调数字社群决定了用户本身的新闻接触的可能性。可能性意味着用户的日常生活对于用户的信息环境的直接影响(靖鸣、朱燕丹、冯馨瑶,2021)。

第二,新闻社群的规范作用可以促进新闻用户获得更强的新闻分享动力。一方面,用户的新闻分享主要受到社群好友所分享新闻的有用性和新闻情感的积极性的调节。如果新闻内容对于新闻用户更有用,他们可能会持续分享新闻内容;如果新闻内容更具积极情感元素,用户也更有可能分享这些新闻内容(Kim, 2021)。另一方面,新闻社群能有效地推动新闻用户满足自身分享内容的目标。用户分享新闻内容主要出于两个目的,即满足自身生活的需求与展示自身的态度和观点。新闻社群既能满足用户对新闻内容的需求,也能满足用户新闻分享的目的。首先,同属于一个新闻社群的用户大多具有较为相似的趣味。这导致他们倾向于主动在新闻社群中寻找新闻内容,以满足自身的生活需求,并且他们的需求也能在新闻社群内得到满足。其次,新闻社群能有效地回应用户对于自身观点的呈现。鉴于他们生活趣味的相似性,社群内的用户大多能就同一问题展开辩驳与互证。当有新闻用户展示自身的价值与观点时,其他用户将展开讨论与回应。这为新闻用户提供了积极的精神支持,能满足用户展示自我形象的需求。从实践上来看,如果新闻内容能提供较强的实用性,新闻用户就会更乐于分享。这种分享的目的是双向的,即用户既试图通过分享新闻来满足自身生活的需求,也尝试通过分享新闻为朋友提供某些生活信息。基于此,同一新闻能在新闻社群之间产生短暂或持续的分享行动。这些分享行为大多出现在数字社交平台上。

第三,新闻社群对于虚假新闻的纠偏作用十分明显。当新闻用户分享虚假新闻时,新闻社群内的其他用户会主动指出新闻的不可靠之处,在社群内部完成对新闻内容的纠偏。在过去十年间,假新闻不仅在政治事件中发挥着令人咋舌的影响力,也影响着用户的日常生活体验(王巍,2021)。假新闻的流行受到互联网结构的网络状分布与原子化的新闻接受行为的影响。一方面,社交媒体的网络状传播结构能促进便利的访问和快速的传播,为假新闻的传播提供了最基本的逻辑和天然的优势。另一方面,植根于网络结构的新闻用户本质上是原子化的个体,他们的信息接受逻辑是孤岛式的,他们在理解的过程中容易受到广泛传播的观念的影响,从而推动观念态度的极化。有研究表明,长期接触虚假新闻的用户更容易受到假新闻的影响,或更容易与虚假账号互动(Mocanu et al.,2015;胡杨、王啸,2019)。针对这些用户行为的纠偏就成为新闻社群的一项重要举动。用户主动参与新闻纠偏,主要出于自身的感知责任与预期效果(Ziegele, Naab, & Jost, 2020)。新闻社群中的纠偏行为由多人参与。一般来说,虽然新闻社群中的纠偏行动并不涉及激烈的政治斗争,但对于同一新闻的不同看法却往往表明新闻用户归属于不同的阵营。

第四,新闻用户的生产性活动还包括在线的新闻撰写与讨论(如标签运动)。相关研究或探讨新闻内容对于用户参与行为的激发作用,或探讨新闻用户如何在集体行动中表达自身意见(刘晓燕,2017),但这些行动都指向同一逻辑,即集体性新闻形态已经在新闻用户的数字新闻生活中发挥着积极的组织作用。新闻社群对用户生产内容的组织作用表现在帮助用户确认社会身份和为用户提供情感支持上。社会身份和情感元素是用户参与集体行动的核心动力环节(Chan,2017)。一方面,用户可以根据自身所属的新闻社群进行自我分类。这种心理联系可以保证用户保持自尊,并以此对自己的行动逻辑作出更加积极的评价。在新闻社群内部的身份确认能够提升用户的集体行动意愿,并将假想的对手作为新闻生产的主要对象,尤其是当新闻事实涉及性别不平等、教育问题、医疗问题或种族问题时。另一方面,用户的情感表达在新闻社群中可以获得其他用户的支持,这为用户带来积极的情感支持。诸如愤怒或自豪等情感反应总是会与新闻社群内部的情感支持相联系,进而促成用户之间的良好社交关系。综合来看,新闻社群能促进用户的集体性新闻生产的原因在于,新闻社群本身就是一个价值交换与情感确认的场所。用户可以在社群内部确认新闻事件的真实性,确定集体行动的直接后果,明确自身的身份立场。所有过程都是在新闻社群内部完成,并推动用户产生更强的主观认知倾向和能动性,以获得更强的新闻生产行动的可能性(唐嘉仪,2019)。同时,社群内的社交关系也为用户提供了新闻参与的规则与限制(吕鹏,2017)。

本研究对上述新闻社群的定义及特征的梳理表明,新闻社群是由广泛的新闻用户联结组成的虚拟群体,对用户的新闻参与行为具有多维度的促进作用。研究者需要立足于具体的经验材料,对用户新闻参与行为中的社群机制进行更加详细的剖析与归纳。

三、作为阐释社群的新闻记者与新闻用户

上述社群的代表性形态是新闻记者与新闻用户的互动。从芭比·泽利泽(Barbie Zelizer)的"阐释社群"概念出发,可知新闻记者与公众的差别并非简单的专业人士与非专业人士的差别,而是某一共享各类职业规范、信念与例程的社群与社群外人员的分别。在泽利泽看来,共享的经历与

观念推动着新闻记者奉行一致的专业意识形态和报道的一般程式,并以文化权威的身份与公众进行结构化的、严格限定的、在很多时候是不平等的对话(Zelizer,1993)。因此,新闻权威源于记者群体基于共享经验的专业化阐释实践,其中最为重要的就是对新闻生产的垄断。随着新闻阐释活动的语境和共享规则的改变,既有的新闻权威体系日渐动摇,引发了学界针对阐释社群及其所占据的新闻权威的一系列反思与拓展工作。有学者尝试从边界工作(boundary work)的视角出发,描摹新闻业的阐释社群如何通过驱逐"越轨者"来持续维系自身的文化权威;还有研究认为,阐释社群的边界极不稳定,因为记者既是社群成员,也是有高度能动性的个体,对自身的形象、角色定位和职业规范都有清晰的自我认知,这让阐释社群本身呈现出"被建构与想象"的色彩(陈楚洁、袁梦倩,2014;白红义,2015)。

在考察具体现象时,受制于新闻业内部生态的复杂性和加诸全行业的制度框架,将记者视作均质的专业性群体加以考察的研究路径有显著的局限性,上述阐释社群与新闻权威之间的稳固关系也受到质疑(张志安、甘晨,2014)。马特·卡尔森(Matt Carlson)提出,在数字媒体环境下,新闻权威并不为新闻讲述者所单独占有,而作为一种权变关系(a contingent relationship)由新闻业所有行动者之间的关系决定,因此,新闻权威的构建是各类行动者共同竞争的过程(Carlson,2017)。与这种认识相似,有学者指出,随着新闻行动者的知识交换实践的转型,新闻权威的关系基础不断受到挑战。这导致数字时代记者的新闻权威话语构建实践发生了巨大的转变(彭剑、江浩,2023;Vos & Thomas,2018)。具体到中国语境下,有研究指出,数字新闻生态催生的专业记者与其他行动者之间的身份张力也给新闻权威的构建机制带来显著影响,因此,构建新闻专业权威的方法论及连带的职业规范与生产机制仍有待明确(王辰瑶、刘天宇,2019;夏倩芳、王艳,2016)。

从阐释社群理论出发理解数字时代记者与受众(用户)的关系,我们必须先厘清一个核心问题:两者的边界究竟在多大程度上是清晰的和不言自明的？长期以来，对新闻业的边界工作的讨论普遍以记者职业化的阐释活动为中心，较为忽略"边界之外"的普通新闻用户内部分散且碎片化的新闻阐释活动。这一倾向在数字时代显然亟须得到修正。不少研究者强调，以用户为生产和阐释主体的新闻意义流通机制早已获得某种主流性，如普遍存在于社交媒体上的用户生产新闻。同时，在网络群组中，意见领袖与少数主动的信息扩散者始终主导着群组内部的话题生产与传播(刘鹏，2019；张嫒、文霄，2018)。当然，这些主要由用户构成的社群可能与真正意义上的公共社区相去甚远，但其在凝聚共识、激励行动等方面具有突出的效用，发挥着一定程度的阐释社群的功能。

本研究对新闻记者与普通用户组建的新闻阐释社群的考察，主要有两个方面的考量。第一，既然阐释社群理论的文化分析视角将新闻视作一种意义载体，那么其核心关注点便不是新闻机构的组织构成与生产机制，而是具有阐释权的行动者的文化主动性(陈楚洁，2018)。这提醒我们关注和解释数字新闻阐释社群这一不再被记者垄断的新闻流通形态如何行使其阐释权利以维系身份认同、构建文化权威。第二，当代的阐释社群理论也强调阐释实践不仅包括正式的新闻生产活动，也包括非正式的新闻讨论活动。这些新闻阐释活动均由社群成员通过调用、配置各种文化符号的方式来完成。因此，一种微观的、互动的分析方式对于我们理解阐释社群的运作规律大有裨益。

虽然数字新闻业生态下的行动者利用前沿技术获取信息来源、提升传播效能，甚至基于各种新的阐释实践不断探索构建新的文化身份已是一般性趋势，但学界对于特定平台或中介(如即时通信工具)所扮演角色的准确解读仍不充分(Djerf-Pierre et al., 2016)。与公开的互联网服务相比，即时通信工具的一个重要特征是能提供亲密感，从而吸引用户开展新闻讨论活动(Gil de Zúñiga et al., 2021)。有研究发现，群组内的新闻接受和阐释行为与群组成员对人际关系的维护行为之间存在交叠与融合。一方面，即时通信群组允许用户的新闻经验在私人议程与公共议程之间灵活切换，这在很大程度上给其带来议程可控的安全感(Valenzuela et al.，2021）。另一方面，群组内部人际网络的动态发展与群内成员表现出的新闻素养关系密切，不加分辨地轻信和分享真实性可疑的新闻会导致某一成员失去其他成员的信任。同时，群组成员总是基于自身经验与对其他成员的信任程度来判断新闻的可信度，并据此在日常人际交往中建立边界（Waruwu et al.，2021）。因此，作为阐释社群的即时通信群组实际上发挥着讨论新闻与维护人际关系的双重作用。

至于网络群组中专业记者与普通用户的交往行为，有研究者将其置于一种被称为"互惠新闻"（reciprocal journalism）的框架下加以讨论（Lewis，2014）。概言之，对于新闻记者而言，融入受众、成为网络群组的一员可以令自己接触某些独特的信息来源与第三方意见，对其新闻生产活动有所裨益；对于普通用户来说，新闻记者原有的专业性作为一种被广泛承认的"文化遗产"无疑是良好新闻素养的标识，因此，接纳记者成为群组成员可以帮助自己获得更好的新闻接受体验。记者与受众（用户）间的互惠交流模式介乎私人领域和公共领域，因而被称为"中观新闻空间"（meso news-space），但其实践与理论潜能仍有待更深入的辨析。

中国本土的即时通信工具往往集成多种不同的信息传播功能，拥有更为复杂的内部生态，例如微信同时具有公众号、微信群、朋友圈与一对一聊天等多种交互方式。这些交互方式共同遵守微信平台的总体规则，也形成了各自的圈层文化和沟通模式。这意味着微信用户可以更为灵活地游走于私人化与公开化的交流场景，同时从推荐算法与不同类型的社交网络中获得新闻，形成更为综合、更加细腻的新闻体验。以微信为代表的主流即时通信工具因深度嵌入日常生活的各个场景而呈现出显著的基础设施化趋势，基于微信群组的新闻接受活动也日益与用户在日常生活中的知识获取、人际互动和社会行动相嵌或融合。有研究指出，以微信群为场景的新闻分享与讨论行为以类似"仪式"或"狂欢"的形式不断塑造着用户的身份认同与社群归属；从阐释社群理论出发，微信等平台也为记者与普通用户协同阐释的实践机制提供了机制和文化支持，并不断塑造着一种专属于数字时代的多元化新闻共同体（郑满宁，2018；朱春阳、毛天婵,2022)。总之,以即时通信群组为"容器",由记者和普通新闻用户共同构成并维系的阐释社群,对于我们理解数字时代的新闻业究竟拥有一种什么样的文化和其指向何种形态的信息文明有显著的理论价值。

第二节 资料收集

一、研究问题

本研究采用的主要理论框架是阐释社群理论及其当代拓展。这一理论的核心观点包括:专业新闻从业者(及数字媒体生态下的其他新闻行动者)主要通过各类正式与非正式的阐释实践来锚定身份边界,并塑造文化权威;阐释者共享的新闻经验与专业观念为阐释活动的一般性意义生成和传播机制设定了基本的认识论框架;在社群内部成员异质性较高、新闻素养参差的情况下,对于共享意义的追求会体现出内部协商的特点。

基于上述理论认识,本研究尝试通过描摹和解读新闻记者与普通用户通过微信群组进行日常互动与观念协商的实践,探讨数字时代新闻阐释机制的新特征和理论意涵。因循数字新闻研究当下的学术脉络,本研究先明确这一理论化工作的两个观念前提。第一,数字媒体的基础设施化为包括记者和普通用户在内的所有新闻行动者设定了新的行为准则。作为基础设施的一部分,即时通信工具不仅给阐释活动带来了便利性与连贯性,更使其获得了某种日常性。因此,数字时代的阐释涵盖普遍而广泛的新闻讨论环节,而非专指新闻生产行为(胡翼青、郭静,2022;白红义,2018)。第二,新闻记者如何借助文化、话语、叙事来塑造身份是新闻权威构建的核心议题,但在数字媒体生态下,日常生活须臾不可缺少的新闻阐释活动因与人际关系网络的紧密捆绑而体现出鲜明的情感化特征。因此,数字媒体用户对新闻意义的阐释不仅出于对合理性解释的追求,更旨在满足自身的心理和情绪诉求。

本研究尝试通过一项质性研究设计,对"基于即时通信群组的新闻阐释实践是什么"这一核心问题作出回应。这一问题可被细化为以下三个具体问题:研究问题一,在即时通信群组内,专业新闻记者与新闻用户的关系为何?研究问题二,基于即时通信群组的新闻阐释实践主要呈现为哪种形式?研究问题三,即时通信群组内新闻阐释成功与否的主要影响因素是什么?

二、研究方法与研究对象

本研究主要采用会话分析辅以半结构深度访谈的方法,对基于微信群组的新闻阐释实践进行微观层面的考察。从影响力上看,微信是中国用户最多、使用场景最广泛的即时通信工具,已经成为数字媒体用户获得新闻的重要渠道(匡文波,2019)。已有相当数量围绕微信的专门研究,为本研究的展开提供了基础。

发轫于20世纪60年代的会话分析(conversation analysis)方法是研究微观互动行为的代表性质化方法,在社会学与语言学领域应用广泛。与话语分析等较为侧重宏观和历史视角的研究方法相比,会话分析更加重视日常生活情境下的交流规则,强调将语言视作一种互动实践(而非简单的交流方式),主张通过系统分析人类日常会话的组织序列来呈现人际互动的秩序性(吴亚欣、于国栋,2022)。此外,会话分析方法也主张在微观层面的个人会话与广泛的社会文化要素之间建立关联,通过探讨人际互动中自然语料的会话顺序、语音特征、停顿间隔等语言特征,来推演、归纳一般性的社会行为规范。其中,最典型的应用就是探析特定的会话结构所蕴含的社会秩序线索。近年来,随着整个日常生活与文化的数字化,在线会话(online talk)也被学界纳入分析视野,被用以理解网络用户的身份展演、社区构建、故事讲述等日常意义生产行为(Paulus et al., 2016)。从该方法现有的发展来看,对于在线会话的分析十分重视线上交流文本的会话序列,以及标点符号与表情符号的使用等语言学特征,并注意辨析线上会话秩序与现实社会中文化秩序的对应关系。本研究选择这一方法的适切性在于，微信群组内部的交流和新闻阐释活动在多数情况下都以日常会话的形式进行；对较长时间段内的在线语料进行会话分析，能避免截面数据的偶然性，令研究者能更准确地把握社群内的交往规则及新闻阐释实践的具体机制(Steensen, 2014)。

不过，任何方法都有其局限性。由于会话分析仅着眼于既有会话资料中的序列特征，无法探知参与者的意愿、情感与态度，因此，本研究同时采用半结构式深度访谈作为补充方法，以丰富质化资料的构成维度。具体而言，在研究过程中，研究者在上述微信群组内部公开招募参与者进行访谈，最终征集到共 22 位受访者。对于访谈所获资料，本研究使用主题聚类方法进行分析。

第三节　资料分析

通过对访谈资料进行分析，本研究获得了对数字媒体生态下用户新闻参与行为中的新闻社群机制的主要认识：新闻社群扮演着一种半公开的新闻空间角色，这种特征联结了用户的私人生活与公共生活，为用户获取知识与寻求情感支撑提供了基本的场域。用户在新闻社群的作用下的焦点在于社交性，即对社交关系的重视超过了对新闻本身的理解。在这一逻辑的支配下，用户采取的新闻转发、评论和生产等活动都是为了自我展现。这促使一种与用户形象紧密相关的意义生产结果生成。

本研究的基本发现是：在微信群组内部的交际关系上，专业新闻记者和一些拥有特殊经历的普通用户扮演了专家的角色，群组内的新闻阐释因而形成专家与普通用户的基本会话关系。在会话结构上，包括身份恭维型、情感确认型、规则伸张型等在内的典型会话表明新闻阐释活动具有明显的日常性。但是，新闻阐释在大多数情况下并非群组内会话的终极目标。如果群组内的消息无法满足用户的阅读兴趣或社交需求，普通用户就会选择断联。

一、微信群组的内部交际关系

研究问题一尝试回答即时通信群组内成员的关系问题,操作化为微信群组内的会话关系。研究发现,微信群组内成员开展的互动行为受到既有知识权威的显著影响。一个代表性现象是,新闻用户在相当程度上对有专业背书的专家成员保持信服,专家角色往往由同为社群成员的新闻记者或一些具有特殊经验的用户充当。

在会话分析中,不难发现在微信群组内的新闻分享、评论与阐释活动中,记者通常扮演着会话发起者的角色,或被其他成员指定为发言人。"发起"与"被指定"体现了阐释活动的秩序性。专业记者或许不是最初将新闻内容(形式通常为网络链接)分享到群组中的人,却会根据自己的从业经验或新闻内容的生产流程解读它们,或者提供新闻事件的背景信息,因而总是会得到相当数量的积极回应。在多数情况下,由专家发起的会话会为后续的交流活动设定具体语境,限定会话的议程,抑制群组内交流中极易出现的散漫倾向。

会话分析也表明,专业记者并未在微信群组内获得以专业话语为核心的稳固阐释权威。这主要是因为其他普通成员在一些情境下也会获得专家身份,他们的用户中心阐释框架会对记者成员的职业化框架构成对冲。例如,某些用户往往会借助"@"功能指定展开后续对话的参与者。这一指定行为的基本逻辑是鼓励具有特定生活经验,尤其是与目标新闻议题相关的生活经验的用户成为专家,也就在具体的会话语境下赋予了他们主导阐释活动的权力。

一般情况下,在参与新闻阐释活动时,无论是专业记者还是普通用户都会保持审慎表达的自觉,其主要意图在于尽可能避免与大家普遍认可的专家产生直接冲突,从而维持微信群内的良好关系。例如,在访谈对象S22看来,这种选择主要是由于"都是朋友,又不是什么本质的价值冲突,因此没必要在这种事情上发生口角"。

二、微信群组内的典型会话结构

研究问题二主要关注即时通信群组内的代表性新闻阐释形式。在会话实践中,群组成员会采取一些具体的会话结构,使群内专家占据的知识权威与普通成员日常生活经验相接合,保证阐释活动的顺畅开展。其中,普遍的会话结构主要包括身份恭维型、情感确认型与规则伸张型三类。前两类围绕着具体的新闻讨论开展,第三类则与群组存续关系密切。

第一,身份恭维型会话。这种会话类型以群内普通用户的"恭维"和专家的"谦虚"为主要构件,以此塑造群组内讨论的隐形规则和交流惯例,为带有一定结构色彩的、有效的新闻阐释提供了良好氛围。由于既有的会话内容能为其他会话参与者设定基本的序列语境(sequential context),因此,日常的身份恭维型会话的一个重要结果就是建立专家权威,但这种权威的占有者具有临时性与随意性。正如访谈对象 S19 所说:"一两句话的事,而且大多数人其实都是随手发个表情包……主要是为了表示一下……表示尊重。也算是一种鼓励吧。有时候看到有争议的文字大家会讨论得很深入。"

第二,情感确认型会话。一般来说,专家与普通用户的在线会话具有较为明显的情感展露倾向。群内成员会主动使用微信平台自带的表情包、表情符号和时下流行的各种情感词汇来推动群内会话的顺畅开展,使得新闻阐释活动可以为人际关系的拓展而服务。这种互动既能保证情感倾向的互相印证,也能推动会话冲突时群内成员彼此包容。这种共同的情感展露行为使会话参与者共同进入一种稳定的情感状态,进而为不同的参与者确认立场提供可能性。从这一点来说,亲密的社群氛围也在一定程度上淡化了专家的知识权威色彩,使新闻阐释的过程具有人际关系层面的重要性。这印证了新闻与情感研究领域的一个成熟观点,即情感在网络群组新闻分享与讨论活动中扮演了生态性而非工具性的角色(Kalogeropoulos, 2021)。

第三,规则伸张型会话。微信群组内成员围绕新闻事件所展开的会话必须依托某些共同享有和遵从的规则。会话分析表明,微信群组内普遍存在一类围绕着群内会话秩序的规则伸张型会话结构。专家与普通用户的对立身份在这类会话中并不凸显,而规则伸张者的身份都是"群内好友"。规则伸张型会话的特征是,微信群组能形成较为统一的表达风格与情感状态。基于此,成员能形成一种较强的联结感,为他们进行观点的交换创造了稳定的会话空间。例如,访谈对象 S11 表示:"都是自己跟比较熟悉的朋友在聊天,所以肯定不会藏着掖着,基本上是想到什么说什么。……太过分的人……会被踢出去。"

三、新闻会话响应失败的原因

专家与普通用户的会话实践并非始终畅通,断联也是微信群组内的常见情况。研究问题三即关注这一现象。断联的发生通常包括两种情况:第一,物理断联,即用户不可能始终保持在线;第二,心理断联,即用户出于不赞同、不支持的态度,或迫于某种群体压力而主动选择不响应阐释活动。两者的关系其实非常微妙,心理断联是群组成员不响应群内新闻会话更常见的原因,但出于对人际关系的维护,选择不响应的用户往往会以物理断联作为公开的借口。由于对断联方式的选择关乎用户的情感和动机,因此,这一部分的经验资料主要通过深度访谈获得。经过对访谈资料的分析,本研究发现,群组成员选择断联的主要原因往往不是出于对专家权威的抵触或反对,而是源于其自身的新闻阅读兴趣与社交需求。

第一,只有在群内的新闻内容与群组成员的日常生活经验有一定程度关联的情况下,他们才会积极地投入新闻会话,即心理上的契合程度是鼓励人们参与新闻讨论的重要因素(杨洸、佘佳玲,2023)。例如,受访者普遍表示,在新冠疫情初期,自己对病毒新变种的出现、地方防控政策的出台等相关新闻有强烈的分享、转发和解读意愿,主要是因为别人的经验能帮助他们规避自己在生活中可能遇到的突发状况。倘若微信群组内存在具有相关经验的专家,群内用户会更加重视他们的观点,并更倾向于邀请他们参与讨论。例如,访谈对象 S05 表示:"我会把这个消息转到群里,然后问问有没有人懂。……也不一定有人能说清楚,但会有人回应就是好事。"当他人分享的新闻内容无法满足社群成员即刻的生活需求时,他们会呈现出较为明显的"潜水"倾向,只是漫不经心地参与讨论或选择断联。在这一点上,专家的参与不会使情况发生明显的改变。大部分受访者都表示,自己所在群组中的记者成员往往会习惯性地转发一些"时事性""突发""看上去很重要"的新闻链接,但在很多情况下响应者寥寥。例如,访谈对象 S12 提出:"有的时候有人转发了我不太懂的新闻,我会觉得没话说,就不接茬了。……大家都会有比较固定的转发偏好。"

第二,从社群成员自身的情况和倾向出发,拥有较低社交需求的成员往往参与群内会话活动的意愿也比较低,因而更经常地表现出断联状态。本研究在访谈中发现,很多成员最初接受邀请加入群组,其实是出于对一种虚拟陪伴状态的情感需求,他们对群内的新闻讨论活动的积极参与更多是出于维系情感而非创造意义的目的。正如前人的研究普遍地将网络群组作为亲密关系的代名词一样,情感互惠(emotional reciprocity)是用户选择参与新闻讨论的重要前提,即他们若感受到自己付出的情感无法得到回报,就会自然而然地选择断联(Matassi et al., 2019)。例如,有受访者表示,当自己转发的新闻链接和发表的观点没有得到受众的积极回应时,他们往往就会在群内后续的新闻讨论中选择"潜水"。访谈对象 S03 称:"在群里经常都获得不了有用的东西,感觉随便聊聊天还行。除了那种有冲突的话题,一般没人回应的话就算了,也不会专门等着。要是一直没人说话,这个群就'死'了。"研究者在访谈中还发现,尽管陷入低社交意愿的用户会选择日常性断联,哪怕社交意愿已经低到需要屏蔽整个群组信息的程度,他们通常也不会退群或删除群聊,而是会持续阅读专家意见,并据此形成自己对新闻事件的判断。这在受到全社会普遍关注的重大新闻事件上表现得尤为明显。例如,访谈对象 S05 表示:"虽然我不太加入讨论,但要是哪天群里突然出现了几百条信息的话,我肯定会点开看看,因为这种一般都是大家有争论。……我比较关注有没有比较懂的人说出来点有用的话。"

四、总结与讨论

本研究认为,基于即时通信群组的新闻阐释活动是一种以专家与普通用户为参与者,以附着于传统新闻职业之上的知识权威为核心话语体系的会话实践。这种实践兼有专业性、日常性、情感亲密性等特征,是一种正在或业已实现常规化的微观信息交往实践。

本研究将这种实践概念化为"关系型新闻阐释"(relational news interpretation),并尝试建立基于这一概念的理论框架。在即时通信群组中,专家的身份通常由专业新闻记者与部分积极的新闻用户共享,后者的权威性往往是从前者的专业话语体系中"借用"而来的。常见的会话结构是:职业记者成员日常性、稳定性地启动新闻阐释议程,并占据社群内部"常设专家"的身份;积极参与再生产的活跃用户和与特定新闻事件有经验关联的用户能暂时地获得专家的身份,借助传统新闻权威塑造个人影响力。"关系型新闻阐释"将新闻记者与新闻用户并置在同一微观语境下,推动了专家与普通用户在"何为优质新闻"及"如何生产优质新闻"等关键专业议题上开展亲密性、日常性的会话,最终实现社群成员以数字技术为基础、以新闻事件为纽带的意义共享。从理论层面来说,这一发现或可拓展新闻阐释社群理论的边界。基于即时通信群组的新闻阐释活动不仅涵盖新闻记者如何采纳权威信源、如何甄别信息类别、如何彰显新闻机构的权威地位等生产策略,也进一步拓展为新闻记者如何在网络群组中建立新的影响力,并与具有特殊经验的用户合作,以推动形成新的专家权威的专业性实践。

基于前述经验资料,我们可以从三个方面理解关系型新闻阐释的理论内涵。

第一,专家与普通用户的亲密关系是关系型新闻阐释社群良性运转的基础,也是新闻阐释的实践目标。关系型新闻阐释建立在群组内良好的人际关系网络上。在具体的会话实践中,由于发言者的身份是其他会话者选择是否回应及以何种方式回应的重要依据,因此,群组内被认定为专家的成员在多大程度上具有阐释的意愿就成为影响新闻阐释活动如何施展、是否深入的关键因素。关系型新闻阐释社群内的专家身份更多是一种基于自身经验和认知框架而形成的个人品牌，始终与社会新闻的日常公共性而非专业知识权威相结合。此外，从经验资料中可得知，会话参与者对于专家的回应往往体现出日常交流而非专业探讨的形式，群组成员间既有的人际关系结构也是影响这种新闻阐释活动顺畅开展的核心要素(Masip et al., 2021)。

第二，即时通信群组中的日常会话是关系型新闻阐释的主要实践模式。正如阐释社群理论所强调的，作为整体的新闻记者是共享专业新闻理念与话语的分散个体，其行动基于特定的价值观念而非特定的组织机构(Zelizer, 1993)。经验资料也表明，微信群组中专家与普通用户的会话实践以日常化、碎片化为主要特征，其开展的典型会话以恭维专家身份、确认同伴立场、维护群内规则为直接目标，最终有助于形成亲密的、有秩序的群内会话氛围。更进一步说，关系型新闻阐释社群依托群内成员对于社会公共新闻的共同关注来开展会话实践。群内用户无论是出于日常信息需求还是交往需求参与新闻会话，微信群组这一交流场景都为其他人提供了将生活经验转变成局部的知识权威的可能性。这种生活经验在阐释活动中的价值由社群内部的既有人际关系网络激发，其社交意图强于阐释意图。从会话结果上看，会话活动因表达手段的不同而具有不同效果，但都有益于群内好友进行持续的非正式会话，最终塑造群组内成员对特定新闻事件的"共享情感体验"。

第三，断联是关系型新闻阐释启动失败的主要表现，也折射出关系型新闻阐释这一概念的解释边界。在微信群组内，成员选择断联的主要原因是自身的阅读需求和社交需求，而非阐释者的专业与否或新闻内容的重要与否。我们不妨借用传统的新闻类型学与新闻价值标准来对此做一更清晰的描述：一个成员选择是否参与群内新闻阐释活动不是基于新闻的"软"或"硬"，而是基于新闻的"远"或"近"。在这个问题上，新闻内容的接近性比时效性或严肃性的权重要大一些。需要强调的是，在对一些全社会普遍关注的重大新闻的讨论中,主流媒体撰写的稿件与专业新闻记者的阐释仍然占据绝对的权威地位。这表明,尽管新闻阐释活动在数字技术的辅助下弥散至日常交流进程,或下沉到具体的生活经验层面,但新闻这种信息产品在大众认知中天然的严肃性和专业性仍发挥着重要作用(杨保军,2021)。固然新闻与其他类型的信息产品共同构筑了用户的媒介生活的"触发器",但传统意义上的新闻权威远未被新的交往规则消解或取代(Swart et al.,2017)。

第四节 进一步讨论

本研究深入考察了由专业记者和普通用户构成的微信群组的内部会话机制和规则,尝试解读数字媒体生态下的关系型新闻阐释实践的发生规律,并期望对传统的"记者-受众"关系、新闻接受与阐释实践、新闻的社会连接与公共角色等理论议题进行反思。从理论发展的角度看,关系型新闻阐释机制的存在表明,数字新闻业正通过与公众建立更加亲密的关系来重新锚定与呈现自身的权威性。新闻从业者需更加重视微观语境下新的新闻解释与理念宣介的实践策略,在日常生活层面拓展数字时代新闻业的影响力与吸引力,以更好地回答优质新闻的传播问题。我们可以从三个方面讨论这一点。

第一,关系型新闻权威的形成。关系型新闻阐释的直接产物就是建立在日常交往结构上的关系型新闻权威。在网络群组中,专家通过使用与普通成员日常经验相符的话语策略提升阐释效能,普通成员也承认专家话语在阐释活动中的主导性,并根据自身的实际生活需求选择会话方式。这意味着在数字媒体环境下,既有的作为知识型权威的新闻权威在微观层面经由一种关系型权威而发挥作用,其作用机制既由新闻记者的职业身份维系,也由以新闻记者为中心节点的人际关系网络构建,即新闻记者借助自己的人际关系网络延续并拓展了新闻权威。新闻记者基于这种关系型权威所开展的各类沟通、协作与传播行动就具有了构建"新型职业共同体"的潜力(王斌、吴倩,2021)。当然,这种新权威结构的稳定性与以往相比是大大降低的,时常会受到受众(用户)的挑战:用户在拥有特定的专业知识或亲身经历时,会部分地、临时地获得这种权威;用户在感到自己的心理或情感预期难以得到满足时,会选择以断联的方式中止新闻接受活动。这促使新闻记者不断通过创新技术工具的使用方式与提升会话内容的更新速率来占有数字时代新闻权威。但毫无疑问的是,关系型新闻阐释意味着一种微观的优质新闻生产观念的诞生。容身于亲密关系的专家得以融合专业身份与个人价值偏向,并在网络群组中开展灵活的新闻阐释实践。这将进一步模糊新闻职业与日常生活的边界,为新闻业带来突破"结构化再生产模式"的可能性(姜华、张涛甫,2022)。

第二,以关系为核心逻辑的新闻学理论创新。关系型新闻阐释实践内蕴着一种基于关系逻辑来对新闻权威进行再理论化的想象。传统意义上的新闻权威是新闻机构和从业者垄断生产活动而自然形成的结果,将新闻权威限定在特定的职业活动的边界之内。在数字媒体环境下,新闻权威具有更鲜明的流动性特征,隐现于包括记者在内的所有新闻行动者的日常性阐释实践之中。这或许意味着新闻业有可能在数字时代突破既有的文本规范,建立起新的意义生产与流通体系。新体系以新闻业在人类与社会的关系、个体与个体的关系中所发挥的关键作用为基础议题,其研究视角也将各类新闻行动者之间及新闻行动者网络与新闻生态之间的关系作为分析单元,探索新闻如何在不同的社会关系中被界定与被生产,凸显出"关系"作为一种新闻价值的重要性。这为我们提供了一种想象新闻学理论创新路径,即关系新闻学(relational journalism)的可能性。换言之,就是将用户与新闻业的良性关系作为潜在理论要素,以探讨新闻业如何有助于社会的进步与健康发展(Lewis,2020)。

第三,作为日常经验的新闻。关系型新闻阐释实践通过普通用户的日常生活经验来实现其意义构建,这启示我们应当以数字社交网络的日常会话机制为语境去重新理解新闻业。数字媒体平台的发展不断消解着传统意义上的文本格式与意义表达规范,取而代之的是多重新闻行动者多元且主动的意义获取需求。这为新闻记者与新闻用户提供了新的行动逻辑。由于用户日益将新闻接受作为一种自我满足的行为,因此,各类数字新闻阐释社群致力于通过共享日常经验建立良好的内部交流关系。在网络群组的日常会话机制中,专家与普通成员的新闻阐释实践往往基于个体层面的良好关系来完成,同时发展出多元会话结构。这些会话结构的共存指向了新闻业重新被信任的可能性,即正是由于专家获得了在亲密的网络群组中与用户个体会话的机会,新闻业才能获得一种基于数字技术的新型权威,进而生产出超越单纯信息传递功能的综合性意义生产机制。对于普通用户而言,数字时代的新闻权威不仅来自机构生产规范赋予新闻文本的专业性,也源于专家对这一专业性的解读与阐释。这进一步推动新闻意义的生产与阐释进入更加基础的日常经验获取层面。

综合来看,关系型新闻阐释实践立足于以即时通信群组为代表的非公共的数字空间,并且对传统新闻专业权威具有一定的破坏。不过,它能更好地接合普通人的生活需求与情感需求,反而间接地指向了一种更有机的公共新闻文化,有可能帮助新闻业塑造一种更有活力的新生态。这为我们反思新闻业的传统社会角色,在新的历史条件下重新锚定新闻与人的生活之间的关系提供了启发。

受议题和一些客观条件所限,本研究仍有较大的拓展空间。未来的研究或可考虑对数字新闻阐释社群的成员进行更加细致的人口统计学(如年龄、性别、地域等)区分,以获得更精确的经验资料。此外,本研究采用用户的视角摹刻新闻用户的会话特征,未来的研究或可更专注于解释记者在数字化阐释活动中的行为逻辑和情感逻辑,以更好地丰富这一议题的理论内涵。

需要进一步讨论的是,数字时代新闻的意义究竟是什么。研究者固然可以认为新闻的意义在于一种作为理念的新闻价值,或在于新闻生产过程中通行的操作规范。而本研究表明,新闻的意义始终是在新闻文本和新闻语境中由用户之间的社交性赋予的。新闻文本的意义由众多利益相关的因素共同决定,新闻记者、新闻信源及新闻机构本身都是新闻意义的决定者。这种由生产者决定的新闻意义自然而然地构成了一种关于职业的知识。当罗伯特·帕克(Robert Park)(1940)将新闻视为一种知识形式时,他不得不将知识的概念从它与技术或专业知识的联系中剥离,将这个术语与永无止境的、总是转瞬即逝的新闻领域联系起来。从这一角度出发,新闻故事的文字、图像和声音都成了新闻生产者意志的延伸,对于新闻事实的考察要始终与新闻记者、新闻机构乃至新闻管理者的意志融合起来,因为新闻的意义本身就是一种社会规范。

社交关系对于新闻意义的生产具有颠覆性意义,因为多边的互动关系可以允许更多样化的公共讨论和协商。这种讨论和协商工作能够使感兴趣的用户广泛参与,最终形成较为一致的行动倾向(张明新、方飞,2021)。这种社交性始终面临诸多复杂的现实困境,尤其是在热点社会事件的发展过程中,专业的新闻记者总是尝试以专业的视角争夺新闻话语权,而不同的新闻用户想要通过某些阐释的过程获得影响力,或立足于真实的表述获得影响力,或提供更多的替代性新闻框架来获得影响力。参与者在新闻传播生态中分别扮演着不同的角色,并最终影响新闻生态的变化与多元化走向。容身于新闻社群的新闻用户不可避免地受到其传播框架与意识形态的影响,并不断与自身的价值观念进行比对,形成了融合自身态度与他人态度的、较为中庸的新闻经验。这就是新闻经验的合法化过程。无论用户接触的新闻内容是否中肯,也无论其发布的新闻评论是否偏激,他们始终都是在与其他新闻用户的相遇和协商中产生话语能量的。

新闻用户的崛起打破了这种逻辑。用户的行动和生活方式为研究者理解新闻文本提供了更多具体的、可供阐释的意义模块。这种意义植根于用户本身的日常交往,以另一种逻辑统领着用户对于新闻文本的解读与阐释工作。用户的社交活动的复杂性与多变性也强调了语境对于意义生产的重要性。新闻用户在数字新闻生态中扮演着主动的角色,意味着新闻机构与新闻用户的关系始终处于"正在驯服"的过程。专业的新闻机构在发布新闻内容时，其内容解释权总是会受到不同个体的重新表述。新闻用户接触的新闻既混杂着原本的新闻内容，也包含其他新闻用户的观点与态度。从这一点上来说，新闻机构与其他用户都发挥着重要的把关者的作用。如果研究者将新闻机构视作规范化的新闻群体，新闻用户就是一个不遵守新闻规范的用户社群（Braun & Gillespie, 2011）。"不守规矩"的群体在数字时代为新闻业的社会化带来了不确定性，用户本身的逻辑成为新闻意义的来源。

数字时代新闻的语境远不止上述情况，随着数字技术和人工智能技术的加入，新闻故事本身和语境变得更加新颖，也更加去规则化。研究者需要在社交媒体中重新理解新闻机构与新闻用户的关联，以及新闻意义的新变化。虽然传统的新闻研究始终要求重视新闻用户，但这种重视是将新闻用户作为被呼吁、被唤醒、被感染与被重视的对象。然而，数字时代的新闻用户已然成为一个主动的群体，或许在新闻素养方面参差不齐，却在意识形态和价值逻辑方面拥有独立的判断力与决断力。虽然"回音室效应"确实存在于当前的新闻生态，但它在用户生活会中所发挥的作用是有限的（Bechmann & Nielbo, 2018）。新闻的意义不再是由某一专业群体去启发大众，而是代表大众的意志与偏好。这是数字时代的新闻业的基本逻辑之一。

这种立足于用户主动性的新闻逻辑进一步改变了新闻用户与新闻业的本质联系，成为新闻创新的核心着力点（王辰瑶，2020）。新闻空间能促进新闻用户主动参与新闻的接受过程，作为新闻生产者的专业新闻记者也能积极地与新闻用户产生互动，形成多维的信息交换。这促进新闻记者与新闻用户共享信息和价值观，推动参与式新闻的勃兴。用户是否为了提升新闻的公共性，才决定参与新闻社群的行动？换句话说，用户能否感知自身的行动对新闻生态的构建具有积极的影响？答案是肯定的。本研究发现，不只是专业新闻记者会为营造良性的新闻生态而努力，普通新闻用户同样能意识到良性的新闻生态对于自身新闻参与实践的积极影响。同时，用户也在一定程度上认识到，数字新闻业的不同行动者具有不同的角色或不同的曝光度,这或许会在更大程度上影响新闻生态的发展。然而,个体的力量总是相对微弱的。这也是用户总是积极寻找和融入新闻社群的一个原因——他们期望通过某种集体策略放大自己参与行为的影响力,追求更显著的新闻意义。研究者须将用户视作公民而非大众,他们不仅是社会成员,更在有意识地推动社会的良性发展。用户不仅是信息的接受者和消费者,对公共性价值的追求始终内嵌于新闻用户群体的集体意识,哪怕并非每个人都对何为公共性持有相同的标准。

第十章

重新定位数字新闻用户研究

本书通过一系列针对数字媒体生态下用户及其新闻参与机制的理论探索和经验研究，在历时性层面解释了介入性观念给主流新闻业态带来了何种挑战，在共时性层面描摹了用户的新闻参与机制，并对数字媒体生态下用户的新闻卷入、新闻体验与新闻社群三种核心行为逻辑的作用机制展开了广泛而深入的探索。

本书认为，数字化既是驱动大众全面参与新闻活动的基本动力，也是全球新闻实践与业态转型的基本线索。数字技术深刻地塑造着个体的新闻经验及个体借由新闻参与行为形成的认识论和价值观，呼吁新闻学理论体系和研究路径的革新。在转型的关键时期，用户及其能动性是一个基础出发点，为本书展开数字新闻学理论研究提供了观念前提。

在理论发展方面，本书尝试说明从由用户的情感主动性出发，研究者得以在总体上回答"数字新闻的内涵是什么""数字新闻学研究的核心路径是什么"等问题。对这些问题的讨论有助于研究者反思经典新闻学框架在数字时代的解释力问题。总体而言，本书以中国本土的一手经验资料为基础，顺应了全球新闻学理论体系的生态转向和情感转向等趋势，并原创性地提出了分析数字媒体生态下用户新闻参与行为的基本框架。本书涉及的研究概念、研究问题与研究进路通过对数字新闻用户及其新闻参与机制相关问题进行规范的研究与充分的思考，尝试在学科发展、学术观点和研究方法三个层面实现创新。

首先，在学科发展上，本书以新闻用户及其新闻参与机制为核心研究对象，以有关用户的长期为经典新闻学理论所忽略的概念为中心，重新组织对新闻学概念和研究体系的理解，为数字新闻学范式的发展作出贡献。具体而言，本书摒弃传统新闻学研究文本中心、职业中心和生产者中心的认识论，而以使用者与数字新闻生态的关系为基本分析单位，探索技术在新闻用户的行动逻辑中扮演的角色，建立完整的技术分析框架，重新界定人类新闻实践的社会历史角色。在观念上，本书主要基于技术可供性的视角，融合与新闻传播现象相关的多学科理论资源，包括新闻学、传播学、舆论学、心理学、社会学、哲学、科学技术研究等，以避免单一学科视角可能带来的简单化和还原论问题，探索建立以经验为中心、以解释为目标、以公共性为价值指向的新闻用户研究体系。

其次，在学术观点上，本书的主要研究思路在很大程度上建立于反思学界对技术分析的轻视和对技术决定论的警惕的基础之上。在业已明确数字化是全球新闻业演进与转型的基础推动力的情况下，对技术分析予以充分重视、形成一种真正尊重历史规律的技术哲学观，是新闻学理论发展的必由之路。本书的主要内容就是通过解析由数字技术发展带来的诸种新的可能性，探索高度日常化、可见化的情感是如何深刻介入并支配新闻接受过程的。从历时性的角度看，传播技术的进化实际上以不断激发、释放和放大人的情感能量为重要线索，只有明确了技术的这种强大潜能，研究者才能在对新闻用户的行为进行理论化的过程中实现历史与逻辑的统一。

最后，在研究方法上，本书采用思辨研究与实证研究相结合的研究设计。任何单一方法都无法实现对数字媒体生态下用户的新闻参与行为的完整性和系统性考察。本书的设计以准确地解释研究对象为目标，在具体的研究过程中灵活采用适切的推论思路和资料搜集、分析方法。本书在资料收集环节采用焦点小组访谈与半结构式访谈方法，在资料分析环节采用扎根理论与主题分析方法。总体而言，本书的方法论是质化的、解释性的、反思性的。

基于前述各章的讨论，从用户在日常生活中的新闻参与经验出发，本书归纳出以用户为中心的一整套理解数字新闻生态的概念体系。这个概念体系大致由三部分内容组成:第一,数字新闻生态催生并培育了用户的新闻参与行为,这种行为与新闻生态进行着持续不断的互动,动态地构建数字时代的新闻业态与文化;第二,新闻卷入、新闻体验与新闻社群是数字媒体生态下用户参与的基本机制,情感主动性则是用户新闻参与的基础逻辑;第三,以用户为中心的数字新闻业形成了一种以介入性为内核的文化框架,这种文化重塑了新闻与人、历史与社会的关系。

据此,本书的基本结论包括三个部分。首先,数字媒体生态下用户的新闻参与机制由新闻用户的情感主动性出发,最终结果是具体的新闻参与行动。其次,在情感主动性和参与行动之间存在新闻卷入、新闻体验与新闻社群三种机制,具体体现为用户在自身情感主动性的驱动下,借由新闻卷入、新闻体验或新闻社群中的一种或多种路径,完成具体的新闻参与实践。这是一个完整的"感知-行动"过程,受到用户本身的社会文化属性特征和新闻内容的文本与叙事特征等要素的激发,呈现为复杂的具体行动体系。最后,新闻用户通过主动的参与性实践,重构主流新闻认识论,为数字新闻生态赋予了介入性的价值理念,从而允许新闻业更加深入地嵌入社会变迁。

第一节 数字新闻用户的情感主动性

本书发现,基于日常生活经验的情感主动性是用户参与新闻行为的核心驱动力。人的情感主动性是一种源于生活经验的、动态的认知与情感结构,是新闻卷入、新闻体验与新闻社群三种核心参与机制的逻辑内核。本书通过解读情感主动性的作用方式,尝试探索人与人之间借由新闻参与而形成的关联性。

一、情感主动性的内涵与作用机制

数字新闻用户的情感主动性先于新闻参与机制存在,并支配着整个新闻参与活动。情感主动性的具体表现形式包括用户的卷入主动性、体验主动性与社交主动性，在一定程度上是新闻接受主动性这一术语的进一步概念化。第一，在新闻卷入机制中，认知卷入与情感卷入都是理解用户与新闻内容之关联的重要进路。这两种进路不可分离、各有侧重。例如，对于专业知识相关的新闻，用户更倾向于采用认知卷入机制理解新闻内容；对于与党派倾向相关的新闻，用户更有可能采用情感卷入机制理解。用户选择何种卷入机制的关键点就在于情感主动性。第二，情感主动性也是研究者理解新闻体验的有效切入点。新闻体验是一种植根于用户日常生活的心理反应。在日常生活中，用户在情感与认知层面的满足感是他们获取新闻的核心动力，用户的体验主动性推动着他们的新闻接受意愿。这种满意度或来自用户对新闻频繁地、长时间地接触，或来自用户在新闻中获得的沉浸感。虽然外在的指标（如使用时长）不能完全与用户的新闻体验画等号，但融于其中的情感主动性始终与新闻内容接受过程中的技术属性和情境特征保持紧密互动。这是研究者理解新闻用户体验维度的重要进路。第三，基于新闻社群的在线的信息获取行为能为用户带来认知与情感维度的社交满足。新闻内容给用户带来的情感反应可以广泛地与用户生活的各个方面联结起来，有助于用户社会资本、个人表达机会和知识的增加。

情感主动性的基本作用方式是个体主动性对知识结构、价值框架与情感状态的追求。解释情感主动性在日常生活中的作用机制是本书的一个研究重点。本书以情感主动性在用户行动图谱中的角色为核心，尝试在用户的日常新闻参与行为中理解人们的情感唤醒、认知反应与意愿生成的基本规律，并反思新闻学理论与方法论的发展方向。正是由于个体与社会之间的关系的复杂性，用户才能够在日常新闻接受行为中同时调用认知、价值与情感框架。新闻用户的情感主动性并不是一种"前社会"的先验，它源于个体经验，但在运作中超越个体经验，是将人与广泛的社会信息系统紧密相连的纽带，其外部征候集中体现在个体与特定新闻要素相遇时所激发的情感体验中。

本书还发现，数字新闻用户的情感主动性并不仅仅是一种传递的感觉或一种单纯的欢腾状态，而是一种综合性体验。这种体验超越了前数字时代的新闻理解范式，转变为专属于数字媒体环境的新闻体验范式。这当然是因为数字媒体可使用户获得更加强烈的情感体验。新闻自诞生之日起便承担着情感维系的功能，是一种基于所谓"亲密技术"的文化，但这种倾向在新闻学研究中始终未被充分重视。新闻业的深度数字化促使与理性融合的情感力量成为新闻文化的基底，并塑造了以情感主动性为纽带的"情感公众"。数字新闻的话语体系也出现了由情感主动性主导的经验化倾向，"试图将复杂的社会或政治事件转化为个人化、参与式的经历"（Lecheler，2020）。正是由于情感主动性是用户接受新闻的主导性框架，因此，富含情感色彩的新闻内容更具感染力且扩散速度更快，情绪化内容则更容易实现"病毒式"传播。这有着坚实的社会心理基础。

二、情感主动性、新闻业与数字社会

从新闻用户的情感主动性出发，本书得以重新理解数字时代的新闻业态。这是本书的一个主要的理论创新。情感主动性是新闻用户与新闻业产生联系的重要机制。与传统新闻业相比，数字新闻业最显著的特征就是强化了情感动力的组织力量。正是基于对情感主动性中"情"与"理"的复杂关系的辨析，研究者才得以重新认识在人类新闻实践中长期以来被遮蔽和忽略的情感因素的重要性。面对抽象而模糊的情感概念，学界尚未形成规范化的概念体系，而是或将其视作对理性的反思，或将其视作身体性的代名词，或将其视作社会文化结构的固定组成部分。但是，一种观念突破业已形成，即情感作为一种支配新闻实践、组织新闻业态的基础性力量，是日益以用户为中心的新闻生态构成、流变与演进的基本逻辑。在某种程度上，用户的情感主动性就是构成数字新闻的新闻性和数字性两个范畴的连接点。对情感的一般性理论化或将重塑我们的普遍新闻认识论。例如，在数字时代，传统意义上硬新闻与软新闻的分类不再有意义，因为一切新闻都是在以特定的方式接合用户的情感主动性。基于这样的认识论，新的新闻类型学，即以用户情感体验为核心指标的分类法，得以建立起来。因此，一个更具启发性的视角是将用户的情感主动性视作一种关系生产的机制，明确这一机制如何塑造了数字时代的新闻业态。由于情感主动性的存在，用户总是在对关系的创造和维系中积累生活体验。

此外，情感主动性理论的提出也意味着我们对新闻用户的研究超出新闻学范畴，与更广泛意义上的信息生活与数字社会展开了对话。在数字社会中，人与人的关系因技术的赋权而呈现出新的面貌。数字媒体为人们提供了接入外部世界的丰富可能性，人们可以凭借普及化发展的移动互联网终端便捷地进行交流与表达。以社交媒体为代表的数字信息平台依赖用户的社会关系实现了信息的网络化传递，数字技术提供的互动性功能维持和加强了既有群体之间的联系，并创造了新的群体。在这一视域下，数字新闻不仅能为用户提供有用的信息，更是他们与所处的群体及更广的人际网络进行联系和交流的基本方式。一方面，人与人形成的社群不再以亲缘和业缘为主导型关系，包括新闻社群在内的各类兴趣社群为人与人的连接提供了更丰富的可能性。这种连接固然有暂时性、偶然性的特点，但其对传统熟人社会结构和陌生人社交方式的破坏，也为新的文化与意识形态的出现创造了条件。另一方面，基于新闻经验形成的人与人的关系拥有一种去中心化的网络状结构，人在信息社会中的身份有了更加丰富的维度，每个人在特定的关系中都拥有特定的社会身份。这些身份因情感的细腻和易逝性而充满流动性，为新的自我意识和人本主义的形成奠定了基础。简言之，数字社会未来的发展将日益植根于人在数字新闻（信息）生态中形成的自我认知和人际关系。

第二节　介入性与数字新闻价值体系的重建

在数字媒体生态下，用户成为情感丰沛、行为便利的新闻参与者，在价值维度上重塑了研究者对新闻与社会关系的认识。一种以介入性为核心理念的价值体系在数字新闻生态下得以形成，并持续合法化。这一价值体系反思传统新闻业的客观性，在观念上为新闻实践赋予了更鲜明的行动属性，认同新闻实践在介入社会议程、解决社会问题、推动社会进步方面的积极作用。介入性是新闻记者与新闻用户共有的价值逻辑。虽然用户仍然未能在新闻业内成为介入性力量的实践主体，但另类新闻形态的更替与变化已然说明用户日渐成为新闻业不可忽略的积极力量。这为用户介入新闻业提供了良好的历史语境。

在前数字时代的新闻专业实践中，专业机构和新闻记者长期占据行业知识体系的权威位置，因此，新闻实践被首要定义为一种职业化实践，新闻业对社会进程加以影响的方式也由机构媒体和记者群体界定。根深蒂固的客观性理念强调新闻与社会进程应保持适当的距离，并时刻警惕大众情绪对记者工作的影响。尽管如此，强调大众参与、主张积极介入的另类新闻形态仍然持续发展，并在不同的国家和地区取得显著成果。这些新闻形态强调两方面的介入：一方面是受众（大众）对新闻实践的介入，另一方面是新闻实践对社会议程与进程的介入。这两方面的诉求均呼吁新闻业的决策者（包括国家、全球媒体、权威新闻评价机构、主流新闻学院等）重视大众参与，吸纳普通人参与新闻生产，并发挥新闻的社会动员潜能。然而，在传统媒体环境下，这样的诉求只能长期处于"另类"地位，因为大众参与并不具备成熟的技术条件，更缺少文化和观念上的支持。

数字媒体的崛起和用户时代的到来让强调介入性的新闻实践价值体系拥有了技术的基础，逐渐获得了观念上的合法性。同时，从用户视角出发，基于情感主动性的新闻接受实践具备了生产性的社会文化效应。一方面，用户得以主动选择自己感兴趣的新闻内容，并在点击、评论、转发等一系列自主性表达中获得精神满足。他们将自己的媒体使用时间转化为新闻吸引力或高品质的新的评价体系，使得任何新闻生产主体都不能忽视用户的情感需求或行为规律。另一方面，数字化的新闻接受行为持续不断地生产出新的意义。这些意义与原始新闻文本的意义存在复杂的互动关系，而针对新闻事件的广泛观点或舆论的形成首要取决于用户在参与行为中输出的意义。此外，平台为吸引流量、追求经济和社会效益而不断地为用户提供即时、便捷、直接的意义再生产工具。这更加强化了用户对于舆论议程设置的议价能力。如此一来，以用户积极参与为基本特征、以深度介入为核心诉求的新型新闻价值体系全面确立起来。新的价值体系并不排斥传统的、精英主义的专业化新闻生产模式，但这种生产模式如今要面对与用户的情感主动性逻辑进行协商和合作的新境况。逃避协商、拒斥介入的新闻内容会因无法触发任何用户参与机制（新闻卷入、新闻体验、新闻社群）而被用户排斥甚至抵制，这在近年来的一系列热点新闻事件（如袁隆平逝世、孟晚舟归国、俄乌冲突等）中得到了佐证。至于全面确认介入性的合法性对构建高质量的信息环境和健康的新闻生态意味着什么，新闻用户究竟应当如何使用技术赋予自己的新权利，需要研究者从批判理论的视角加以深思。数字新闻介入性价值体系的确立，也意味着以用户为中心进行数字新闻规范理论建设的必要性。无论是新闻与用户情感主动性的关联机制，还是这种关联为新闻实践赋予的新的、更具进步色彩的价值目标，都提醒我们新闻学理论的发展不能放弃在建立规范方面的努力。用户中心既是一种学术研究的认识论，也是一种行业和社会现实，完全有可能导致新的认知和话语霸权的形成：是否只有能够给尽可能多的用户带来情感满足的新闻才是有价值的新闻？用户借由新闻参与对社会进程的介入是基于谁设定的方向和标准？新闻用户固有的社会资本是否会被复制到数字新闻生态下，从而制造出新的"信息精英"？小众的、另类的用户情感需求是否将在数字时代的新闻生态中一直被忽略和边缘化？对于这些问题的回答，不仅需要观念上的革新，还需要架构上的设计。

对上述问题的回答需要更多经验资料的支持和更多理论思考。就本书来说，对于一个问题的思考已具有高度的紧迫性，即我们应当如何理解数字新闻对用户的动员，以及应当通过怎样的观念和制度设计来确保这种动员符合公共利益。当下，介入性价值体系的确立至少表明新闻用户拥有普遍的社会参与意愿，并不断提升自己高质量参与的素养和技能。

在这一过程中，我们也看到数字技术及其培育的文化如何显著地影响与引导着介入性实践的性质和方向：平台的评论和转发规则可能会显著地影响用户参与的积极性，主流推荐算法会为用户生产内容设定不同的优先级，不同平台的文化更是会聚集拥有高度接近的价值观的人群，并在实质上制造更大范围的认知区隔等。用户的情感主动性自然是其新闻参与的基础逻辑和原始动力，但由技术要素架设而成的新闻生态则不断为其参与行为设定框架与规范，甚至让某些类型的参与行为完全无法达成。这提醒我们，数字新闻的大众动员是在复杂的"环境-行为"互动中完成的，对用户主动性的确认和对技术环境自身文化偏向的持续反思如同一枚硬币的两面，共同构成数字新闻学研究的完整体系。

数字新闻介入性价值体系的确立或许也意味着一种新形式的公民身份的实现成为可能。与传统媒体环境下新闻业培育的"负责任的公民"不同，广泛而深度的数字新闻参与不断塑造着"实践的公民"。这种新的公民身份有两方面的新意涵：第一，个体作为公民的文化政治价值总是在参与性的网络实践中显现的，可见性是各种类型的数字公民实践的基本特征；第二，有效的公民实践是那些成功地将大多数人的日常生活经验、情感体验与普遍性的公共文化诉求联结起来的实践。在这一理论视野下，数字新闻学理论应当尤其对一些现象予以密切观照，如基于新闻参与的趣缘社群、基于特定新闻事件的标签运动、日渐激烈的群体极化等。与之对应，新闻学理论也应当重新探讨评判新闻品质的标准，并以之为基础，衡量各种类型的（包括专业的和公民的）新闻实践迈向优质新闻的可能性。

总而言之，"重新定位用户"可以作为新闻学概念和理论体系革新的一个起点。由新闻用户的参与式行为串联起的一系列复杂、流动、语境化的社会文化机制，为我们在新的历史条件下重新界定新闻与社会的关系提供了观念和价值上的启发。随着经验研究和理论探讨成果的不断丰富，新闻学将日益成为我们全面理解数字化社会与未来的重要认识论路径。这也是本研究得以完成的终极动力。

参考文献

白红义. 记者作为阐释性记忆共同体:"南都口述史"研究[J]. 国际新闻界,2015(12):46-66.

白红义. 以媒抗争:2009年南京老城南保护运动研究[J]. 国际新闻界,2017(11):83-106.

白红义. 边界、权威与合法性:中国语境下的新闻职业话语研究[J]. 新闻与传播研究,2018(8):25-48,126.

白红义,曹诗语. 重塑新闻理论?——行动者网络与新闻研究的STS转向[J]. 新闻大学,2021(4):1-14,119.

白红义,张恬. 社会空间理论视域下的新闻业:场域和生态的比较研究[J]. 国际新闻界,2021(4):109-132.

白红义. 数字时代的新闻理论创新[J]. 新闻记者,2021(10):13-18.

白红义,王嘉怡. 数字时代新闻真实的消解与观念重构[J]. 新闻与写作,2022(7):14-25.

白红义. 新闻研究中的隐喻:一个理论化的视角[J]. 福建师范大学学报(哲学社会科学版),2023(2):108-118,171.

蔡骐,岳璐. 网络虚拟社区人际关系建构的路径、模式与价值[J]. 现代传播(中国传媒大学学报),2018(9):143-147,152.

蔡雯. 从当代西方新闻改革运动看职业观念转变——"建设性新闻""方案新闻""公共新闻"评析[J]. 新闻与传播研究,2019(S1):60-70.

蔡雯,凌昱. 从"新冠肺炎"热点传播看新闻边界的颠覆与重构[J]. 新闻与传播研究,2020(7):5-20,126.

蔡雯,伊俊铭.从"常规"到"关系":新闻加速研究的视角扩展与应用[J].新闻大学,2023(2):104-116,121.

曾庆香,李秀莉,吴晓虹.永恒故事:社会记忆对新闻框架和舆论爆点的形塑——以"江歌案"为例[J].新闻与传播研究,2020(1):21-37,126.

曾润喜,朱利平.政策议程互动过程中的公民网络参与及合作解[J].国际新闻界,2016(6):110-128.

常江.数字新闻学:一种理论体系的想象与建构[J].新闻记者,2020(2):12-20,31.

常江,田浩.建设性新闻生产实践体系:以介入性取代客观性[J].中国出版,2020(8):8-14.

常江,田浩.生态革命:可供性与"数字新闻"的再定义[J].南京社会科学,2021(5):109-117,127.

常江,黄文森.数字时代的新闻学理论:体系演进与中西比较[J].新闻记者,2021(8):13-27.

常江.数字时代新闻学的实然、应然和概念体系[J].新闻与传播研究,2021(9):39-54,126-127.

常江,田浩.介入与建设:"情感转向"与数字新闻学话语革新[J].中国出版,2021(10):9-16.

常江,何仁亿.数字新闻生产简史:媒介逻辑与生态变革[J].新闻大学,2021(11):1-14,121.

常江,何仁亿.数字时代的媒介仪式:解读建党一百周年全媒体传播实践[J].新闻界,2022(2):21-29.

常江,李思雪.数字媒体生态下的新闻回避:内涵、逻辑与应对策略[J].南京社会科学,2022(9):100-109.

常江,王雅韵.作为故事的新闻:观念、实践与数字化[J].新闻大学,2023(1):16-27,118-119.

常江,朱思垒.从主动受众到情感公众:介入性新闻的技术缘起与文化阐释[J].新闻界,2023(8):4-13.

常江,罗雅琴.数字新闻与开放生产:从实践创新到理念革新[J].传媒观察,2023(10):5-15.

陈昌凤,胡曙光.让用户自主讲故事的互动新闻——从尼基·厄舍《互动新闻:黑客、数据与代码》一书谈起[J].新闻记者,2018(10):37-42.

陈昌凤,林嘉琳.批判性思维与新冠疫情报道的伦理问题[J].新闻界,2020(5):19-27.

陈昌凤,雅畅帕.颠覆与重构:数字时代的新闻伦理[J].新闻记者,2021,(8):39-47.

陈楚洁,袁梦倩.新闻社群的专业主义话语:一种边界工作的视角[J].新闻与传播研究,2014(5):55-69,127.

陈楚洁.意义、新闻权威与文化结构——新闻业研究的文化-社会路径[J].新闻记者,2018(8):46-61.

陈丹引.数字获得感:基于数字能力和数字使用的青年发展[J].中国青年研究,2021(8):50-57,84.

陈福平,李荣誉.见"微"知著:社区治理中的新媒体[J].社会学研究,2019(3):170-193,245.

陈功,蔡舒敏.突发性事件中主流媒体情感动员的治理逻辑与想象——以中印边境冲突事件"卫国戍边英雄报道"为例[J].当代传播,2022(3):43-48.

陈功.跨越情感与文化的鸿沟:国际传播受众接受度研究[J].现代传播(中国传媒大学学报),2021(2):72-77.

陈华珊,王呈伟.茧房效应与新闻消费行为模式——以腾讯新闻客户端用户评论数据为例[J].社会科学,2019(11):73-87.

陈娟,高静文.媒体如何维系社区完整?——以Missourian2015年黑人学生示威报道为例[J].新闻记者,2018(11):87-96.

陈娟,甘凌博.向信息寻求关系——基于微信的老年人健康信息分享行为研究[J].新闻记者,2021(9):10-24.

陈鹏.公众新闻生产如何改变新闻业:基于新闻规范、观念与文化的分析

[J].现代传播(中国传媒大学学报),2020(12):63-67.

陈昕.情感社群与集体行动:粉丝群体的社会学研究——以鹿晗粉丝"芦苇"为例[J].山东社会科学,2018(10):37-47.

陈阳,周子杰.从群众到"情感群众":主流媒体受众观转型如何影响新闻生产——以人民日报微信公众号为例[J].新闻与写作,2022(7):88-97.

陈阳,郭玮琪,张弛.我国报纸新闻中的情感性因素研究——以中国新闻奖一等奖作品为例(1993—2018)[J].新闻与传播研究,2020(11):5-20,126.

成伯清.当代情感体制的社会学探析[J].中国社会科学,2017(5):83-101,207.

楚亚杰,胡佳丰.交互式可视化新闻的"阅读":一项基于受众体验的探索性研究[J].新闻大学,2019(5):59-73,118-119.

崔迪,吴舫.算法推送新闻的知识效果——以今日头条为例[J].新闻记者,2019(2):30-36.

戴宇辰."旧相识"和"新重逢":行动者网络理论与媒介(化)研究的未来——一个理论史视角[J].国际新闻界,2019(4):68-88.

戴宇辰.传播研究与STS如何相遇:以"技术的社会建构"路径为核心的讨论[J].新闻大学,2021(4):15-27,119.

丹尼斯·麦奎尔.受众分析[M].刘燕南,李颖,杨振荣,译.北京:中国人民大学出版社,2006.

党明辉.公共舆论中负面情绪化表达的框架效应——基于在线新闻跟帖评论的计算机辅助内容分析[J].新闻与传播研究,2017(4):41-63,127.

邓力.新媒体环境下的集体行动动员机制:组织与个体双层面的分析[J].国际新闻界,2016(9):60-74.

丁汉青,武沛颖."信息茧房"学术场域偏倚的合理性考察[J].新闻与传播研究,2020(7):21-33,126.

董天策,梁辰曦.究竟是"网络群体性事件"还是"网络公共事件"抑或其他?——关于"网络舆论聚集"研究的再思考[J].新闻与传播研究,2020(1):87-102,128.

方师师.算法:智能传播的技术文化演进与思想范式转型[J].新闻与写作,2021(9):12-20.

冯济海."粉""黑"之争:网络迷群极化的"日常化"转向[J].社会学研究,2021(6):113-135,228-229.

高贵武,薛翔.新媒介环境下中国主流媒体的声誉评价体系研究[J].国际新闻界,2020(7):114-127.

葛岩,秦裕林,赵汗青.社交媒体必然带来舆论极化吗:莫尔国的故事[J].国际新闻界,2020(2):67-99.

龚彦方,王琼慧.从参与到互惠:互联网媒介域新闻创新的路径探索[J].现代传播(中国传媒大学学报),2018(10):52-57.

龚彦方,许昊杰."新闻软文"的组织博弈及科层困境[J].新闻与传播研究,2021(6):44-59,126-127.

顾楚丹.社会网络视角下社交平台社群的互动仪式链研究——以粉丝社群为例[J].中国青年研究,2022(2):37-43,29.

顾洁,闵素芹,詹骞.社交媒体时代的公民政治参与:以新闻价值与政务微博受众参与互动关系为例[J].国际新闻界,2018(4):50-75.

桂勇,李秀玫,郑雯,等.网络极端情绪人群的类型及其政治与社会意涵基于中国网络社会心态调查数据(2014)的实证研究[J].社会,2015(5):78-100.

郭建斌,程悦."传播"与"仪式":基于研究经验和理论的辨析[J].新闻与传播研究,2020(11):21-36,126.

郭森.陌生共鸣、虚拟认同与社交疲惫:"夸夸群"蹿红背后的情绪传播[J].现代传播(中国传媒大学学报),2019(10):152-155.

郭小安.网络抗争中谣言的情感动员:策略与剧目[J].国际新闻界,2013(12):56-69.

郭小安.社会抗争中理性与情感的选择方式及动员效果——基于十年120起事件的统计分析(2007—2016)[J].国际新闻界,2017(11):107-125.

郭小安.公共舆论中的情绪、偏见及"聚合的奇迹"——从"后真相"概念说起[J].国际新闻界,2019(1):115-132.

韩晓宁,易新航,任甜甜,等.基于技术接受模型的传媒众筹支持意向影响因素研究[J].国际新闻界,2016(2):23-36.

韩晓宁,王军.网络政治参与的心理因素及其影响机制探究[J].新闻大学,2018(2):113-121,153-154.

韩秀,张洪忠,何康,等.媒介依赖的遮掩效应:用户与社交机器人的准社会交往程度越高越感到孤独吗?[J].国际新闻界,2021(9):25-48.

何天平,付晓雅.用户体验设计情感化转向:互联网新闻产品交互创新趋势[J].中国出版,2022(14):9-14.

胡百精.概念与语境:建设性新闻与公共协商的可能性[J].新闻与传播研究,2019(S1):46-52.

胡鹏辉,余富强.网络主播与情感劳动:一项探索性研究[J].新闻与传播研究,2019(2):38-61,126.

胡杨,王啸.什么是"真实"——数字媒体时代受众对假新闻的认知与辨识[J].新闻记者,2019(8):4-14.

胡翼青,张婧妍.作为常识的新闻:重回新闻研究的知识之维[J].国际新闻界,2021(8):22-40.

胡翼青,郭静.专业新闻媒体的边界悖论:基于媒介本体论的视角[J].西北师大学报(社会科学版),2022(4):85-93.

黄河,康宁.移动互联网环境下群体极化的特征和生发机制——基于"江歌案"移动端媒体文本和网民评论的内容分析[J].国际新闻界,2019(2):38-61.

黄宏辉.青年群体社交媒体倦怠的成因和对在线社区脱离意向的影响[J].新闻记者,2020(11):38-53.

黄淼,黄佩.算法驯化:个性化推荐平台的自媒体内容生产网络及其运作

[J].新闻大学,2020(1):15-28,125.

黄文森,廖圣清.同质的连接、异质的流动:社交网络新闻生产与扩散机制[J].新闻与传播研究,2021(2):18-36,126.

黄文森.创新行动:数字新闻样态的兴起、扩散与主流化[J].新闻与写作,2023(7):35-44.

黄雅兰.感官新闻初探:数字新闻的媒介形态与研究路径创新[J].新闻界,2023(7):4-12,22.

季为民.数字媒体新闻伦理研究的新观点、新问题和新趋向[J].现代传播(中国传媒大学学报),2020(4):31-37.

姜红,鲁曼.重塑"媒介":行动者网络中的新闻"算法"[J].新闻记者,2017(4):26-32.

姜红,印心悦.作为"实践"的新闻——一个后科学知识社会学的视角[J].国际新闻界,2021(8):41-53.

姜华,张涛甫.传播结构变动中的新闻业及其未来走向[J].中国社会科学,2021(8):185-203,208.

蒋俏蕾,陈宗海,陈欣杰.延续与变化:我国新闻学情感研究现状分析[J].中国出版,2021(10):17-23.

蒋俏蕾,陈宗海.银发冲浪族的积极老龄化:互联网使用提升老年人主观幸福感的作用机制研究[J].现代传播(中国传媒大学学报),2021(12):41-48.

蒋忠波.受众的感知、识记和态度改变:数据新闻的传播效果研究——基于一项针对大学生的控制实验分析[J].新闻与传播研究,2018(9):5-29,126.

蒋忠波."群体极化"之考辨[J].新闻与传播研究,2019(3):7-27,127.

焦德武.网络搜索与网络舆论生成的互动研究[J].现代传播(中国传媒大学学报),2018(4):65-69.

解庆锋.媒介使用、恐慌感对疫情期间社交媒体策展新闻的影响[J].国际新闻界,2021(5):43-64.

金恒江,聂静虹,张国良.乡村居民社交网络使用与人际交往——基于中国 35 个乡镇的实证研究[J].新闻与传播研究,2020(2):77-96,127-128.

金圣钧.从"共同回应"到"真实体验"——数字化传播环境下"见证真实"的理解转向[J].新闻记者,2021(12):17-30.

靖鸣,朱燕丹,冯馨瑶.微博意见领袖影响力生成模式研究[J].新闻大学,2021(7):1-13,119.

匡文波,邱水梅.大学生的微信表情使用行为研究[J].国际新闻界,2017(12):123-137.

匡文波,贾一丹.基于技术接受模型的新闻客户端用户行为和习惯研究[J].深圳大学学报(人文社会科学版),2018(1):95-102.

匡文波.5G 时代中国网民新闻阅读习惯的量化研究[J].新闻与写作,2019(12):72-78.

匡文波.新冠疫情对用户新闻阅读习惯的影响[J].新闻与写作,2020(12):70-75.

拉斯·韦纳,唐硕,石鉴,等.中国公众对新闻业的认知及社交媒体的影响[J].新闻大学,2018(6):18-30,147.

李彪,吴倩.危机语境下趣缘社群话语空间重构与维系研究——以鹿晗粉丝群为例[J].现代传播(中国传媒大学学报),2018(12):143-148.

李彪,张雪,高琳轩.从管理新闻到回避新闻:社交分发环境下新闻消费方式的转向[J].新闻与传播研究,2021(9):23-38,126.

李慧,周雨,李谨如.用户正在逃离社交媒体?——基于感知价值的社交媒体倦怠影响因素研究[J].国际新闻界,2021(12):120-141.

李良荣,辛艳艳.从 2G 到 5G:技术驱动下的中国传媒业变革[J].新闻大学,2020(7):51-66,123.

李沁.沉浸媒介:重新定义媒介概念的内涵和外延[J].国际新闻界,2017(8):115-139.

李艳红,范英杰."远处苦难"的中介化——范雨素文本的跨阶层传播及其

"承认政治"意涵[J].新闻与传播研究,2019(11):55-74,127.

李艳红.生成创新:制度嵌入如何塑造新闻创新差异——对三家媒体数据新闻实践的比较[J].新闻与传播研究,2021(12):38-57,126-127.

李耘耕,王佳逸.谁在使用网络另类媒体?一项基于另类媒体使用之文化向度的考察[J].国际新闻界,2017(2):90-112.

李贞芳,方新子,刘练.影响社交媒体公众传播行为的情境因素——基于问题解决情境理论的视角[J].新闻大学,2017(2):73-82,150.

梁君健,陈凯宁.自我的技术:理想用户的技术剧本与手机厂商的技术意识形态[J].新闻与传播研究,2021(3):75-91,127.

梁君健,杜珂.Vlog新闻:社交媒体时代的新闻创新与观念挑战[J].中国出版,2022(4):3-9.

廖圣清,李梦琦.社交媒体中关系强度、自我呈现动机与用户转发意愿研究——以微信的新闻转发为例[J].现代传播(中国传媒大学学报),2021(6):149-156.

林红.因于身份的政治:西方政治极化问题的文化探源[J].天津社会科学,2021(6):52-60.

刘婵君,王威力.媒体类型、新闻框架与用户在线情绪表达:以新加坡"第一家族"纠纷的社交媒体呈现为例[J].国际新闻界,2021(4):133-161.

刘海龙.像爱护爱豆一样爱国:新媒体与"粉丝民族主义"的诞生[J].现代传播(中国传媒大学学报),2017(4):27-36.

刘建明."传播的仪式观"的理论突破、局限和启示[J].湖北大学学报(哲学社会科学版),2017(2):115-121,161.

刘鸣筝,张鹏霞.短视频用户生产内容的需求及满意度研究[J].新闻与传播研究,2021(8):77-94,127-128.

刘娜,黄顺铭,田辉."舆论"与"共同生活":罗伯特·E.帕克新闻思想中两个被忽视的关键词[J].国际新闻界,2018(8):166-176.

刘念,丁汉青.从愤怒到厌恶:危机事件中公众的情绪图景[J].新闻大学,2020(12):35-48,119.

刘鹏.用户新闻学:新传播格局下新闻学开启的另一扇门[J].新闻与传播研究,2019(2):5-18,126.

刘鹏."全世界都在说":新冠疫情中的用户新闻生产研究[J].国际新闻界,2020(9):62-84.

刘强,李本乾.受众选择与媒体生命周期——对媒介感知价值影响机制阶段性演进的实证研究[J].新闻记者,2020(3):46-57.

刘双庆.争议性新闻事件中新闻框架、新闻渠道对情感的影响机制研究[J].新闻记者,2020(9):37-46.

刘天宇,罗昊.协作是新闻业的未来吗?——对跨组织新闻协作的元新闻话语分析[J].新闻记者,2021(11):66-80.

刘晓力.哲学与认知科学交叉融合的途径[J].中国社会科学,2020(9):23-47,204-205.

刘晓燕.从线下到线上:新媒体视阈下的集体行动研究[J].现代传播(中国传媒大学学报),2017(11):51-55.

刘洋.群体焦虑的传播动因:媒介可供性视角下基于微信育儿群的研究[J].新闻界,2020(10):40-49,59.

刘于思,杜璇.弥漫的连接与替代的团结:通过轶闻传播网络提升社区参与的多重后果[J].国际新闻界,2022(9):87-108.

刘钰森,张伦,郑路.移动媒体新闻消费时间模式研究[J].新闻大学,2019(4):1-12,116.

卢家银.社交媒体对青年政治参与的影响及网络规制的调节作用——基于大陆九所高校大学生的调查研究[J].国际新闻界,2018(8):98-121.

陆佳怡,仇筠茜,高红梅.零度控制与镜像场景:公民新闻的透明性叙事[J].国际新闻界,2019(5):39-59.

陆小华.数字新闻学的产生基础、逻辑起点与演进路径[J].新闻记者,2021(10):3-7,18.

陆晔,赖楚谣.创造新公共社区:移动互联网时代新闻生产的情感维度[J].中国出版,2021(10):3-8.

吕鹏. 作为假象的自由:用户生成内容时代的个人与媒介[J]. 国际新闻界,2017(11):68-82.

毛良斌. 社会公共事件中网民话语表达框架形成及其影响因素——基于解释水平理论的视角[J]. 新闻与传播研究,2020(9):95-110,128.

毛湛文,孙曌闻. 从"算法神话"到"算法调节":新闻透明性原则在算法分发平台的实践限度研究[J]. 国际新闻界,2020(7):6-25.

闵晨,陈强,王国华. 线下政治讨论如何激发青年群体的线上政治表达:一个有调节的中介模型[J]. 国际新闻界,2018(10):44-63.

倪宁,徐智,杨莉明. 复杂的用户:社交媒体用户参与广告行为研究[J]. 国际新闻界,2016(10):111-127.

牛耀红. 建构乡村内生秩序的数字"社区公共领域"——一个西部乡村的移动互联网实践[J]. 新闻与传播研究,2018(4):39-56,126-127.

潘一凡. 众媒时代:多元的媒介新生态[J]. 新闻大学,2017(3):34-38,148.

潘忠党,陆晔. 走向公共:新闻专业主义再出发[J]. 国际新闻界,2017(10):91-124.

彭剑,江浩. "新闻权威"的理论起源、意涵演进与研究延展——一个经典理论的概念史考察[J]. 新闻与写作,2023(1):47-56.

彭兰. 网络的圈子化:关系、文化、技术维度下的类聚与群分[J]. 编辑之友,2019(11):5-12.

彭兰. "液态""半液态""气态":网络共同体的"三态"[J]. 国际新闻界,2020(10):31-47.

彭兰. 生存、认知、关系:算法将如何改变我们[J]. 新闻界,2021(3):45-53.

彭兰. 数字时代新闻生态的"破壁"与重构[J]. 现代出版,2021(3):17-25.

彭兰. 数字新闻业中的人-机关系[J]. 新闻界,2022(1):5-14,84.

彭兰. "数据化生存":被量化、外化的人与人生[J]. 苏州大学学报(哲学社会科学版),2022(2):154-163.

蒲平.网络新生代的崛起:中国新闻业的新生态[J].新闻大学,2017(3):21-27,147.

强月新,陈星.线性思维、互联网思维与生态思维——新时期我国媒体发展思维的嬗变路径[J].新闻大学,2019(2):1-11,117.

乔纳森·特纳,简·斯戴兹.情感社会学[M].孙俊才,文军,译.上海:上海人民出版社,2007.

曲慧,喻国明.超级个体与利基时空:一个媒介消费研究的新视角[J].新闻与传播研究,2017(12):51-61.

任志祥,肖苹宁.无情感不抖音:《人民日报》抖音号的表达特征分析[J].新闻界,2020(12):21-27.

莎伦·R.克劳斯.公民的激情:道德情感与民主商议[M].谭安奎,译.南京:译林出版社,2015.

申金霞,万旭婷.网络圈层化背景下群体极化的特征及形成机制——基于"2·27事件"的微博评论分析[J].现代传播(中国传媒大学学报),2021(8):55-61.

申启武,李颖彦.感知边界的革命:论虚拟现实的沉浸感营造及其认同建构[J].现代传播(中国传媒大学学报),2021(1):92-97.

沈阳,杨艳妮.中国网络意见领袖社区迁移影响因素及路径分析[J].国际新闻界,2016(2):6-22.

声春天,赵云泽,李一飞.沉默的大多数?媒介接触、社会网络与环境群体性事件研究[J].国际新闻界,2017(9):88-101.

石可.论剧场性[J].文艺理论研究,2022(3):139-151.

石力月.社交媒体时代的客观性:个人化叙事的报道与作为事实的舆论——基于"江歌事件"的研究[J].新闻记者,2019(5):14-24.

束秀芳.试问情为何物:先秦士人"情理交融"传播价值取向[J].现代传播(中国传媒大学学报),2021(2):57-62.

宋辰婷,邱相奎.超越体验:虚实交互下的身份重组和文化行动——基于虚拟形象直播青少年亚文化的研究[J].中国青年研究,2021(8):

85-93.

宋红娟.西方情感人类学研究述评[J].国外社会科学,2014(4):118-125.

粟花.时间的亲密涵义——数字化情感交流中的时间体验及其关系意涵[J].现代传播(中国传媒大学学报),2021(5):152-158.

孙纪开,刘涛.遥远的勾连:故事世界的边际与互文的异质性[J].新闻界,2022(2):49-56,71.

孙玮.论感知的媒介——兼析媒介融合及新冠疫情期间的大众数字传播实践[J].新闻记者,2020(10):3-14.

谭光辉."怨恨"的符号现象学与"佛系人格"的情感淡化[J].探索与争鸣,2021(2):152-159,180.

汤景泰,陈秋怡.意见领袖的跨圈层传播与"回音室效应"——基于深度学习文本分类及社会网络分析的方法[J].现代传播(中国传媒大学学报),2020(5):25-33.

汤景泰,陈秋怡,徐铭亮.情感共同体与协同行动:香港"修例风波"中虚假信息的动员机制[J].新闻与传播研究,2021(8):58-76,127.

唐嘉仪.场景与对话:微信群讨论如何影响态度?——基于对比实验的微观解释框架[J].新闻记者,2019(11):35-47.

陶文静.转向空间化思维的新闻研究——近十年欧美新闻研究领域空间知识扩散分析[J].新闻记者,2021(2):80-96.

田浩.反思性情感:数字新闻用户的情感实践机制研究[J].新闻大学,2021(7):33-45,120.

田浩.原子化认知及反思性社群:数字新闻接受的情感网络[J].新闻与写作,2022(3):35-44.

田浩.以亲密关系重塑公共生活:介入性新闻的观念、实践及创新限度[J].新闻界,2023(8):14-23.

田林楠.无法整饰的心灵:情感社会学的另一条理论进路[J].广东社会科学,2021(6):203-215.

万旋傲,刘丛.微博微信使用对公民知识差距的影响差异研究——政治兴趣和偶然接触的调节作用[J].新闻记者,2021(1):68-79.

汪凯.从刻奇到戏谑:"反鸡汤"作为一种感觉结构[J].新闻与传播研究,2017(10):32-48,127.

汪雅倩.从名人到"微名人":移动社交时代意见领袖的身份变迁及影响研究[J].新闻记者,2021(3):27-39.

王斌,王锦屏.信息获取、邻里交流与社区行动:一项关于社区居民媒介使用的探索性研究[J].新闻与传播研究,2014(12):90-106,121.

王斌,吴倩.构建关系型知识:互联网环境下新闻学理论路径的新探索[J].国际新闻界,2021(8):54-72.

王斌.从本体拓展到范式转换:数字时代新闻研究的系统性变革[J].新闻记者,2021(10):8-12.

王超群.情感激发与意象表达:新媒体事件图像传播的受众视觉框架研究[J].国际新闻界,2019(10):75-99.

王琛元.新受众研究:一项经典研究范式的起源、演变与当代转型[J].新闻记者,2021(5):14-27.

王辰瑶.新闻使用者:一个亟待重新理解的群体[J].南京社会科学,2016(1):115-121.

王辰瑶,范英杰.打破新闻:从颠覆式创新理论看BuzzFeed的颠覆性[J].现代传播(中国传媒大学学报),2016(12):35-39.

王辰瑶,刘天宇.新闻权威为何失灵?——"江歌案"中多元传播主体的话语实践[J].新闻记者,2019(5):4-13.

王辰瑶.新闻创新研究:概念、路径、使命[J].新闻与传播研究,2020(3):37-53,126-127.

王辰瑶."新闻真实"为什么重要?——重思数字新闻学研究中"古老的新问题"[J].新闻界,2021(8):4-11,20.

王辰瑶.双重挑战下的都市新闻业:"媒介化风险"与"消逝的地方"[J].南京社会科学,2022(6):121-129.

王霏,魏毅晖,蒋晶淼.仪式传播如何影响受众对商品的态度?——卷入度的调节作用[J]. 新闻与传播研究,2020(5):60-72,127.

王海燕,范吉琛. 数字新闻的时间可供性:一个研究框架的提出[J]. 国际新闻界,2021(9):116-135.

王海燕. 加速的新闻:数字化环境下新闻工作的时间性变化及影响[J]. 新闻与传播研究,2019(10):36-54,127.

王海燕. 数字新闻创新的变与不变——基于十家媒体客户端新闻与纸媒报道的对比分析[J]. 新闻记者,2020(9):3-13.

王晗啸,于德山. 意见领袖关系及主题参与倾向研究——基于微博热点事件的耦合分析[J]. 新闻与传播研究,2018(1):51-65,127.

王辉,金兼斌. 媒介接触与主观幸福感——以政治信任为中介变量的实证研究[J]. 新闻大学,2019(7):1-15,120.

王建磊. 如何满足受众:日常化网络直播的技术与内容考察[J]. 国际新闻界,2018(12):19-31.

王俊秀,周迎楠,刘晓柳. 信息、信任与信心:风险共同体的建构机制[J]. 社会学研究,2020(4):25-45,241-242.

王茜. 批判算法研究视角下微博"热搜"的把关标准考察[J]. 国际新闻界,2020(7):26-48.

王倩,黎军. 城市社区传播系统与居民归属感的营造——以江西南昌为例[J]. 江西社会科学,2015(1):211-216.

王童辰,钟智锦. 政治新闻如何塑造参与行动:政治心理的视角[J]. 国际新闻界,2018(10):64-83.

王巍. 网络用户对虚假社会新闻的态度及行为:基于 ELM 模型的实证分析[J]. 情报科学,2021(12):126-132,145.

王晓培,田浩. 数字新闻生态与极化:赋能、固化与调和失效[J]. 新闻界,2021(3):11-20.

王晓培. 数字新闻生产的视觉化:技术变迁与文化逻辑[J]. 新闻界,2022(2):12-20.

王晓培. 创意视觉新闻:发掘新闻理念革新可能路径[J]. 中国出版,2022

(4):9-15.

王妍,李霞.互动新闻的前世、今生与未来:媒介变迁与互动新闻演进研究[J].现代传播(中国传媒大学学报),2019(9):65-69,101.

王炎龙,王石磊."驯化"微信群:年长世代构建线上家庭社区的在地实践[J].新闻与传播研究,2021(5):85-99,127.

王玉凤,孙宇,宫承波.基于视频新闻的用户体验要素模型探究[J].当代传播,2018(5):101-106.

王钰.和平新闻的理论发展与范式转型[J].现代传播(中国传媒大学学报),2021(6):70-75.

王昀."日常的我们":自媒体生产的社群化动力及其可持续性反思[J].现代传播(中国传媒大学学报),2019(1):152-157.

尉建文,陆凝峰,韩杨.差序格局、圈子现象与社群社会资本[J].社会学研究,2021(4):182-200,229-230.

吴飞.共情传播的理论基础与实践路径探索[J].新闻与传播研究,2019(5):59-76,127.

吴飞,李佳敏.虚拟现实:共情传播的技术实现路径探析[J].西南民族大学学报(人文社会科学版),2021(7):178-184.

吴飞,杨龙梦珏.重访人文:数字时代新闻学与新闻认识论的反思[J].中国编辑,2021(10):4-9.

吴世文,章姚莉.中国网民"群像"及其变迁——基于创新扩散理论的互联网历史[J].新闻记者,2019(10):20-30.

吴肃然,李名荟.扎根理论的历史与逻辑[J].社会学研究,2020(2):75-98,243.

吴亚欣,于国栋.会话分析的本质与特征——一种社会学视角[J].科学技术哲学研究,2022(5):102-107.

席妍,罗建军.社交媒体哀悼空间中的记忆书写与话语实践——基于@xiaolwl微博评论的分析[J].新闻界,2022(2):40-48.

夏倩芳,王艳.从"客观性"到"透明性":新闻专业权威演进的历史与逻辑

[J].南京社会科学,2016(7):97-109.

夏倩芳,原永涛.从群体极化到公众极化:极化研究的进路与转向[J].新闻与传播研究,2017(6):5-32,126.

夏倩芳,仲野.网络圈子影响人们的生活满意度吗?——基于一项全国性调查数据的分析[J].国际新闻界,2021(11):84-110.

肖明,侯燕芹.大学生使用社会化问答社区的动机、行为和满足——以知乎为例的实证研究[J].现代传播(中国传媒大学学报),2019(2):59-62.

肖荣春.微信群的"社会互助"与"故事讲述"——一项基于美国华人社区微信群的探索性研究[J].新闻与传播研究,2018(1):66-83,127-128.

谢静.微信新闻:一个交往生成观的分析[J].新闻与传播研究,2016(4):10-28,126.

谢新洲,黄杨.组织化连接:用户生产内容的机理研究[J].新闻与写作,2020(6):74-83.

徐笛.数字时代,谁是记者:一种分层理解的框架[J].新闻界,2021(6):13-20.

徐笛,许芯蕾,陈铭.数字新闻生产协同网络:如何生成、如何联结[J].新闻与写作,2022(3):15-23.

徐笛,胡雅晗.数字时代记者职业的重新领地化[J].中国出版,2023(16):15-20.

徐敬宏,郭婧玉,游鑫洋,等.建设性新闻:概念界定、主要特征与价值启示[J].国际新闻界,2019(8):135-153.

徐敬宏,张如坤,张世文.建设性新闻的冷思考:中西语境,理论风险与实践误区[J].新闻大学,2020(6):12-22.

徐开彬,万萍.凸显与遮蔽:国内主流报纸新闻评论中医患矛盾的隐喻分析[J].国际新闻界,2018(11):63-81.

徐翔,刘佳琪,靳菁.微博空间中的意见典范用户及其作用路径研究[J].新闻大学,2021(7):14-32,119-120.

徐翔.社交网络意见领袖"同心圈层":现象、结构及规律[J].深圳大学学报(人文社会科学版),2022(1):133-148.

许德娅,刘亭亭.强势弱关系与熟络陌生人:基于移动应用的社交研究[J].新闻大学,2021(3):49-61,119.

许向东,郭萌萌.智媒时代的新闻生产:自动化新闻的实践与思考[J].国际新闻界,2017(5):29-41.

宣长春,林升栋.文化距离视野下的"一带一路"倡议——基于4918篇英文新闻报道的情感分析(2013—2019年)[J].新闻与传播研究,2021(6):24-43,126.

颜景毅."参与"的传播:社交媒体功能的杜威式解读[J].现代传播(中国传媒大学学报),2017(12):44-47.

晏齐宏.二元性互构:选择性接触影响下的青年网络政治意见表达[J].新闻大学,2020(9):56-78,121.

杨保军.变迁与意味——新闻规律视野中的传播主体分析[J].新闻界,2018(11):17-23.

杨保军.当代中国新闻理论研究的"上升"与"下沉"[J].新闻大学,2021(1):1-10,117.

杨保军.当代中国新闻真实观的变迁、走向及内在规律[J].新闻大学,2022(1):59-71,122-123.

杨光宗,刘钰婧.从"受众"到"用户":历史、现实与未来[J].现代传播(中国传媒大学学报),2017(7):31-35.

杨洸.社会化媒体舆论的极化和共识——以"广州区伯嫖娼"之新浪微博数据为例[J].新闻与传播研究,2016(2):66-79,127.

杨洸,郭中实.新闻内容、理解与记忆:解读争议性事件报道的心智模型[J].新闻与传播研究,2016(11):35-50,126-127.

杨洸,佘佳玲.新闻算法推荐的信息可见性、用户主动性与信息茧房效应:算法与用户互动的视角[J].新闻大学,2020(2):102-118,123.

杨洸.数字时代舆论极化的症结、成因与反思[J].新闻界,2021(3):4-

10,27.

杨洸,佘佳玲.社交媒体中的新闻偶遇:平台启发式线索对用户新闻参与的影响[J].新闻与传播研究,2023(3):108-125,128.

杨奇光,王诗涵.数字时代新闻公共性的困境:"新闻荒漠"及其危机重思[J].全球传媒学刊,2022(5):146-158.

杨逍.倾听:当前中国政治沟通的薄弱环节——以140个诉求表达事件为例[J].国际新闻界,2017(2):6-30.

杨锃.从"人格崇拜"到"自主自我"——社会的心理学化与心灵治理[J].社会学研究,2019(1):57-83,243.

易前良.平台研究:数字媒介研究新领域——基于传播学与STS对话的学术考察[J].新闻与传播研究,2021(12):58-75,127.

殷乐,王丹蕊.公众认知的再平衡:"信息疫情"语境下的建设性新闻研究[J].福建师范大学学报(哲学社会科学版),2020(6):58-65,169-170.

尹凯民,梁懿.算法新闻的伦理争议及审视[J].现代传播(中国传媒大学学报),2021(9):64-68.

于国栋,吴亚欣.基于汉语语料中言语行为的会话分析研究论纲[J].山西大学学报(哲学社会科学版),2016(4):45-48.

喻国明,方可人.传播媒介:理论认识的升级与迭代——一种以用户价值为逻辑起点的学术范式[J].新闻界,2020(3):34-41.

袁光锋."情"为何物?——反思公共领域研究的理性主义范式[J].国际新闻界,2016(9):104-118.

袁光锋.情感何以亲近新闻业:情感与新闻客观性关系新论[J].现代传播(中国传媒大学学报),2017(10):57-63,69.

袁光锋.公共舆论中的"情感"政治:一个分析框架[J].南京社会科学,2018(2):105-111.

袁光锋.迈向"实践"的理论路径:理解公共舆论中的情感表达[J].国际新闻界,2021(6):55-72.

袁野,万晓榆.移动互联网新闻信息呈现的统计特征及其对用户行为的影响[J].现代传播(中国传媒大学学报),2019(2):148-152.

张大伟,王梓.用户生成内容的"阴暗面":短视频平台用户消极使用行为意向研究[J].现代传播(中国传媒大学学报),2021(8):137-144.

张放,甘浩辰.疫情心理时空距离对公众情绪的影响研究——基于新冠肺炎疫期微博文本面板数据的计算分析[J].新闻界,2020(6):39-49.

张晗.消失的头条:新闻APP的视觉影响因素与记忆效果[J].国际新闻界,2020(5):121-137.

张洪忠,石韦颖.社交媒体兴起十年如何影响党报公信力变迁?[J].新闻与传播研究,2020(10):39-55,126-127.

张杰.通过陌生性去沟通:陌生人与移动网时代的网络身份/认同——基于"个体化社会"的视角[J].国际新闻界,2016(1):102-119.

张杰,郭超."自己人"还是"自家人"?——一项关系传播的本土研究[J].新闻与传播研究,2019(3):28-50,127.

张杰,马一琨.语境崩溃:平台可供性还是新社会情境?——概念溯源与理论激发[J].新闻记者,2021(2):27-38.

张蕾,孙冠豪.算法社会:智能传播时代的文化变迁与走向[J].探索与争鸣,2021(3):4.

张凌.公共信息接触如何影响不同类型的政治参与——政治讨论的中介效应[J].国际新闻界,2018(10):27-43.

张伦.个体在线网络关系构建影响因素研究[J].国际新闻界,2017(4):25-43.

张明新,方飞.媒介、关系与互动:理解互联网"公众"[J].现代传播(中国传媒大学学报),2021(12):144-148.

张铨洲."入世与出世":青年群体网络"圈层化"的困与策[J].中国青年研究,2022(3):89-94,43.

张涛甫,易若彤.变革与重塑:新闻学研究的转向和未来[J].当代传播,2021(3):16-22.

张小强,张萍,刘志杰.用户评论与替代性公共领域——我国网络用户参与新闻阐释的特征与效果[J].新闻记者,2019(12):13-26.

张学波,李康利,阚婷婷,周妍红.微博用户自我呈现与政治参与水平关系模型研究[J].新闻记者,2020(1):84-95.

张雪静,刘燕南.媒介使用:跨屏,移动和参与——互联网受众行为扫描和特点简析[J].新闻与写作,2018(7):12-18.

张洋.中介化的新闻想象:大众文化中新闻业表征的意义新探[J].新闻记者,2020(7):70-80.

张咏华.传播基础结构、社区归属感与和谐社会构建论美国南加州大学大型研究项目《传媒转型》及其对我们的启示[J].新闻与传播研究,2005(2):11-16,94-95.

张媛,文霄.微信中的民族意识呈现与认同构建:基于一个彝族微信群的考察[J].国际新闻界,2018(6):122-137.

张云亮,冯珺,季芳芳,柳建坤.新媒体接触对社会治理参与的影响研究——基于中国社会状况综合调查2013—2017年数据的实证分析[J].新闻与传播研究,2020(7):77-95,127-128.

张志安,甘晨.作为社会史与新闻史双重叙事者的阐释社群——中国新闻界对孙志刚事件的集体记忆研究[J].新闻与传播研究,2014(1):55-77,127.

张志安,彭璐.混合情感传播模式:主流媒体短视频内容生产研究——以人民日报抖音号为例[J].新闻与写作,2019(7):57-66.

张志安,冉桢.互联网平台的运作机制及其对新闻业的影响[J].新闻与写作,2020(3):66-74.

张志安,姚尧.重大公共事件报道与传播视觉化探索——2020中国新闻业年度观察报告[J].新闻界,2021(1):4-11.

赵呈晨.嵌入式传播:网络语言在日常生活中的实践与再生产[J].新闻大学,2020(8):16-30,126-127.

赵士林,张亚琼.在线协同编辑的话语冲突与群体极化——以中文维基百科"上海外来人口问题"条目为例[J].新闻大学,2020(1):101-112,

128-129.

赵瑜.叙事与沉浸:Bilibili"互动短视频"的交互类型与用户体验[J].西南民族大学学报(人文社会科学版),2021(2):129-134.

郑满宁.公共事件在微信社群的传播场域与话语空间研究[J].国际新闻界,2018(4):76-96.

郑沅教.新媒体与政治参与:以弹劾朴槿惠烛光集会为例[J].国际新闻界,2018(4):97-118.

郑越,杨帆.记者和算法谁更值得信任:"机器人新闻"可信度的影响因素探析[J].现代传播(中国传媒大学学报),2019(6):63-67.

郑忠明,江作苏.作为知识的新闻:知识特性和建构空间——重思新闻业的边界问题[J].国际新闻界,2016(4):142-156.

周葆华.算法推荐类App的使用及其影响——基于全国受众调查的实证分析[J].新闻记者,2019(12):27-37.

周葆华.永久在线、永久连接:移动互联网时代的生活方式及其影响因素[J].新闻大学,2020(3):84-106,120.

周葆华,钟媛."春天的花开秋天的风":社交媒体、集体悼念与延展性情感空间——以李文亮微博评论(2020—2021)为例的计算传播分析[J].国际新闻界,2021(3):79-106.

周骥腾,付堉琪.互联网使用如何影响居民社区融入?——基于"中国城市居民生活空间调查"的分析[J].社会学评论,2021(5):105-121.

周凯,杨婧言.数字文化消费中的沉浸式传播研究——以数字化博物馆为例[J].江苏社会科学,2021(5):213-220.

周睿鸣."转型":观念的形成、元话语重构与新闻业变迁——对"澎湃新闻"的案例研究[J].国际新闻界,2019(3):55-72.

周勇,倪乐融,李潇潇."沉浸式新闻"传播效果的实证研究——基于信息认知、情感感知与态度意向的实验[J].现代传播(中国传媒大学学报),2018(5):31-36.

朱春阳,曾培伦.圈层下的"新网红经济":演化路径、价值逻辑与运行风险

[J].编辑之友,2019(12):5-10.

朱春阳,毛天婵."洗稿"该当何罪:数字新闻业共同体的消解与建构——基于《甘柴劣火》事件的考察[J].新闻大学,2022(8):61-77,123.

朱雪峰.虚拟现实与未来剧场生态[J].戏剧艺术,2021(5):54-71.

庄曦,董珊.情感劳动中的共识制造与劳动剥削——基于微博明星粉丝数据组的分析[J].南京大学学报(哲学·人文科学·社会科学),2019(6):32-42.

自国天然.日常生活与数字媒介:一种实践分析取向的出现[J].新闻界,2019(6):77-86.

自国天然.情之所向:数字媒介实践的情感维度[J].新闻记者,2020(5):41-49.

邹明.从暖新闻到善传播——凤凰网的建设性新闻实践[J].新闻与传播研究,2019(S1):76-80.

邹霞,谢金文.移动新闻用户满意度的影响因素研究——基于上海五所高校学生的调查[J].新闻大学,2017(5):77-85,149-150.

邹煜,卫西祎.利他、合作与风险社会:微博热点事件的情绪传播分析[J].现代传播(中国传媒大学学报),2021(8):145-149.

祖宇.媒介觉醒与审美超越:论博蒙特·纽霍尔的"形式主义"摄影美学[J].新美术,2021(6):187-198.

Adams C. News on stage: Towards re-configuring journalism through theatre to a public sphere [J]. Journalism Practice, 2021, 15(8): 1163-1180.

Aharoni T, Kligler-Vilenchik N, Tenenboim-Weinblatt K. "Be less of a slave to the news": A texto-material perspective on news avoidance among young adults [J]. Journalism Studies, 2021, 22(1):42-59.

Aitamurto T, Varma A. The constructive role of journalism: Contentious metadiscourse on constructive journalism and solutions journalism [J]. Journalism Practice, 2018, 12(6):695-713.

Ali-Hassan H, Nevo D, Wade M. Linking dimensions of social media use to job performance: The role of social capital [J]. The Journal of Strategic Information Systems, 2015, 24(2): 65 - 89.

Andén-Papadopoulos K, Pantti M. Re-imagining crisis reporting: Professional ideology of journalists and citizen eyewitness images [J]. Journalism, 2013, 14(7): 960 - 977.

Anderson A A, Yeo S K, Brossard D, et al. Toxic talk: How online incivility can undermine perceptions of media [J]. International Journal of Public Opinion Research, 2018, 30(1): 156 - 168.

Anderson C W. Up and out: Journalism, social media, and historical sensibility [J]. Social Media+Society, 2015, 1(1): 1 - 2.

Anderson C W, De Maeyer J. Objects of journalism and the news [J]. Journalism, 2015, 16(1): 3 - 9.

Anspach N M. The new personal influence: How our Facebook friends influence the news we read [J]. Political Communication, 2017, 34(4): 590 - 606.

Anstead N, O'Loughlin B. Social media analysis and public opinion: The 2010 UK general election [J]. Journal of Computer-mediated Communication, 2015, 20(2): 204 - 220.

Antunovic D, Parsons P, Cooke T R. "Checking" and googling: Stages of news consumption among young adults [J]. Journalism, 2018, 19(5): 632 - 648.

Aranyi G, Van Schaik P. Modeling user experience with news websites [J]. Journal of the Association for Information Science and Technology, 2015, 66(12): 2471 - 2493.

Archetti C. Journalism, practice and... poetry: Or the unexpected effects of creative writing on journalism research [J]. Journalism Studies, 2017, 18(9): 1106 - 1127.

Baden D, McIntyre K, Homberg F. The impact of constructive news on affective and behavioural responses [J]. Journalism Studies, 2019, 20 (13):1940-1959.

Bakshy E, Messing S, Adamic L A. Exposure to ideologically diverse news and opinion on Facebook [J]. Science, 2015, 348(6239):1130-1132.

Ball B. Multimedia, slow journalism as process, and the possibility of proper time [J]. Digital Journalism, 2016, 4(4):432-444.

Banjac S. An intersectional approach to exploring audience expectations of journalism [J]. Digital Journalism, 2022, 10(1):128-147.

Barnes R. Understanding the affective investment produced through commenting on Australian alternative journalism website New Matilda [J]. New Media & Society, 2015, 17(5):810-826.

Batsell J. Engaged Journalism: Connecting with Digitally Empowered News Audiences [M]. New York: Columbia University Press, 2015:3.

Beam M A, Child J T, Hutchens M J, et al. Context collapse and privacy management: Diversity in Facebook friends increases online news reading and sharing [J]. New Media & Society, 2018, 20(7): 2296-2314.

Bechmann A, Nielbo K L. Are we exposed to the same "news" in the news feed? An empirical analysis of filter bubbles as information similarity for Danish Facebook users [J]. Digital Journalism, 2018, 6 (8):990-1002.

Bechmann A. Tackling disinformation and infodemics demands media policy changes [J]. Digital Journalism, 2020, 8(6):855-863.

Beckett C, Deuze M. On the role of emotion in the future of journalism [J]. Social Media+Society, 2016, 2(3):2056305116662395.

Belair-Gagnon V, Nelson J L, Lewis S C. Audience engagement, reciprocity, and the pursuit of community connectedness in public media journalism [J]. Journalism Practice, 2019, 13(5): 558-575.

Benlian A. Web personalization cues and their differential effects on user assessments of website value [J]. Journal of Management Information Systems, 2015, 32(1): 225-260.

Berthelsen R, Hameleers M. Meet today's young news users: An exploration of how young news users assess which news providers are worth their while in today's high-choice news landscape [J]. Digital Journalism, 2021, 9(5): 619-635.

Billard T J, Moran R E. Designing trust: Design style, political ideology, and trust in "fake" news websites [J]. Digital Journalism, 2023, 11(3): 519-546.

Boczkowski P J, Anderson C W. Remaking the News: Essays on the Future of Journalism Scholarship in the Digital Age [M]. Cambridge, MA: MIT Press, 2017: 1-2.

Boczkowski P J, Mitchelstein E, Suenzo F. The smells, sights, and pleasures of ink on paper: The consumption of print newspapers during a period marked by their crisis [J]. Journalism Studies, 2020, 21(5): 565-581.

Bodó B, Helberger N, Eskens S, et al. Interested in diversity: The role of user attitudes, algorithmic feedback loops, and policy in news personalization [J]. Digital Journalism, 2019, 7(2): 206-229.

Borg K, Lindsay J, Curtis J. When news media and social media meet: How Facebook users reacted to news stories about a supermarket plastic bag ban [J]. New Media & Society, 2021, 23(12): 3574-3592.

Borger M, van Hoof A, Sanders J. Expecting reciprocity: Towards a model of the participants' perspective on participatory journalism [J]. New Media & Society, 2016, 18(5): 708 – 725.

Bougher L D. The correlates of discord: Identity, issue alignment, and political hostility in polarized America [J]. Political Behavior, 2017, 39(3): 731 – 762.

Braun J, Gillespie T. Hosting the public discourse, hosting the public: When online news and social media converge [J]. Journalism Practice, 2011, 5(4): 383 – 398.

Bright J. The social news gap: How news reading and news sharing diverge [J]. Journal of Communication, 2016, 66(3): 343 – 365.

Brown D K, Harlow S, García-Perdomo V, et al. A new sensation? An international exploration of sensationalism and social media recommendations in online news publications [J]. Journalism, 2018, 19(11): 1497 – 1516.

Brown N. Emerging researcher perspectives: Finding your people: My challenge of developing a creative research methods network [J]. International Journal of Qualitative Methods, 2019, 18: 1609406918818644.

Buder J, Rabl L, Feiks M, et al. Does negatively toned language use on social media lead to attitude polarization? [J]. Computers in Human Behavior, 2021, 116: 106663.

Bösel B. Affect disposition (ing): A genealogical approach to the organization and regulation of emotions [J]. Media and Communication, 2018, 6(3): 15 – 21.

Calhoun C. Putting emotions in their place [J]. Passionate Politics: Emotions and Social Movements, 2001, 1: 45 – 57.

Camaj L. The monitorial role of crowdsourced journalism: Audience engagement in corruption reporting in nonprofit newsrooms [J]. Journalism Practice, 2023, 17(5): 911 – 929.

Cao X, Khan A N, Zaigham G H K, et al. The stimulators of social media fatigue among students: Role of moral disengagement [J]. Journal of Educational Computing Research, 2019, 57(5): 1083 – 1107.

Cao X, Sun J. Exploring the effect of overload on the discontinuous intention of social media users: An SOR perspective [J]. Computers in Human Behavior, 2018, 81: 10 – 18.

Carlson M. Metajournalistic discourse and the meanings of journalism: Definitional control, boundary work, and legitimation [J]. Communication Theory, 2016, 26(4): 349 – 368.

Carlson M. Journalistic Authority: Legitimating News in the Digital Era [M]. New York: Columbia University Press, 2017: 37.

Carlson M. The perpetual failure of journalism [J]. Journalism, 2019, 20(1): 95 – 97.

Carlsson E, Nilsson B. Technologies of participation: Community news and social media in northern Sweden [J]. Journalism, 2016, 17(8): 1113 – 1128.

Carvajal M, García-Avilés J A, González J L. Crowdfunding and non-profit media: The emergence of new models for public interest journalism [J]. Journalism Practice, 2012, 6(5 – 6): 638 – 647.

Cassese E C. Partisan dehumanization in American politics [J]. Political Behavior, 2021, 43(1): 29 – 50.

Chadwick A. The Hybrid Media System: Politics and Power [M]. Oxford: Oxford University Press, 2017: 10 – 12.

Chagas L J V. The spiral model in the text of live radio journalism [J]. Journal of Radio & Audio Media, 2019, 26(2): 231 – 246.

Chan M. Media use and the social identity model of collective action: Examining the roles of online alternative news and social media news [J]. Journalism & Mass Communication Quarterly, 2017, 94(3):

663-681.

Chen C C, Yao J Y. What drives impulse buying behaviors in a mobile auction? The perspective of the stimulus-organism-response model [J]. Telematics and Informatics, 2018, 35(5): 1249-1262.

Chen V Y, Pain P. News on Facebook: How Facebook and newspapers build mutual brand loyalty through audience engagement [J]. Journalism & Mass Communication Quarterly, 2021, 98(2): 366-386.

Child J T, Starcher S C. Fuzzy Facebook privacy boundaries: Exploring mediated lurking, vague-booking, and Facebook privacy management [J]. Computers in Human Behavior, 2016, 54: 483-490.

Choi J, Lee S Y, Ji S W. Engagement in emotional news on social media: Intensity and type of emotions [J]. Journalism & Mass Communication Quarterly, 2021, 98(4): 1017-1040.

Clough P T. The affective turn: Political economy, biomedia and bodies [J]. Theory, Culture & Society, 2008, 25(1): 1-22.

Corbin J, Strauss A. Basics of Qualitative Research: Techniques and Procedures of Developing Grounded Theory [M]. 4th edition. Thousand Oaks, LA: Sage, 2015.

Costa E. Affordances-in-practice: An ethnographic critique of social media logic and context collapse [J]. New Media & Society, 2018, 20(10): 3641-3656.

Costera Meijer I. Democratizing journalism? Realizing the citizen's agenda for local news media [J]. Journalism Studies, 2010, 11(3): 327-342.

Costera Meijer I. When news hurts: The promise of participatory storytelling for urban problem neighbourhoods [J]. Journalism Studies, 2013, 14(1): 13-28.

Costera Meijer I, Bijleveld H P. Valuable journalism: Measuring news quality from a user's perspective [J]. Journalism Studies, 2016, 17(7): 827-839.

Costera Meijer I, Groot Kormelink T. Checking, sharing, clicking and linking: Changing patterns of news use between 2004 and 2014 [J]. Digital Journalism, 2015, 3(5): 664-679.

Costera Meijer I. Understanding the audience turn in journalism: From quality discourse to innovation discourse as anchoring practices 1995-2020 [J]. Journalism Studies, 2020, 21(16): 2326-2342.

Cramerotti A. Aesthetic Journalism: How to Inform without Informing [M]. Bristol: Intellect Books, 2009.

Dahmen N S, Thier K, Walth B. Creating engagement with solutions visuals: Testing the effects of problem-oriented versus solution-oriented photojournalism [J]. Visual Communication, 2021, 20(2): 271-288.

Dale K R, Raney A A, Janicke S H, et al. YouTube for good: A content analysis and examination of elicitors of self-transcendent media [J]. Journal of Communication, 2017, 67(6): 897-919.

Davis J L, Jurgenson N. Context collapse: Theorizing context collusions and collisions [J]. Information, Communication & Society, 2014, 17(4): 476-485.

de Bruin K, de Haan Y, Vliegenthart R, et al. News avoidance during the COVID-19 crisis: Understanding information overload [J]. Digital Journalism, 2021, 9(9): 1286-1302.

De los Santos T M, Nabi R L. Emotionally charged: Exploring the role of emotion in online news information seeking and processing [J]. Journal of Broadcasting & Electronic Media, 2019, 63(1): 39-58.

De Maeyer J. "A nose for news": From (news) values to valuation [J].

Sociologica, 2020, 14(2):109 – 132.

Deuze M, Witschge T. Beyond journalism: Theorizing the transformation of journalism [J]. Journalism, 2018, 19(2):165 – 181.

Deuze M. Media life and the mediatization of the lifeworld [A].// Hepp A, Krotz F. Mediatized Worlds: Culture and Society in a Media Age [C]. London: Palgrave Macmillan, 2014:207 – 220.

Deuze M. On creativity [J]. Journalism, 2019, 20(1):130 – 134.

DeVito M A. From editors to algorithms: A values-based approach to understanding story selection in the Facebook news feed [J]. Digital Journalism, 2017, 5(6):753 – 773.

dos Santos Jr M A, Lycarião D, de Aquino J A. The virtuous cycle of news sharing on Facebook: Effects of platform affordances and journalistic routines on news sharing [J]. New Media & Society, 2019, 21(2):398 – 418.

Dowling D O. Toward a new aesthetic of digital literary journalism: Charting the fierce evolution of the "supreme nonfiction" [J]. Literary Journalism Studies, 2017, 9(1):101 – 116.

Dowling D O. The Gamification of Digital Journalism: Innovation in Journalistic Storytelling [M]. New York: Routledge, 2020.

Druckman J N, Levendusky M S. What do we measure when we measure affective polarization? [J]. Public Opinion Quarterly, 2019, 83(1):114 – 122.

Druckman J N, Klar S, Krupnikov Y, et al. How affective polarization shapes Americans' political beliefs: A study of response to the COVID-19 pandemic [J]. Journal of Experimental Political Science, 2021, 8(3):223 – 234.

Dvir-Gvirsman S. I like what I see: Studying the influence of popularity cues on attention allocation and news selection [J]. Information,

Communication & Society, 2019, 22(2):286-305.

Edgerly S. Seeking out and avoiding the news media: Young adults' proposed strategies for obtaining current events information [J]. Mass Communication and Society, 2017, 20(3):358-377.

Edgerly S, Vraga E K, Bode L, et al. New media, new relationship to participation? A closer look at youth news repertoires and political participation [J]. Journalism & Mass Communication Quarterly, 2018, 95(1):192-212.

Edgerly S. Audience sensemaking: A mapping approach [J]. Digital Journalism, 2022, 10(1):165-187.

Edgerly S. The head and heart of news avoidance: How attitudes about the news media relate to levels of news consumption [J]. Journalism, 2022, 23(9):1828-1845.

Eisele O, Litvyak O, Brändle V K, et al. An emotional rally: Exploring commenters' responses to online news coverage of the COVID-19 crisis in Austria [J]. Digital Journalism, 2022, 10(6):952-975.

Eldridge S, Steel J. Normative expectations: Employing "communities of practice" models for assessing journalism's normative claims [J]. Journalism Studies, 2016, 17(7), 817-826.

Embury G, Minichiello M. Reportage Illustration: Visual Journalism [M]. London: Bloomsbury Publishing, 2018.

Engelke K M. Online participatory journalism: A systematic literature review [J]. Media and Communication, 2019, 7(4):31-44.

Engelke K M. Enriching the conversation: Audience perspectives on the deliberative nature and potential of user comments for news media [J]. Digital Journalism, 2020, 8(4):447-466.

Evens A. Logic of the Digital [M]. London: Bloomsbury Academic, 2015.

Fawcett L. Why peace journalism isn't news [J]. Journalism Studies, 2002, 3(2): 213-223.

Ferrucci P, Nelson J L, Davis M P. From "public journalism" to "engaged journalism": Imagined audiences and denigrating discourse [J]. International Journal of Communication, 2020, 14: 1586-1604.

Figenschou T U, Ihlebaek K A. Media criticism from the far-right: Attacking from many angles [J]. Journalism Practice, 2019, 13(8): 901-905.

Fink K. The biggest challenge facing journalism: A lack of trust [J]. Journalism, 2019, 20(1): 40-43.

Finneman T, Thomas R J. "Our company is in survival mode": Metajournalistic discourse on COVID-19's impact on US community newspapers [J]. Journalism Practice, 2022, 16(10): 1965-1983.

Fitzgerald K, Paravati E, Green M C, et al. Restorative narratives for health promotion [J]. Health Communication, 2019: 356-363.

Flanagin A J, Metzger M J. The role of site features, user attributes, and information verification behaviors on the perceived credibility of web-based information [J]. New Media & Society, 2007, 9(2): 319-342.

Flaxman S, Goel S, Rao J M. Filter bubbles, echo chambers, and online news consumption [J]. Public Opinion Quarterly, 2016, 80(S1): 298-320.

Fletcher R, Nielsen R K. Are news audiences increasingly fragmented? A cross-national comparative analysis of cross-platform news audience fragmentation and duplication [J]. Journal of Communication, 2017, 67(4): 476-498.

Fletcher R, Nielsen R K. Are people incidentally exposed to news on social media? A comparative analysis [J]. New Media & Society,

2018,20(7):2450-2468.

Fortunati L, Taipale S, Farinosi M. Print and online newspapers as material artefacts [J]. Journalism, 2015,16(6):830-846.

From U, Nørgaard Kristensen N. Rethinking constructive journalism by means of service journalism [J]. Journalism Practice, 2018,12(6):714-729.

Fröhlich R, Quiring O, Engesser S. Between idiosyncratic self-interests and professional standards: A contribution to the understanding of participatory journalism in Web 2.0. Results from an online survey in Germany [J]. Journalism, 2012,13(8):1041-1063.

Gajardo C, Costera Meijer I. How to tackle the conceptual inconsistency of audience engagement? The introduction of the dynamic model of audience engagement [J]. Journalism, 2022:14648849221080356.

García-Perdomo V. Technical frames, flexibility, and online pressures in TV newsrooms [J]. Information, Communication & Society, 2021,24(4):541-556.

Garrett R K, Long J A, Jeong M S. From partisan media to misperception: Affective polarization as mediator [J]. Journal of Communication, 2019,69(5):490-512.

Gerbaudo P, Marogna F, Alzetta C. When "positive posting" attracts voters: User engagement and emotions in the 2017 UK election campaign on Facebook [J]. Social Media + Society, 2019, 5(4):2056305119881695.

Gervais T, Morel G. The Making of Visual News: A History of Photography in the Press [M]. New York:Routledge, 2020.

Ghersetti M, Westlund O. Habits and generational media use [J]. Journalism Studies, 2018,19(7):1039-1058.

Gibson J J. The theory of affordances [J]. Hilldale, 1977,1(2):67-82.

Gil de Zúñiga H, Weeks B, Ardèvol-Abreu A. Effects of the news-finds-me perception in communication: Social media use implications for news seeking and learning about politics [J]. Journal of Computer-Mediated Communication, 2017, 22(3): 105 – 123.

Gil de Zúñiga H, Ardèvol-Abreu A, Casero-Ripollés A. WhatsApp political discussion, conventional participation and activism: Exploring direct, indirect and generational effects [J]. Information, Communication & Society, 2021, 24(2): 201 – 218.

Gorin V. Innovation(s) in photojournalism: Assessing visual content and the place of citizen photojournalism in Time's Lightbox photoblog [J]. Digital Journalism, 2015, 3(4): 533 – 551.

Goyanes M, Ardèvol-Abreu A, Gil de Zúñiga H. Antecedents of news avoidance: Competing effects of political interest, news overload, trust in news media, and "news finds me" perception [J]. Digital Journalism, 2023, 11(1): 1 – 18.

Gregg M, Seigworth G. The Affect Theory Reader [M]. Durham: Duke University Press, 2010.

Groot Kormelink T. Seeing, thinking, feeling: A critical reflection on interview-based methods for studying news use [J]. Journalism Studies, 2020, 21(7): 863 – 878.

Guadagno R E, Rempala D M, Murphy S, et al. What makes a video go viral? An analysis of emotional contagion and Internet memes [J]. Computers in Human Behavior, 2013, 29(6): 2312 – 2319.

Guest G, Namey E, McKenna K. How many focus groups are enough? Building an evidence base for nonprobability sample sizes [J]. Field Methods, 2017, 29(1): 3 – 22.

Gulyas A, O'Hara S, Eilenberg J. Experiencing local news online: Audience practices and perceptions [J]. Journalism Studies, 2019, 20

(13):1846-1863.

Guo J, Liu Z, Liu Y. Key success factors for the launch of government social media platform: Identifying the formation mechanism of continuance intention [J]. Computers in Human Behavior, 2016,55: 750-763.

Guo L, Su C, Lee H. Effects of issue involvement, news attention, perceived knowledge, and perceived influence of anti-corruption news on Chinese students' political participation [J]. Journalism & Mass Communication Quarterly, 2019,96(2):452-472.

Gurr G, Metag J. Examining avoidance of ongoing political issues in the news: A longitudinal study of the impact of audience issue fatigue [J]. International Journal of Communication, 2021,15:1789-1809.

Gutierrez Lopez M, Porlezza C, Cooper G, et al. A question of design: Strategies for embedding AI-driven tools into journalistic work routines [J]. Digital Journalism, 2023,11(3):484-503.

Gutsche Jr R E, Hess K. Placeification: The transformation of digital news spaces into "places" of meaning [J]. Digital Journalism, 2020,8 (5):586-595.

Haenschen K, Tamul D J. What's in a font? Ideological perceptions of typography [J]. Communication Studies, 2020,71(2):244-261.

Hajli N, Shanmugam M, Papagiannidis S, et al. Branding co-creation with members of online brand communities [J]. Journal of Business Research, 2017,70:136-144.

Hampton M, Conboy M. Journalism history—A debate [J]. Journalism Studies, 2014,15(2):154-171.

Hanitzsch T, Vos T P. Journalism beyond democracy: A new look into journalistic roles in political and everyday life [J]. Journalism, 2018, 19(2):146-164.

Harcup T, O'Neill D. What is news? News values revisited (again) [J]. Journalism Studies, 2017, 18(12):1470 – 1488.

Hardey M, Atkinson R. Disconnected: Non-users of information communication technologies [J]. Sociological Research Online, 2018, 23(3):553 – 571.

Harlow S, Chadha M. Looking for community in community news: An examination of public-spirited content in online local news sites [J]. Journalism, 2021, 22(3):596 – 615.

Harries G, Wahl-Jorgensen K. The culture of arts journalists: Elitists, saviors or manic depressives? [J]. Journalism, 2007, 8(6):619 – 639.

Hasell A, Weeks B E. Partisan provocation: The role of partisan news use and emotional responses in political information sharing in social media [J]. Human Communication Research, 2016, 42(4):641 – 661.

Hasell A. Shared emotion: The social amplification of partisan news on Twitter [J]. Digital Journalism, 2021, 9(8):1085 – 1102.

Hassan R. Digitality, virtual reality and the "empathy machine" [J]. Digital Journalism, 2020, 8(2):195 – 212.

Heiss R, Schmuck D, Matthes J. What drives interaction in political actors' Facebook posts? Profile and content predictors of user engagement and political actors' reactions [J]. Information, Communication & Society, 2019, 22(10):1497 – 1513.

Hermann A K. Ethnographic journalism [J]. Journalism, 2016, 17(2):260 – 278.

Hermans L, Schaap G, Bardoel J. Re-establishing the relationship with the public: Regional journalism and citizens' involvement in the news [J]. Journalism Studies, 2014, 15(5):642 – 654.

Hermans L, Gyldensted C. Elements of constructive journalism: Characteristics, practical application and audience valuation [J].

Journalism, 2019, 20(4): 535-551.

Hermans L, Prins T. Interest matters: The effects of constructive news reporting on Millennials' emotions and engagement [J]. Journalism, 2022, 23(5): 1064-1081.

Hermida A. Twittering the news: The emergence of ambient journalism [J]. Journalism Practice, 2010, 4(3): 297-308.

Hermida A, Mellado C. Dimensions of social media logics: Mapping forms of journalistic norms and practices on Twitter and Instagram [J]. Digital Journalism, 2020, 8(7): 864-884.

Hesmondhalgh D, Baker S. Creative Labour: Media Work in Three Cultural Industries [M]. Oxon: Routledge, 2013.

Hiaeshutter-Rice D, Weeks B. Understanding audience engagement with mainstream and alternative news posts on Facebook [J]. Digital Journalism, 2021, 9(5): 519-548.

Hiippala T. The multimodality of digital longform journalism [J]. Digital Journalism, 2017, 5(4): 420-442.

Hill J, Schwartz V. Getting the Picture: The Visual Culture of the News [M]. New York: Bloomsbury Publishing, 2015.

Hintz A. Restricting digital sites of dissent: Commercial social media and free expression [J]. Critical Discourse Studies, 2016, 13(3): 325-340.

Hobolt S B, Leeper T J, Tilley J. Divided by the vote: Affective polarization in the wake of the Brexit referendum [J]. British Journal of Political Science, 2021, 51(4): 1476-1493.

Hochschild A R. Managed Heart: Commercialization of Human Feeling [M]. Berkeley, CA: University of California Press, 1983.

Huddy L, Mason L, Aarøe L. Expressive partisanship: Campaign involvement, political emotion, and partisan identity [J]. American

Political Science Review, 2015, 109(1):1-17.

Huddy L, Yair O. Reducing affective polarization: Warm group relations or policy compromise? [J]. Political Psychology, 2021, 42(2):291-309.

Ilan J. We now go live: Digital live-news technologies and the "reinvention of live" in professional TV news broadcasting [J]. Digital Journalism, 2021, 9(4):481-499.

Ivaz L, Costa A, Duñabeitia J. The emotional impact of being myself: Emotions and foreign-language processing [J]. Journal of Experimental Psychology: Learning, Memory, and Cognition, 2016, 42(3):489-496.

Iyengar S, Lelkes Y, Levendusky M, et al. The origins and consequences of affective polarization in the United States [J]. Annual Review of Political Science, 2019, 22(1):129-146.

Iyengar S, Sood G, Lelkes Y. Affect, not ideology: A social identity perspective on polarization [J]. Public Opinion Quarterly, 2012, 76(3):405-431.

Iyengar S, Westwood S J. Fear and loathing across party lines: New evidence on group polarization [J]. American Journal of Political Science, 2015, 59(3):690-707.

Jaakko L. Pulling back the curtain: How "live journalism" is re-engaging news audiences [J/OL]. Reuters Institute [2020-08-05]. https://reutersinstitute.politics.ox.ac.uk/pulling-back-curtain-how-live-journalism-re-engaging-news-audiences.

Jacobson S, Marino J, Gutsche Jr R E. The digital animation of literary journalism [J]. Journalism, 2016, 17(4):527-546.

Jacoby J. Stimulus-organism-response reconsidered: An evolutionary step in modeling (consumer) behavior [J]. Journal of Consumer

Psychology, 2002,12(1):51-57.

Johanssen J. Not belonging to one's self: Affect on Facebook's site governance page [J]. International Journal of Cultural Studies, 2018, 21(2):207-222.

Johanssen J. Towards a psychoanalytic concept of affective-digital labour [J]. Media and Communication, 2018,6(3):22-29.

Johnson B K, Neo R L, Heijnen M E M, et al. Issues, involvement, and influence: Effects of selective exposure and sharing on polarization and participation [J]. Computers in Human Behavior, 2020, 104:106155.

Jukes S, Fowler-Watt K, Rees G. Reporting the Covid-19 pandemic: Trauma on our own doorstep [J]. Digital Journalism, 2022, 10(6): 997-1014.

Jung J Y. Socio-psychological recovery from disasters through the neighborhood storytelling network: Empirical research in Shinchimachi, Fukushima [J]. International Journal of Communication, 2019, 13: 5927-5947.

Jönsson A M, Örnebring H. User-generated content and the news: Empowerment of citizens or interactive illusion? [J]. Journalism Practice, 2011,5(2):127-144.

Kalogeropoulos A. Who shares news on mobile messaging applications, why and in what ways? A cross-national analysis [J]. Mobile Media & Communication, 2021,9(2):336-352.

Kalsnes B, Larsson A O. Understanding news sharing across social media: Detailing distribution on Facebook and Twitter [J]. Journalism Studies, 2018,19(11):1669-1688.

Kamboj S, Sarmah B, Gupta S, et al. Examining branding co-creation in brand communities on social media: Applying the paradigm of stimulus-organism-response [J]. International Journal of Information Management, 2018, 39:169 – 185.

Karlsson M, Bergström A, Clerwall C, et al. Participatory journalism—the (r)evolution that wasn't. Content and user behavior in Sweden 2007 – 2013 [J]. Journal of Computer-Mediated Communication, 2015, 20(3):295 – 311.

Karlsson M, Clerwall C, Nord L. The public doesn't miss the public. Views from the people: Why news by the people? [J]. Journalism, 2018, 19(5):577 – 594.

Katz E, Lazarsfeld P F. Personal Influence: The Part Played by People in the Flow of Mass Communications [M]. London/New York: Routledge, 2017:32 – 34.

Keightley E, Downey J. The intermediate time of news consumption [J]. Journalism, 2018, 19(1):93 – 110.

Kim A J, Johnson K K P. Power of consumers using social media: Examining the influences of brand-related user-generated content on Facebook [J]. Computers in Human Behavior, 2016, 58:98 – 108.

Kim H S. How message features and social endorsements affect the longevity of news sharing [J]. Digital Journalism, 2021, 9(8):1162 – 1183.

Kim J W. Rumor has it: The effects of virality metrics on rumor believability and transmission on Twitter [J]. New Media & Society, 2018, 20(12):4807 – 4825.

Kim M J, Lee C K, Jung T. Exploring consumer behavior in virtual reality tourism using an extended stimulus-organism-response model [J]. Journal of Travel Research, 2020, 59(1):69 – 89.

Kingzette J, Druckman J N, Klar S, et al. How affective polarization undermines support for democratic norms [J]. Public Opinion

Quarterly, 2021, 85(2):663 - 677.

Kitchin R. Thinking critically about and researching algorithms [J]. Information, Communication & Society, 2017, 20(1):14 - 29.

Klein-Avraham I, Reich Z. Out of the frame: A longitudinal perspective on digitization and professional photojournalism [J]. New Media & Society, 2016, 18(3):429 - 446.

Kligler-Vilenchik N, Tenenboim O. Sustained journalist-audience reciprocity in a meso news-space: The case of a journalistic WhatsApp group [J]. New Media & Society, 2020, 22(2):264 - 282.

Kormelink T G, Meijer I C. Truthful or engaging? Surpassing the dilemma of reality versus storytelling in journalism [J]. Digital Journalism, 2015, 3(2):158 - 174.

Kormelink T G, Meijer I C. What clicks actually mean: Exploring digital news user practices [J]. Journalism, 2018, 19(5):668 - 683.

Kotisova J. The Elephant in the newsroom: Current research on journalism and emotion [J]. Sociology Compass, 2019, 13(5): e12677.

Krumsvik A H. Redefining user involvement in digital news media [J]. Journalism Practice, 2018, 12(1):19 - 31.

Ksiazek T B, Peer L, Zivic A. Discussing the news: Civility and hostility in user comments [J]. Digital Journalism, 2015, 3(6):850 - 870.

Ksiazek T B, Peer L, Lessard K. User engagement with online news: Conceptualizing interactivity and exploring the relationship between online news videos and user comments [J]. New Media & Society, 2016, 18(3):502 - 520.

Ksiazek T B. Commenting on the news: Explaining the degree and quality of user comments on news websites [J]. Journalism Studies,

2018,19(5):650-673.

Kukkakorpi M, Pantti M. A sense of place: VR journalism and emotional engagement [J]. Journalism Practice, 2021,15(6):785-802.

Kümpel A S. Getting tagged, getting involved with news? A mixed-methods investigation of the effects and motives of news-related tagging activities on social network sites [J]. Journal of Communication, 2019,69(4):373-395.

Kümpel A S. Using messaging apps in audience research: An approach to study everyday information and news use practices [J]. Digital Journalism, 2022,10(1):188-199.

Lades L K, Laffan K, Daly M, et al. Daily emotional well-being during the COVID-19 pandemic [J]. British Journal of Health Psychology, 2020,25(4):902-911.

Larsson A O. In it for the long run? Swedish newspapers and their audiences on Facebook 2010-2014 [J]. Journalism Practice, 2017,11(4):438-457.

Larsson A O. The news user on social media: A comparative study of interacting with media organizations on Facebook and Instagram [J]. Journalism Studies, 2018,19(15):2225-2242.

Lawrence R G, Radcliffe D, Schmidt T R. Practicing engagement: Participatory journalism in the Web 2.0 era [J]. Journalism Practice, 2018,12(10):1220-1240.

Lecheler S. The emotional turn in journalism needs to be about audience perceptions: Commentary-virtual special issue on the emotional turn [J]. Digital Journalism, 2020,8(2):287-291.

Lee C S, Ma L. News sharing in social media: The effect of gratifications and prior experience [J]. Computers in Human

Behavior, 2012,28(2):331-339.

Lee E J, Kim Y W. Effects of infographics on news elaboration, acquisition, and evaluation: Prior knowledge and issue involvement as moderators [J]. New Media & Society, 2016,18(8):1579-1598.

Lee S T, Maslog C C. War or peace journalism? Asian newspaper coverage of conflicts [J]. Journal of Communication, 2005, 55(2): 311-329.

Lee S. Probing the mechanisms through which social media erodes political knowledge: The role of the News-Finds-Me perception [J]. Mass Communication and Society, 2020,23(6):810-832.

Levendusky M S. Americans, not partisans: Can priming American national identity reduce affective polarization? [J]. The Journal of Politics, 2018,80(1):59-70.

Levendusky M, Malhotra N. Does media coverage of partisan polarization affect political attitudes? [J]. Political Communication, 2016,33(2):283-301.

Lewis R. "This is what the news won't show you": YouTube creators and the reactionary politics of micro-celebrity [J]. Television & New Media, 2020,21(2):201-217.

Lewis S C, Holton A E, Coddington M. Reciprocal journalism: A concept of mutual exchange between journalists and audiences [J]. Journalism Practice, 2014,8(2):229-241.

Lewis S C, Guzman A L, Schmidt T R. Automation, journalism, and human-machine communication: Rethinking roles and relationships of humans and machines in news [J]. Digital Journalism, 2019,7(4): 409-427.

Lin J, Lin S, Turel O, Xu F. The buffering effect of flow experience on the relationship between overload and social media users' discontinuance intentions [J]. Telematics and Informatics, 2020, 49:101374.

Lindell J, Sartoretto P. Young people, class and the news: Distinction, socialization and moral sentiments [J]. Journalism Studies, 2018, 19 (14):2042-2061.

Lindell J. Distinction recapped: Digital news repertoires in the class structure [J]. New Media & Society, 2018, 20(8):3029-3049.

Lindell J, Mikkelsen Båge E. Disconnecting from digital news: News avoidance and the ignored role of social class [J]. Journalism, 2023, 24(9):1980-1997.

Lindgren M. Intimacy and emotions in podcast journalism: A study of award-winning Australian and British podcasts [J]. Journalism Practice, 2023, 17(4):704-719.

Liu H, Chu H, Huang Q, et al. Enhancing the flow experience of consumers in China through interpersonal interaction in social commerce [J]. Computers in Human Behavior, 2016, 58:306-314.

Livingstone S. Audiences in an age of datafication: Critical questions for media research [J]. Television & New Media, 2019, 20(2):170-183.

Loizzo J, Watson S L, Watson W R. Examining instructor and learner experiences and attitude change in a journalism for social change massive open online course: A mixed-methods case study [J]. Journalism & Mass Communication Educator, 2018, 73(4):392-409.

Lough K, McIntyre K. Transitioning to solutions journalism: One newsroom's shift to solutions-focused reporting [J]. Journalism Studies, 2021, 22(2):193-208.

Lu Y, Lee J K. Partisan information sources and affective polarization: Panel analysis of the mediating role of anger and fear [J]. Journalism & Mass Communication Quarterly, 2019, 96(3):767-783.

Lünenborg M, Maier T. The turn to affect and emotion in media studies [J]. Media and Communication, 2018, 6(3):1-4.

Luqman A, Cao X, Ali A, et al. Empirical investigation of Facebook discontinues usage intentions based on SOR paradigm [J]. Computers in Human Behavior, 2017, 70:544-555.

Manosevitch I, Tenenboim O. The multifaceted role of user-generated content in news websites: An analytical framework [J]. Digital Journalism, 2017, 5(6):731-752.

Manovich L. AI Aesthetics [M]. Moscow: Strelka Press, 2018.

Marci C D, Orr S P. The effect of emotional distance on psychophysiologic concordance and perceived empathy between patient and interviewer [J]. Applied Psychophysiology and Biofeedback, 2006, 31(2):115-128.

Martin C. Theatre of the Real [M]. London: Palgrave Macmillan, 2012.

Masip P, Suau J, Ruiz-Caballero C, et al. News engagement on closed platforms. Human factors and technological affordances influencing exposure to news on WhatsApp [J]. Digital Journalism, 2021, 9(8): 1062-1084.

Massey D S. A brief history of human society: The origin and role of emotion in social life [J]. American Sociological Review, 2002, 67(1): 1-29.

Massumi B. Parables for the Virtual: Movement, Affect, Sensation [M]. Durham: Duke University Press, 2002.

Massumi B. The autonomy of affect [J]. Cultural Critique, 1995, 31: 83-109.

Mast J, Coesemans R, Temmerman M. Hybridity and the news: Blending genres and interaction patterns in new forms of journalism

[J]. Journalism, 2017, 18(1): 3 - 10.

Mast J, Coesemans R, Temmerman M. Constructive journalism: Concepts, practices, and discourses [J]. Journalism, 2019, 20(4): 492 - 503.

Masullo G M, Riedl M J, Huang Q E. Engagement moderation: What journalists should say to improve online discussions [J]. Journalism Practice, 2022, 16(4): 738 - 754.

Matassi M, Boczkowski P J, Mitchelstein E. Domesticating WhatsApp: Family, friends, work, and study in everyday communication [J]. New Media & Society, 2019, 21(10): 2183 - 2200.

Matheson D, Wahl-Jorgensen K. The epistemology of live blogging [J]. New Media & Society, 2020, 22(2): 300 - 316.

McIntyre K. Solutions journalism: The effects of including solution information in news stories about social problems [J]. Journalism Practice, 2019, 13(1): 16 - 34.

McIntyre K E, Lough K. Toward a clearer conceptualization and operationalization of solutions journalism [J]. Journalism, 2021, 22(6): 1558 - 1573.

McIntyre K, Dahmen N S, Abdenour J. The contextualist function: US newspaper journalists value social responsibility [J]. Journalism, 2018, 19(12): 1657 - 1675.

McIntyre K, Gyldensted C. Positive psychology as a theoretical foundation for constructive journalism [J]. Journalism Practice, 2018, 12(6): 662 - 678.

McIntyre K, Sobel M. Reconstructing Rwanda: How Rwandan reporters use constructive journalism to promote peace [J]. Journalism Studies, 2018, 19(14): 2126 - 2147.

McIntyre K. Solutions journalism: The effects of including solution information in news stories about social problems [J]. Journalism Practice, 2019,13(1):16-34.

McNair B. After objectivity? Schudson's sociology of journalism in the era of post-factuality [J]. Journalism Studies, 2017, 18(10):1318-1333.

Mehrabian A, Russell J A. An Approach to Environmental Psychology [M]. Cambridge: MIT Press, 1974.

Meier K. How does the audience respond to constructive journalism? Two experiments with multifaceted results [J]. Journalism Practice, 2018,12(6):764-780.

Meijer I C, Kormelink T G. Changing News Use: Unchanged News Experiences? [M]. London/New York: Routledge, 2020.

Meijer I C. Valuable journalism: A search for quality from the vantage point of the user [J]. Journalism, 2013,14(6):754-770.

Mendelson A L, Creech B. "Make every frame count" The practice of slow photojournalism and the work of David Burnett [J]. Digital Journalism, 2016,4(4):512-529.

Metzgar E T, Kurpius D D, Rowley K M. Defining hyperlocal media: Proposing a framework for discussion [J]. New Media & Society, 2011,13(5):772-787.

Metzger M J, Flanagin A J. Credibility and trust of information in online environments: The use of cognitive heuristics [J]. Journal of Pragmatics, 2013,59:210-220.

Meyer H K, Carey M C. In moderation: Examining how journalists' attitudes toward online comments affect the creation of community [J]. Journalism Practice, 2014,8(2):213-228.

Michaelsen J J. Emotional distance to so-called difficult patients [J]. Scandinavian Journal of Caring Sciences, 2016,26(1):90-97.

Midberry J, Dahmen N S. Visual solutions journalism: A theoretical framework [J]. Journalism Practice, 2020, 14(10): 1159 – 1178.

Min S J. What the twenty-first century engaged journalism can learn from the twentieth century public journalism [J]. Journalism Practice, 2021, 14(5): 626 – 641.

Mjøset L. No fear of comparisons or context: On the foundations of historical sociology [J]. Comparative Education, 2006, 42(3): 337 – 362.

Mocanu D, Rossi L, Zhang Q, et al. Collective attention in the age of (mis)information [J]. Computers in Human Behavior, 2015, 51: 1198 – 1204.

Moe H, Ytre-Arne B. The democratic significance of everyday news use: Using diaries to understand public connection over time and beyond journalism [J]. Digital Journalism, 2022, 10(1): 43 – 61.

Molyneux L. Mobile news consumption: A habit of snacking [J]. Digital Journalism, 2018, 6(5): 634 – 650.

Monzer C, Moeller J, Helberger N, et al. User perspectives on the news personalisation process: Agency, trust and utility as building blocks [J]. Digital Journalism, 2020, 8(9): 1142 – 1162.

Moran R E, Usher N. Objects of journalism, revised: Rethinking materiality in journalism studies through emotion, culture and "unexpected objects" [J]. Journalism, 2021, 22(5): 1155 – 1172.

Mosco V. Becoming Digital: Toward a Post-Internet Society [M]. Bingley: Emerald Group Publishing, 2017.

Mourão R R, Robertson C T. Fake news as discursive integration: An analysis of sites that publish false, misleading, hyperpartisan and sensational information [J]. Journalism Studies, 2019, 20(14): 2077 – 2095.

Moyo D, Mare A, Matsilele T. Analytics-driven journalism? Editorial metrics and the reconfiguration of online news production practices in African newsrooms [J]. Digital Journalism, 2019,7(4):490-506.

Nah S, Yamamoto M. Communication and citizenship revisited: Theorizing communication and citizen journalism practice as civic participation [J]. Communication Theory, 2019,29(1):24-45.

Napoli P M. Connecting journalism and public policy: New concerns and continuing challenges [J]. Digital Journalism, 2020,8(6):691-703.

Nash C. What Is Journalism? The Art and Politics of a Rupture [M]. London: Springer, 2016.

Nelson J L. The next media regime: The pursuit of "audience engagement" in journalism [J]. Journalism, 2021,22(9):2350-2367.

Nelson J L, Schmidt T R. Taking the audience seriously? The normative construction of engaged journalism [J]. International Journal of Communication, 2022,16:5843-5863.

Nettlefold J, Pecl G T. Engaged journalism and climate change: Lessons from an audience-led, locally focused Australian collaboration [J]. Journalism Practice, 2022,16(1):19-34.

Nielsen S L, Sheets P. Virtual hype meets reality: Users' perception of immersive journalism [J]. Journalism, 2021,22(10):2637-2653.

Niessen C. When citizen deliberation enters real politics: How politicians and stakeholders envision the place of a deliberative mini-public in political decision-making [J]. Policy Sciences, 2019,52(3):481-503.

Nordbrandt M. Affective polarization in the digital age: Testing the direction of the relationship between social media and users' feelings for out-group parties [J]. New Media & Society, 2021:14614448211044393.

Oeldorf-Hirsch A, Sundar S S. Posting, commenting, and tagging: Effects of sharing news stories on Facebook [J]. Computers in Human Behavior, 2015, 44: 240–249.

Ohlsson J, Lindell J, Arkhede S. A matter of cultural distinction: News consumption in the online media landscape [J]. European Journal of Communication, 2017, 32(2): 116–130.

Oliver M B, Bartsch A. Appreciation as audience response: Exploring entertainment gratifications beyond hedonism [J]. Human Communication Research, 2010, 36(1): 53–81.

Oliver M B, Raney A A, Slater M D, et al. Self-transcendent media experiences: Taking meaningful media to a higher level [J]. Journal of Communication, 2018, 68(2): 380–389.

Orgeret K S. Discussing emotions in digital journalism [J]. Digital Journalism, 2020, 8(2): 292–297.

Ortiz S M. Trolling as a collective form of harassment: An inductive study of how online users understand trolling [J]. Social Media + Society, 2020, 6(2): 2056305120928512.

Overgaard C S B. Constructive journalism in the face of a crisis: The effects of social media news updates about COVID-19 [J]. Journalism Studies, 2021, 22(14): 1875–1893.

O'Brien H L, Lebow M. Mixed-methods approach to measuring user experience in online news interactions [J]. Journal of the American Society for Information Science and Technology, 2013, 64(8): 1543–1556.

Palmer R, Toff B. What does it take to sustain a news habit? The role of civic duty norms and a connection to a "news community" among news avoiders in the UK and Spain [J]. International Journal of Communication, 2020, 14: 1634–1653.

Papacharissi Z. Affective publics and structures of storytelling: Sentiment, events and mediality [J]. Information, Communication & Society, 2016,19(3):307-324.

Papacharissi Z. Affective Publics: Sentiment, Technology, and Politics [M]. Oxford: Oxford University Press, 2015.

Papagiannis H. Augmented Human: How Technology Is Shaping the New Reality [M]. Sebastopol, CA: O'Reilly Media, Inc., 2017.

Park C S. Does too much news on social media discourage news seeking? Mediating role of news efficacy between perceived news overload and news avoidance on social media [J]. Social Media + Society, 2019, 5(3):2056305119872956.

Park R E. News as a form of knowledge: A chapter in the sociology of knowledge [J]. American Journal of Sociology, 1940, 45(5):669-686.

Paulus T, Warren A, Lester J N. Applying conversation analysis methods to online talk: A literature review [J]. Discourse, Context & Media, 2016,12:1-10.

Paz M A, Mayagoitia-Soria A, González-Aguilar J M. From polarization to hate: Portrait of the Spanish political meme [J]. Social Media + Society, 2021,7(4):20563051211062920.

Peacock C, Hoewe J, Panek E, et al. Hyperpartisan news use: Relationships with partisanship and cognitive and affective involvement [J]. Mass Communication and Society, 2021,24(2):210-232.

Pelzer E, Raemy P. What shapes the cultivation effects from infotaining content? Toward a theoretical foundation for journalism studies [J]. Journalism, 2022,23(2):552-568.

Perreault G, Vos T. Metajournalistic discourse on the rise of gaming journalism [J]. New Media & Society, 2020,22(1):159-176.

Perse E M. Involvement with local television news: Cognitive and emotional dimensions [J]. Human Communication Research, 1990, 16 (4):556 - 581.

Perse E M. Implications of cognitive and affective involvement for channel changing [J]. Journal of Communication, 1998, 48(3):49 - 68.

Peters C. Emotion aside or emotional side? Crafting an "experience of involvement" in the news [J]. Journalism, 2011, 12(3):297 - 316.

Peters C. Journalism to go: The changing spaces of news consumption [J]. Journalism Studies, 2012, 13(5 - 6):695 - 705.

Peters C, Broersma M J. Rethinking Journalism: Trust and Participation in a Transformed News Landscape [M]. New York: Routledge, 2013.

Peters C. Journalism needs a better argument: Aligning public goals with the realities of the digital news and information landscape [J]. Journalism, 2019, 20(1):73 - 76.

Peters C, Schrøder K C, Lehaff J, et al. News as they know it: Young adults' information repertoires in the digital media landscape [J]. Digital Journalism, 2022, 10(1):62 - 86.

Picone I, Kleut J, Pavlíčková T, et al. Small acts of engagement: Reconnecting productive audience practices with everyday agency [J]. New Media & Society, 2019, 21(9):2010 - 2028.

Post S, Kepplinger H. M. How journalists' experiences of audience hostility influence their editorial decisions [J]. Journalism Studies, 2019, 20(16):2422 - 2442.

Postema S, Deuze M. Artistic journalism: Confluence in forms, values and practices [J]. Journalism Studies, 2020, 21(10):1305 - 1322.

Postigo H. The socio-technical architecture of digital labor: Converting play into YouTube money [J]. New Media & Society, 2016, 18(2):

332-349.

Powers E. Selecting metrics, reflecting norms: How journalists in local newsrooms define, measure, and discuss impact [J]. Digital Journalism, 2018, 6(4):454-471.

Preyer G, Peter G. Contextualism in Philosophy: Knowledge, Meaning, and Truth [M]. New York: Oxford University Press, 2005.

Prochazka F, Weber P, Schweiger W. Effects of civility and reasoning in user comments on perceived journalistic quality [J]. Journalism Studies, 2018, 19(1):62-78.

Quandt T. Dark participation [J]. Media and Communication, 2018, 6(4):36-48.

Rajaguru R. Motion picture-induced visual, vocal and celebrity effects on tourism motivation: Stimulus organism response model [J]. Asia Pacific Journal of Tourism Research, 2014, 19(4):375-388.

Reuters Institute. Reuters institute digital news report 2022 [EB/OL]. (2022-06-06)[2023-03-15]. https://reutersinstitute.politics.ox.ac.uk/sites/default/files/2022-06/Digital_News-Report_2022.pdf.

Robinson S. Crisis of shared public discourses: Journalism and how it all begins and ends with trust [J]. Journalism, 2019, 20(1):56-59.

Rogowski J C, Sutherland J L. How ideology fuels affective polarization [J]. Political Behavior, 2016, 38(2):485-508.

Romero-Rodríguez L M, Tejedor S, Castillo-Abdul B. From the immediacy of the cybermedia to the need for slow journalism: Experiences from Ibero-America [J]. Journalism Practice, 2022, 16(8):1578-1596.

Röttger-Rössler B, Slaby J (Eds.). Affect in Relation: Families, Places, Technologies [M]. New York: Routledge, 2007.

Royal C, Kiesow D. From boundary to bridge and beyond: The path to professionalization of product roles in journalism [J]. Journalism Studies, 2021, 22(11): 1546–1565.

Rudat A, Buder J, Hesse F W. Audience design in Twitter: Retweeting behavior between informational value and followers' interests [J]. Computers in Human Behavior, 2014, 35: 132–139.

Ruotsalainen J, Villi M. "A shared reality between a journalist and the audience": How live journalism reimagines news stories [J]. Media and Communication, 2021, 9(2): 167–177.

Sang Y, Lee J Y, Park S, et al. Signalling and expressive interaction: Online news users' different modes of interaction on digital platforms [J]. Digital Journalism, 2020, 8(4): 467–485.

Schapals A K, Porlezza C. Assistance or resistance? Evaluating the intersection of automated journalism and journalistic role conceptions [J]. Media and Communication, 2020, 8(3): 16–26.

Scheer M. Are emotions a kind of practice (and is that what makes them have a history)? A Bourdieuian approach to understanding emotion [J]. History and Theory, 2012, 51(2): 193–220.

Schindler J, Krämer B, Müller P. Looking left or looking right? Effects of newspaper layout style on the perception of political news [J]. European Journal of Communication, 2017, 32(4): 348–366.

Schlesinger P, Doyle G. From organizational crisis to multi-platform salvation? Creative destruction and the recomposition of news media [J]. Journalism, 2015, 16(3): 305–323.

Schmidt T R, Lawrence R G. Engaged journalism and news work: A sociotechnical analysis of organizational dynamics and professional challenges [J]. Journalism Practice, 2020, 14(5): 518–536.

Schmidt T R, Nelson J L, Lawrence R G. Conceptualizing the active audience: Rhetoric and practice in "engaged journalism" [J]. Journalism, 2022, 23(1): 3-21.

Schmitz Weiss A. Journalists and their perceptions of location: Making meaning in the community [J]. Journalism Studies, 2020, 21(3): 352-369.

Schrock A R. Communicative affordances of mobile media: Portability, availability, locatability, and multimediality [J]. International Journal of Communication, 2015, 9: 1129-1246.

Schudson M. The objectivity norm in American journalism [J]. Journalism, 2001, 2(2): 149-170.

Schwemmer C. The limited influence of right-wing movements on social media user engagement [J]. Social Media + Society, 2021, 7(3): 20563051211041650.

Shin D, Biocca F. Exploring immersive experience in journalism [J]. New Media & Society, 2018, 20(8): 2800-2823.

Skovsgaard M, Andersen K. Conceptualizing news avoidance: Towards a shared understanding of different causes and potential solutions [J]. Journalism Studies, 2020, 21(4): 459-476.

Springer N, Engelmann I, Pfaffinger C. User comments: Motives and inhibitors to write and read [J]. Information, Communication & Society, 2015, 18(7): 798-815.

Srnicek N. Platform Capitalism [M]. Cambridge: Polity Press, 2017.

Steensen S. Conversing the audience: A methodological exploration of how conversation analysis can contribute to the analysis of interactive journalism [J]. New Media & Society, 2014, 16(8): 1197-1213.

Steensen S, Ferrer-Conill R, Peters C. (Against a) theory of audience engagement with news [J]. Journalism Studies, 2020, 21(12): 1662-

1680.

Sterrett D, Malato D, Benz J, et al. Who shared it? Deciding what news to trust on social media [J]. Digital Journalism, 2019, 7(6): 783 - 801.

Stroud N J, Muddiman A. Social media engagement with strategy and issue framed political news [J]. Journal of Communication, 2019, 69(5): 443 - 466.

Strömbäck J, Shehata A. The reciprocal effects between political interest and TV news revisited: Evidence from four panel surveys [J]. Journalism & Mass Communication Quarterly, 2019, 96(2): 473 - 496.

Swart J, Groot Kormelink T, Costera Meijer I, et al. Advancing a radical audience turn in journalism. Fundamental dilemmas for journalism studies [J]. Digital Journalism, 2022, 10(1): 8 - 22.

Swart J, Peters C, Broersma M. Navigating cross-media news use: Media repertoires and the value of news in everyday life [J]. Journalism Studies, 2017, 18(11): 1343 - 1362.

Swart J, Peters C, Broersma M. Sharing and discussing news in private social media groups: The social function of news and current affairs in location-based, work-oriented and leisure-focused communities [J]. Digital Journalism, 2019, 7(2): 187 - 205.

Sánchez Laws A L. Can immersive journalism enhance empathy? [J]. Digital Journalism, 2020, 8(2): 213 - 228.

Tandoc Jr E C, Lim Z W, Ling R. Defining "fake news" A typology of scholarly definitions [J]. Digital Journalism, 2018, 6(2): 137 - 153.

Tandoc Jr E C, Lim D, Ling R. Diffusion of disinformation: How social media users respond to fake news and why [J]. Journalism, 2020, 21(3): 381 - 398.

Tenenboim O, Cohen A A. What prompts users to click and comment: A longitudinal study of online news [J]. Journalism, 2015, 16(2): 198–217.

Tenenboim O, Kligler-Vilenchik N. The Meso news-space: Engaging with the news between the public and private domains [J]. Digital Journalism, 2020, 8(5): 576–585.

Tenenboim O, Stroud N J. Enacted journalism takes the stage: How audiences respond to reporting-based theater [J]. Journalism Studies, 2020, 21(6): 713–730.

Thier K. Opportunities and challenges for initial implementation of solutions journalism coursework [J]. Journalism & Mass Communication Educator, 2016, 71(3): 329–343.

Thorson K, Wells C. Curated flows: A framework for mapping media exposure in the digital age [J]. Communication Theory, 2016, 26(3): 309–328.

Thrift N. Intensities of feeling: Towards a spatial politics of affect [J]. Geografiska Annaler: Series B, Human Geography, 2004, 86(1): 57–78.

Thurman N, Moeller J, Helberger N, et al. My friends, editors, algorithms, and I: Examining audience attitudes to news selection [J]. Digital Journalism, 2019, 7(4): 447–469.

Toff B, Nielsen R K. "I just google it": Folk theories of distributed discovery [J]. Journal of Communication, 2018, 68(3): 636–657.

Toff B, Palmer R A. Explaining the gender gap in news avoidance: "News-is-for-men" perceptions and the burdens of caretaking [J]. Journalism Studies, 2019, 20(11): 1563–1579.

Toff B, Kalogeropoulos A. All the news that's fit to ignore: How the information environment does and does not shape news avoidance [J].

Public Opinion Quarterly, 2020, 84(S1): 366–390.

Usher N. Re-thinking trust in the news: A material approach through "objects of journalism" [J]. Journalism Studies, 2018, 19(4): 564–578.

Valenzuela S, Piña M, Ramírez J. Behavioral effects of framing on social media users: How conflict, economic, human interest, and morality frames drive news sharing [J]. Journal of Communication, 2017, 67(5): 803–826.

Valenzuela S, Bachmann I, Bargsted M. The personal is the political? What do WhatsApp users share and how it matters for news knowledge, polarization and participation in Chile [J]. Digital Journalism, 2021, 9(2): 155–175.

Van Aelst P, Toth F, Castro L, et al. Does a crisis change news habits? A comparative study of the effects of COVID-19 on news media use in 17 European countries [J]. Digital Journalism, 2021, 9(9): 1208–1238.

Van Damme K, Courtois C, Verbrugge K, et al. What's APP ening to news? A mixed-method audience-centred study on mobile news consumption [J]. Mobile Media & Communication, 2015, 3(2): 196–213.

Van Dijck J, Poell T, de Waal M. The Platform Society: Public Values in a Connective World [M]. Oxford: Oxford University Press, 2018.

Van Krieken K, Sanders J. What is narrative journalism? A systematic review and an empirical agenda [J]. Journalism, 2021, 22(6): 1393–1412.

Villi M, Aharoni T, Tenenboim-Weinblatt K, et al. Taking a break from news: A five-nation study of news avoidance in the digital era [J]. Digital Journalism, 2022, 10(1): 148–164.

Vodanovic L. Aesthetic experience, news content, and critique in live journalism events [J]. Journalism Practice, 2022, 16(1): 161–177.

Vorderer P, Krömer N, Schneider F M. Permanently online-permanently connected: Explorations into university students' use of social media and mobile smart devices [J]. Computers in Human Behavior, 2016, 63: 694–703.

Vos T P, Thomas R J. The discursive construction of journalistic authority in a post-truth age [J]. Journalism Studies, 2018, 19(13): 2001–2010.

Waddell T F. The authentic (and angry) audience: How comment authenticity and sentiment impact news evaluation [J]. Digital Journalism, 2020, 8(2): 249–266.

Wagner M C, Boczkowski P J. Angry, frustrated, and overwhelmed: The emotional experience of consuming news about President Trump [J]. Journalism, 2021, 22(7): 1577–1593.

Wahl-Jorgensen K. The strategic ritual of emotionality: A case study of Pulitzer Prize-winning articles [J]. Journalism, 2013, 14(1): 129–145.

Wahl-Jorgensen K. The emotional architecture of social media [J]. A Networked Self and Platforms, Sotries, Connections, 2018: 77–93.

Wahl-Jorgensen K. Towards a typology of mediated anger: Routine coverage of protest and political emotion [J]. International Journal of Communication, 2018, 12: 2071–2087.

Wahl-Jorgensen K. An emotional turn in journalism studies? [J]. Digital Journalism, 2020, 8(2): 175–194.

Wahl-Jorgensen K, Pantti M. Introduction: The emotional turn in journalism [J]. Journalism, 2021, 22(5): 1147–1154.

Wang W, Chen R R, Ou C X, et al. Media or message, which is the king in social commerce? An empirical study of participants' intention to repost marketing messages on social media [J]. Computers in Human Behavior, 2019, 93:176–191.

Warner B R, Villamil A. A test of imagined contact as a means to improve cross-partisan feelings and reduce attribution of malevolence and acceptance of political violence [J]. Communication Monographs, 2017, 84(4):447–465.

Waruwu B K, Tandoc Jr E C, Duffy A, et al. Telling lies together? Sharing news as a form of social authentication [J]. New Media & Society, 2021, 23(9):2516–2533.

Webster S W, Abramowitz A I. The ideological foundations of affective polarization in the US electorate [J]. American Politics Research, 2017, 45(4):621–647.

Wenzel A, Gerson D, Moreno E, et al. Engaging stigmatized communities through solutions journalism: Residents of south Los Angeles respond [J]. Journalism, 2018, 19(5):649–667.

Wenzel A. Red state, purple town: Polarized communities and local journalism in rural and small-town Kentucky [J]. Journalism, 2020, 21(4):557–573.

Westwood S J, Iyengar S, Walgrave S, et al. The tie that divides: Cross-national evidence of the primacy of partyism [J]. European Journal of Political Research, 2018, 57(2):333–354.

Witschge T, Deuze M, Willemsen S. Creativity in (digital) journalism studies: Broadening our perspective on journalism practice [J]. Digital Journalism, 2019, 7(7):972–979.

Wohn D Y, Bowe B J. Micro agenda setters: The effect of social media on young adults' exposure to and attitude toward news [J]. Social Media+Society, 2016, 2(1):2056305115626750.

Wojcieszak M, Warner B R. Can interparty contact reduce affective polarization? A systematic test of different forms of intergroup contact [J]. Political Communication, 2020,37(6):789–811.

Wright S, Jackson D, Graham T. When journalists go "below the line": Comment spaces at The Guardian (2006–2017) [J]. Journalism Studies, 2020,21(1):107–126.

Xiaoge X. Development journalism [A]//Wahl-Jorgensen K, Hanitzsch T. The Handbook of Journalism Studies [C]. New York: Routledge, 2009:377–390.

Ytre-Arne B. "I want to hold it in my hands": Readers' experiences of the phenomenological differences between women's magazines online and in print [J]. Media, Culture & Society, 2011,33(3):467–477.

Ytre-Arne B, Moe H. Doomscrolling, monitoring and avoiding: News use in COVID-19 pandemic lockdown [J]. Journalism Studies, 2021, 22(13):1739–1755.

Zahay M L, Jensen K, Xia Y, et al. The labor of building trust: Traditional and engagement discourses for practicing journalism in a digital age [J]. Journalism & Mass Communication Quarterly, 2021, 98(4):1041–1058.

Zayani M. Digital journalism, social media platforms, and audience engagement: The case of AJ+ [J]. Digital Journalism, 2021,9(1): 24–41.

Zelizer B. Journalists as interpretive communities [J]. Critical Studies in Media Communication, 1993,10(3):219–237.

Zhang Y, Wells C, Wang S, et al. Attention and amplification in the hybrid media system: The composition and activity of Donald Trump's Twitter following during the 2016 presidential election [J]. New Media & Society, 2018,20(9):3161–3182.

Zhu Q, Weeks B E, Kwak N. Implications of online incidental and selective exposure for political emotions: Affective polarization during elections [J]. New Media & Society, 2021:14614448211061336.

Ziegele M, Breiner T, Quiring O. What creates interactivity in online news discussions? An exploratory analysis of discussion factors in user comments on news items [J]. Journal of Communication, 2014, 64(6):1111-1138.

Ziegele M, Weber M, Quiring O, et al. The dynamics of online news discussions: Effects of news articles and reader comments on users' involvement, willingness to participate, and the civility of their contributions [J]. Information, Communication & Society, 2018, 21(10):1419-1435.

Ziegele M, Naab T K, Jost P. Lonely together? Identifying the determinants of collective corrective action against uncivil comments [J]. New Media & Society, 2020, 22(5):731-751.

Ziegele M, Quiring O, Esau K, et al. Linking news value theory with online deliberation: How news factors and illustration factors in news articles affect the deliberative quality of user discussions in SNS' comment sections [J]. Communication Research, 2020, 47(6):860-890.

Zou S. Emotional news, emotional counterpublic: Unraveling the construction of fear in Chinese diasporic community online [J]. Digital Journalism, 2020, 8(2):229-248.

Šimunjak M. Pride and anxiety: British journalists' emotional labour in the Covid-19 pandemic [J]. Journalism Studies, 2022, 23(3):320-337.

后　记

在写这本书的过程中,我一直尝试让自己进入一种状态:我在努力与一位生活经验丰富却对新闻学知之甚少的朋友对话。我与这位朋友共享着某些观念,也在很多时候对彼此的知识结构不甚熟悉。我们的对话相当坦诚,却在很多时候需要根据对方的知识结构增加不少额外的解释与说明。以这种观念为前提,我们力图使这场对话不变成一场异常枯燥的学术讲座,也不变成一场随处可见的言语攻讦。我们努力基于学术共识与生活经验来讨论一些数字时代民众所关注的基本问题。这场对话的部分章节可能会引发争议,部分章节则会显得老生常谈。在很多时候,这场对话会反复提及我们经常遇到的困惑,这是因为我们尝试通过不断的重复来让对方更好地理解不同经验的共通之处。

需要重申的是,本书的目标既不是在效果分析脉络下理解谁是新闻用户,也不是针对用户为何需要新闻这个问题进行自证,而是立足于数字新闻业的情感/行动逻辑来说明新闻业与用户对于彼此究竟意味着什么。站在新闻用户一边,本书尝试帮助研究者理解新闻用户的情感主动性、价值偏好与介入性追求;站在数字新闻业一边,本书则尝试帮助用户审慎地思考何为数字时代的优质新闻。正如作者反复强调的那样,用户拥有的实践潜力对于数字时代的新闻业来说具有颠覆性意义。尽管本书并不以情感公众所蕴含的实践潜力为焦点,但基于多学科的研究经验,我们仍然可以管窥各类用户实践对于既有的人类社会秩序和知识体系的解构与重构价值。面向数字化的未来,新闻业与新闻学同样无法回避这一问题。倘若日趋主动的用户不断试图借助新闻业来获得身份认同与权威认定,那么新闻业应当如何处理这一实践需求，如何坚守自身的行业规范，以及如何推动行业发展与用户日常生活的全面接合？对这些问题的回答需要我们立足于数字时代的技术-文化基础，对数字新闻用户的诸种参与实践开展更加深入、具体的考察。本书正是针对相关问题的一些粗浅认识。

作为一名初出茅庐的新闻学研究者，我的经验有着显而易见的局限性：与中国民用互联网普及化进程同岁，我对传统新闻业的"黄金年代"缺乏真切的体验。于我而言，前数字时代的学者们对新闻业的种种观察和畅想是需要被审视和质疑的，而当前诸种看似与新闻业无涉的实践与规则反而能够代表未来新闻业的发展方向。正如新闻广播向新闻播客的转型，视频新闻向 VR 新闻的拓展，用户对于社会新闻和公共价值的追求始终与他们的日常生活体验相伴而行。那些不以用户的生活需求、情感体验与价值体系为靶点的新闻内容在数字新闻生态中的流通率就可想而知。我相信绝大多数普通民众在尝试理解新闻业的技术-文化构造时面临着与我相似的困惑。可能对于"X 世代"而言，他们会疑惑为何 VR 技术还没有被大规模地应用至新闻行业；对于"电视一代"来说，他们则会疑惑为何新闻业变得越来越煽情化、碎片化。对此，我们只能慨叹：数字社会的变革是剧烈的，也是复杂的；时间始终塑造着社会实践与社会科学研究的复杂性，而研究者在短暂的几年内能够识别的研究议题却极为有限且单调。研究者能做的，仅仅是将自己所容身的社会与时代最具人性光辉的经验摹刻出来，帮助未来学人搭建他们的知识大厦。

将数字时代新闻用户的参与实践作为研究焦点，是我在这种思维下进行的一项尝试。数字新闻作为一种遍在的信息类型，需要在与其他文化产品同台竞技的过程中获取用户的兴趣与信赖。对于新闻业来说，与其不断强调行业的重要性与独特性，不如更准确地理解数字社会与信息生活的基本规律，推动新闻业更加"卓越而有趣"。对此，本书认为，数字化既是驱动大众全面参与新闻活动的基本动力，也是全球新闻实践与业态转型的基本线索。数字技术深刻地塑造着个体的新闻经验及个体借由新闻参与行为形成的认识论与价值观，这呼吁新闻学理论体系和研究路径的有效革新。在这一转型的关键时期,用户及其能动实践是一个基本出发点。数字新闻业需要关注用户之间普遍的情感联结方式,探寻个体的知识结构与情感反应如何通过"制造连接"来塑造社群的机制。以用户的情感主动性和介入性实践作为分析单元,探求数字新闻业如何促生可被共享的生活经验,如何参与构建有机社群,实在具有明显的必要性。

行文至此,我们可以确认,这次对话是一场关于数字用户、数字新闻业、特定的技术-文化构造和社会公众的初步思考。我们对于数字新闻学的诸多认识都与生活经验关系密切,针对各种社会现象的概念化、理论化工作也刚刚开始。希望本书可以作为思考相关问题的开端。

本书和相关成果主要完成于我在清华大学求学期间,可被视作我人生读书生涯一个晚到的句号。在此,谨以此书向我的博士指导老师常江教授致以崇高的谢意。就读期间,常江教授耐心、细致、一丝不苟的治学态度和指导风格帮助青年学人将一个个粗浅的学术想法逐步落地,也直接推动了本书的成文与出版。同时,感谢我博士论文开题、中期答辩、答辩阶段的各位委员给予的指导与帮助!感谢复旦大学新闻学院诸位师长在本书修改过程中提供的宝贵意见!感谢复旦大学出版社各位编辑老师严谨、高效的工作!感谢复旦大学新闻学院科研创新项目的支持!

万里征途初发轫,且待后续探讨。

图书在版编目(CIP)数据

介入日常:数字时代的新闻用户研究/田浩著.
上海:复旦大学出版社,2024.8. -- ISBN 978-7-309
-17591-2
　　Ⅰ.G21-39
中国国家版本馆 CIP 数据核字第 20243AY045 号

介入日常:数字时代的新闻用户研究
JIERU RICHANG:SHUZI SHIDAI DE XINWEN YONGHU YANJIU
田　浩　著
责任编辑/刘　畅

复旦大学出版社有限公司出版发行
上海市国权路 579 号　邮编:200433
网址:fupnet@fudanpress.com　http://www.fudanpress.com
门市零售:86-21-65102580　　团体订购:86-21-65104505
出版部电话:86-21-65642845
常熟市华顺印刷有限公司

开本 787 毫米×960 毫米　1/16　印张 22.5　字数 312 千字
2024 年 8 月第 1 版
2024 年 8 月第 1 版第 1 次印刷

ISBN 978-7-309-17591-2/G·2621
定价:68.00 元

如有印装质量问题,请向复旦大学出版社有限公司出版部调换。
版权所有　　侵权必究